## 크롤링 핵심 가이드
### 웹 사이트 크롤링을 위한 실전 테크닉

# 크롤링 핵심 가이드
## 웹 사이트 크롤링을 위한 실전 테크닉

지은이 타케조에 나오키, 시마모토 타카코, 타도코로 슌스케, 하기노 타카히로, 카와카미 모모코
옮긴이 윤인성
펴낸이 박찬규  엮은이 전이주  디자인 북누리  표지디자인 아로와 & 아로와나

펴낸곳 위키북스  전화 031-955-3658, 3659  팩스 031-955-3660
주소 경기도 파주시 문발로 115 세종출판벤처타운 #311

가격 22,000  페이지 292  책규격 175 x 235mm

초판 발행 2018년 07월 12일
ISBN 979-11-5839-107-2 (93000)

등록번호 제406-2006-000036호  등록일자 2006년 05월 19일
홈페이지 wikibook.co.kr  전자우편 wikibook@wikibook.co.kr

クローリングハック
(CrawlingHack : 5051-2)
Copyright© 2017 Naoki Takezoe, Takako Shimamoto, Shunsuke Tadokoro, Takahiro Hagino, Momoko Kawakami
Original Japanese edition published by SHOEISHA Co.,Ltd.
Korean translation rights arranged with SHOEISHA Co.,Ltd. through Botong Agency.
Korean translation copyright © 2018 by WIKIBOOKS

이 책의 한국어판 저작권은 Botong Agency를 통한 저작권자와의 독점 계약으로 위키북스가 소유합니다.
신 저작권법에 의해 한국 내에서 보호를 받는 저작물이므로 무단 전재와 복제를 금합니다.
이 책의 내용에 대한 추가 지원과 문의는 위키북스 출판사 홈페이지 wikibook.co.kr이나
이메일 wikibook@wikibook.co.kr을 이용해 주세요.

이 도서의 국립중앙도서관 출판시도서목록(CIP)은
서지정보유통지원시스템 홈페이지(http://seoji.nl.go.kr)와
국가자료공동목록시스템(http://www.nl.go.kr/kolisnet)에서 이용하실 수 있습니다.
CIP제어번호 CIP2018020750

# 크롤링
# 핵심
# 가이드

**웹 사이트 크롤링을 위한
실전 테크닉**

타케조에 나오키, 시마모토 타카코,
타도코로 슌스케, 하순기노 타카히로,
카와카미 모모코 지음
/
윤인성 옮김

## 역자 서문

이 책을 읽다보면 코드가 자바로 되어 있어서 조금 당황할 수 있습니다. 하지만 이 책에서 자바는 수도 코드(Pseudo Code)로 사용될 뿐이므로 다른 프로그래밍 언어를 주로 다루는 사람도 문제없이 읽을 수 있습니다.

이 책은 웹 개발과 관련된 내용을 잘 모르는 사람이 크롤러를 만들면서 부딪칠 수 있는 개념을 정리한 책입니다. 크롤러를 만들면서 "이러한 내용은 어떤 식으로 추출하는 것이 좋은지 잘 모르겠다", "HTTP 통신이 뭔지도 모르겠고 HTTPS 통신도 모르겠다"라는 생각이 들었다면 이 책의 내용이 도움이 될 것입니다.

여러 출판사에서 웹 관련 책을 집필/번역하면서 "시멘틱 웹과 관련된 설명을 자세히 해주면 좋겠다"라는 말을 많이 들었는데, 사실 시멘틱 웹을 제대로 만들려면 구글 봇과 같은 크롤러를 이해해야 합니다. 이 책에서는 구글 봇과 같은 크롤러를 살펴보며 어떠한 형태로 시멘틱 웹을 구현해야 하는지에 대해 자세히 설명합니다. 따라서 시멘틱 웹이 무엇이고 이를 어떻게 구현해야 하는지 궁금한 분도 읽으면 도움이 될 것입니다.

코드보다는 이론 위주로 진행되는 책이라서 완전한 초보자가 보기에는 적합하지 않습니다. 크롤러 때문에 책을 본다면 어떤 프로그래밍 언어의 크롤링 관련 라이브러리를 한 번이라도 살펴본 적이 있는 게 좋습니다. 또한 시멘틱 웹 때문에 보는 것이라면 HTML과 관련된 내용을 어느 정도 이해하고 있어야 합니다.

책을 번역하는 데 도움을 주신 모든 분께 감사 드립니다.

윤인성

# 서문

인터넷의 보급으로 지금까지 오프라인에서 했던 많은 것이 온라인으로 대체됐습니다. 그로 인해 다양한 정보가 인터넷에 모이게 됐습니다. 이제 어떤 정보를 찾으려고 할 때 많은 사람이 인터넷부터 검색할 것입니다. 인터넷은 정보의 보고라고 할 수 있습니다. 웹 크롤러는 이러한 인터넷에 축적된 정보를 수집해서 활용할 수 있게 해줍니다.

웹 크롤러를 운용하면 다양한 웹 사이트를 마주하게 됩니다. 비정상적으로 무거운 사이트, 문자 깨짐이 발생하는 사이트, 데이터로 활용하기 힘든 형식의 HTML로 구성된 사이트, HTTP 사양을 제대로 따르지 않는 사이트 등이 대표적인 예입니다. 또한 인증을 적용한 사이트와 Ajax를 활용한 사이트는 일반적인 방법으로 크롤링하기 힘듭니다.

이러한 문제는 웹 사이트의 문제인 경우가 많지만, 사이트에 문제가 있다고 해서 그 정보까지 가치가 없는 것은 아닙니다. 이러한 사이트에 있는 정보도 크롤링해서 저장해두면 다양한 용도로 활용할 수 있습니다. 그리고 이를 위해서는 HTTP, HTML을 포함한 웹 기술과 관련된 전반적인 이해가 필요합니다. 무엇이 제대로 된 것이고 무엇이 잘못된 것인지 모르면 예상하지 못한 상황이 발생했을 때 제대로 대처할 수 없기 때문입니다.

또한 웹 크롤러는 정보를 제공하는 웹 사이트가 있어야 의미가 있는 프로그램입니다. 따라서 크롤러가 대상 웹 사이트에 피해를 끼쳐서는 안 됩니다. 방대한 정보를 가지고 있는 웹 사이트를 크롤링할 때는 피해를 최대한 줄일 수 있게 효율적으로 크롤링하는 방법을 생각해 봐야 합니다.

이 책은 크롤러를 운용하면서 경험한 실제 웹 사이트 사례와 함께 다양한 웹 사이트를 크롤링하는 방법을 설명합니다. 또한 이를 이해하기 위해 필요한 웹 기술도 설명합니다. 이 책이 크롤링 외에도 전반적인 웹 기술을 이해하는 데 도움이 됐으면 합니다.

## 책 소개

### 대상 독자

이 책은 웹 크롤러를 다루는 책입니다. 따라서 크롤링을 위해 필요한 웹 기술을 전반적으로 설명합니다. 다음과 같은 분들이 읽으면 좋을 것이라 생각하며 집필했습니다.

- 정확한 지식을 알고 싶은 웹 개발자
- 쉽게 크롤링 될 수 있는 웹 사이트를 만들고 싶은 웹 사이트 운영자

참고로 이 책은 HTML이나 CSS 등 웹 사이트를 만들 때 알아야 할 기본 지식은 알고 있다는 전제하에 썼습니다. 샘플 코드는 자바를 사용했지만 자바에서만 사용할 수 있는 기능은 최대한 피해서 자바를 몰라도 읽을 수 있습니다.

### 이 책의 특징

웹 애플리케이션과 웹 서비스를 개발/운용하는 엔지니어라면 HTML, HTTP, 웹 서버처럼 웹 기술과 관련된 기초 지식을 확실하게 알아야 합니다.

대규모 웹 크롤러를 개발/운용했던 저자들의 경험을 바탕으로 크롤러를 만들 때 활용하는 HTTP, 문자 코드, HTML 인증, Ajax/JSON 등의 내용을 자세하게 설명합니다. 또한 실제 상황에 입각한 효율적인 크롤링 방법론도 설명합니다.

- 실제 예를 기반으로 HTTP, HTML 등의 웹 기술을 이해할 수 있습니다.
- 대규모 크롤러를 개발/운용할 때 필요한 노하우를 알 수 있습니다.
- 웹 사이트 운영자(크롤링을 당하는 입장)도 크롤러와 관련된 지식을 배울 수 있습니다.

## 책의 구성

### 1장 크롤러를 지탱하는 기술

크롤러가 무엇인지, 주의해야 할 점이 무엇인지 등을 살펴봅니다. 그리고 자바를 사용한 간단한 구현 예, 크롤러를 개발할 때 사용할 수 있는 라이브러리와 도구를 소개합니다. 추가로 프로그램을 만들지 않아도 크롤링할 때 사용할 수 있는 도구와 사이트도 간단하게 언급합니다.

### 2장 HTTP 이해하기

크롤러를 개발할 때 빼놓을 수 없는 HTTP를 살펴봅니다. 그리고 크롤러가 어떻게 요청을 보내고 어떻게 응답을 처리해야 하는지 살펴봅니다. 추가로 잘못 만들어진 웹 사이트에는 어떻게 대응해야 하는지도 살펴봅니다.

### 3장 문자 깨짐 해결하기

크롤링할 때 부딪치는 대표적인 문제인 문자 깨짐을 알아봅니다. 왜 문자 깨짐이 발생하는지와 그와 관련된 문제 및 대응 방법을 살펴봅니다. 그리고 문자 코드를 자동으로 추정하는 방법도 알아보겠습니다.

### 4장 스크레이핑 테크닉

HTML에서 필요한 정보를 추출하는 것을 스크레이핑이라고 부릅니다. 이 장에서는 Jsoup를 사용할 때 선택자를 어떻게 사용해야 하는지와 관련된 내용을 다룹니다. 또한 CSS 선택자로 추출한 데이터를 추가로 가공하는 방법과 HTML에 포함된 메타 데이터를 활용하는 방법도 알아봅니다.

## 5장 인증하기

인증이 걸려있는 웹 페이지를 크롤링할 때 사용할 수 있는 다양한 인증 방법과 그때 발생할 수 있는 문제를 알아봅니다. 일부 웹 사이트는 애플리케이션에서 데이터를 활용할 수 있게 웹 API를 제공합니다. 이러한 웹 API를 사용할 때의 인증에 대해서도 살펴봅니다.

## 6장 크롤링 응용 테크닉

크롤러가 지켜야하는 매너, robots.txt를 다루는 방법, 페이징 돼 있는 웹 사이트를 크롤링하는 방법, 큰 규모의 사이트를 효율적으로 탐색하기 위한 방법 등의 주제를 다룹니다. 아울러 데이터 수집뿐만 아니라 제거된 데이터를 어떻게 구분하는지에 대한 문제도 살펴봅니다.

## 7장 자바스크립트 가지고 놀기

이 장에서는 웹 사이트를 크롤링할 때 가장 높은 벽이라고 할 수 있는 "자바스크립트와 Ajax를 활용한 사이트"를 어떻게 크롤링할 것인지에 대해 다룹니다. 자바스크립트를 사용하는 사이트를 크롤링하는 방법 중 하나로 Selenium WebDriver를 살펴봅니다.

## 이 책의 표기 방법

**memo ▶ 메모**
본문을 읽을 때 참고할 만한 정보입니다.

**Column ▶ 칼럼**
본문과 직접 관련은 없지만 알아두면 좋은 정보입니다.

## CHAPTER 1 크롤러를 지탱하는 기술

**1-1** 크롤러란? … 2

**1-2** 크롤러의 구조 … 3
크롤링 … 3
스크레이핑 … 4

**1-3** 크롤러와 웹 기술 … 5
데이터 저장하기 … 5
웹 크롤러가 지켜야 하는 규칙 … 6
크롤러가 직면한 과제 … 9

**1-4** 크롤러 만들어보기 … 10
Java로 간단한 크롤러 구현하기 … 11
크롤링/스크레이핑 전용 서비스와 도구 … 16

**1-5** 개발을 지원하는 도구 … 18
curl … 19
브라우저의 개발자 도구 … 22

## CHAPTER 2 HTTP 이해하기

**2-1** HTTP 개요 … 25
HTTP 통신 내용 보기 … 27

**2-2** HTTP 메서드 사용 구분하기 … 28
일부 메서드가 지원되지 않는 경우 … 31
메서드의 사용 방법이 적절하지 않은 경우 … 32
URL 인코드 방식의 차이에 따른 문제 … 34

## 2-3 믿을 수 없는 응답 상태 · 37
상태 코드에 따라 적절히 처리하기 · 37
오류가 발생했는데도 200을 응답하는 경우 · 39
페이지가 존재하지 않는 경우의 리다이렉트 · 41
서버에 접속할 수 없는 경우 · 42
서버 오류가 발생했을 경우의 일반적인 대처 방법 · 42
리다이렉트의 미묘한 의미 차이 · 46

## 2-4 HTTP 헤더 조정하기 · 51
크롤러의 사용자 에이전트 · 54
쿠키가 없으면 크롤링할 수 없는 웹 사이트 · 58
국제화를 지원하는 웹 사이트 크롤링하기 · 60

## 2-5 프록시 서버를 경유해서 크롤링하기 · 62
프록시 사용 시 HTTP 통신 내용 확인하기 · 64
크롤러에서 프록시 사용하기 · 64

## 2-6 SSL 통신 때 발생하는 오류 · 66
SSL 버전 · 66
SSL 지원 사이트 크롤링하기 · 67
자바의 AES 키 길이 문제 · 70

## 2-7 HTTP/2 · 72
자바로 HTTP/2 다루기 · 74

## 2-8 정리 · 74

## CHAPTER 3 문자 깨짐 해결하기

| | | |
|---|---|---|
| 3-1 | 크롤링과 문자 코드 | 76 |
| 3-2 | 왜 문자가 깨질까? | 78 |
| | 컴퓨터와 문자 | 78 |
| | 문자 깨짐과 멀티 바이트 문자 | 80 |
| 3-3 | 클라이언트와 서버 간의 문자 깨짐 | 81 |
| | 문자 깨짐이 일어나는 위치 | 81 |
| | 애플리케이션과 데이터베이스 | 85 |
| | 텍스트 파일 읽고 쓰기 | 86 |
| 3-4 | 적절하게 문자 코드 다루기 | 88 |
| | 크롤링과 문자 코드 | 89 |
| | 인덱싱과 문자 코드 | 91 |
| 3-5 | 대표적인 문자 코드 | 95 |
| | UTF-8 | 96 |
| | EUC-KR | 96 |
| 3-6 | 문자 코드와 관련해 발생할 수 있는 함정 | 97 |
| | 문자 코드 믿지 말기 | 97 |
| | 데이터베이스와 초밥① – 사라진 초밥 문제 | 99 |
| | 데이터베이스와 초밥② – 그림 문자 검색 문제 | 101 |
| | 트러블 슈팅을 위한 팁 | 104 |
| 3-7 | 문자 코드 추정하기 | 108 |
| | juniversalchardet | 110 |
| | ICU4J | 113 |
| | 자바 외 언어의 라이브러리 | 114 |
| 3-8 | 정리 | 116 |

## CHAPTER 4 스크레이핑 테크닉

**4-1 HTML에서 데이터 추출하기** — 118
　정규 표현식 — 118
　XPath — 119
　CSS 선택자 — 122
　HTML 이외의 데이터 — 126

**4-2 CSS 선택자 사용하기** — 127
　지정한 위치의 요소 추출하기 – nth-child() — 127
　텍스트 노드를 문자열로 검색하기 – contains() — 129
　텍스트 노드를 정규 표현식으로 검색하기 – matched() — 129
　자식 요소를 제외하고 검색하기 – containsOwn()과 matchesOwn() — 131
　속성으로 검색하기 — 131

**4-3 스크레이핑한 데이터 가공하기** — 137
　[예1] alt 속성에서 데이터 추출하기 — 137
　[예2] 주소 추출하기 — 138
　웹 페이지의 메타 데이터 — 141

**4-4 메타 데이터 활용하기** — 141
　구조화 마크업 — 148

**4-5 정리** — 164

## CHAPTER 5 인증하기

**5-1 인증이 필요한 페이지를 크롤링하는 이유** — 166
　인증이 필요한 웹 사이트를 크롤링할 때 지켜야 할 사항 — 168

## 5-2 다양한 인증 방식과 크롤링 방법 — 170
HTTP 인증 — 171
입력 양식 기반 인증 — 175
2단계 인증 — 188
CAPTCHA를 사용한 BOT 대책 — 190

## 5-3 웹 API를 사용해 정보 추출하기 — 191
접근키로 인증하기 — 192
OAuth 2.0 — 193
인증과 허가 — 200
pac4j를 사용해 GitHub OAuth 사용해 보기 — 201

## 5-4 정리 — 205

# CHAPTER 6 크롤링 응용 테크닉

## 6-1 크롤러가 지켜야 하는 매너 — 207
요청 수와 요청 간격 제한 — 207
크롤링 제한하기 — 208

## 6-2 필요한 페이지만 크롤링하기 — 216
페이징 — 217
의외로 잘 사용하지 않는 사이트맵 XML — 222
RSS 또는 Atom을 기반으로 사이트의 변경 정보 추출하기 — 228
콘텐츠를 캐시해서 통신 줄이기 — 233
gzip 압축으로 응답 빠르게 만들기 — 236

## 6-3 제거된 콘텐츠 판정하기 — 238
콘텐츠에 명시적으로 적혀 있는 기간 사용하기 — 239
대상 사이트를 정기적으로 크롤링하기 — 240

| | | |
|---|---|---|
| | 인덱스한 URL을 정기적으로 확인하기 | 240 |
| | 목록 페이지에 URL이 존재하지 않는 경우 삭제된 것으로 판정하기 | 242 |
| | 남은 문제 | 244 |
| 6-4 | **웹 사이트의 변경 시점 및 변경 빈도 학습하기** | 245 |
| | 명시된 변경일 찾기 | 245 |
| | 오류 | 245 |
| | 변경 빈도에 따라 크롤링 빈도 조정하기 | 246 |
| | 크롤링 소요 시간을 기반으로 크롤러의 리소스 사용량 조절하기 | 246 |
| 6-5 | **가장 효율적인 방법 = 크롤링하지 않기** | 247 |
| 6-6 | **정리** | 247 |

# CHAPTER 7 자바스크립트 가지고 놀기

| | | |
|---|---|---|
| 7-1 | **Ajax와 SPA** | 249 |
| | 자바스크립트를 사용한 웹 페이지의 예 | 250 |
| | 크롤러의 관점에서 살펴본 자바스크립트 | 255 |
| 7-2 | **자바스크립트와의 싸움 피하기** | 256 |
| | 자바스크립트의 동작 재현하기 | 256 |
| | 크롤러를 위한 정보 찾기 | 257 |
| | 모바일 사이트 | 258 |
| 7-3 | **브라우저 조작과 도구 활용하기** | 263 |
| | Selenium WebDriver 사용해 보기 | 263 |
| 7-4 | **정리** | 276 |

# CHAPTER 1

# 크롤러를 지탱하는 기술

1-1 크롤러란?
1-2 크롤러의 구조
1-3 크롤러와 웹 기술
1-4 크롤러 만들어보기
1-5 개발을 지원하는 도구

이 책에서는 다양한 웹 사이트를 크롤링할 때 필요한 기술과 지식을 설명합니다.

일단 크롤러가 무엇이고 어떤 목적으로 사용되고 어떤 형태로 동작하는지 살펴보겠습니다. 추가로 크롤러를 만들 때 어려운 부분과 주의해야 하는 부분도 살펴보겠습니다.

## 1-1 크롤러란?

인터넷에는 굉장히 많은 콘텐츠가 있습니다. HTML로 작성돼 있는 것뿐만 아니라 이미지, 동영상, 음성 등의 데이터 파일이 존재하는 데이터의 보고라고 할 수 있습니다. 이러한 데이터를 기계적으로 수집하는 것이 바로 크롤러(웹 크롤러)입니다(그림 1.1).

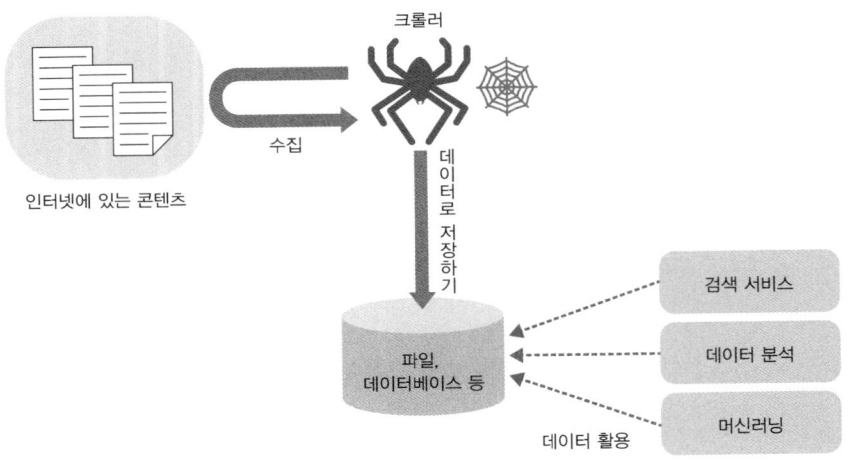

그림 1.1 크롤러

크롤러의 용도로 바로 떠올릴 수 있는 것은 구글(Google)과 같은 검색 서비스입니다. 구글은 인터넷에 있는 여러 콘텐츠를 미리 크롤링해서 저장해 둠으로써 검색 서비스를 제공합니다. 추가로 패션 또는 구인 정보처럼 특정 분야나 용도에 초점을 맞춘 검색 서비스도 존재합니다. 블로그 또는 뉴스 사이트 등을 확인해서 최신 정보를 전달하는 RSS 리더 등의 도구 서비스도 넓은 의미에서는 크롤러라고 할 수 있습니다. 회사 인터넷 내부의 서버를 크롤링해서 사내 문서를 검색하게 하는 것도 크롤러의 용도 중 하나입니다.

> **memo** 크롤과 크롤링
>
> 크롤러가 인터넷상의 콘텐츠를 순회하고 콘텐츠 정보를 수집하는 것을 "크롤(Crawl)" 또는 "크롤링(Crawling)"이라고 부릅니다.

크롤러가 수집한 데이터는 콘텐츠로 활용되는 것은 물론이고 분석에도 사용됩니다. 예를 들어 쇼핑몰의 가격을 매일 크롤링해서 축적하면 이러한 데이터를 분석해서 출시 경과 시간에 따른 가격 변동과 계절에 따른 가격 변동 등의 상관관계를 알 수 있습니다. 최근 굉장히 큰 주목을 받는 머신러닝의 학습 데이터로 크롤링한 데이터를 활용할 수도 있습니다.

스마트폰의 보급과 함께 인터넷은 사람들에게 없어서는 안 될 존재가 됐습니다. 그리고 그 중요성이 커지면서 수많은 정보가 모두 인터넷에 모이게 됐습니다. 이러한 정보를 활용하려면 일단 정보를 수집해야 합니다. 그 역할을 담당하는 것이 바로 크롤러입니다.

## 1-2 크롤러의 구조

그럼 크롤러의 동작 구조를 조금 자세하게 살펴봅시다.

인터넷의 콘텐츠는 기본적으로 웹 서버에 배치돼 있으며 브라우저(웹 브라우저)를 사용해 이 콘텐츠의 내용을 봅니다. 인터넷의 콘텐츠 대부분은 HTML로 작성돼 있는데 HTML은 하이퍼링크를 사용해 상호 참조할 수 있습니다.

달리 말해 크롤러는 "인터넷상의 정보를 수집하고 특정 목적에 사용하기 쉽게 형식을 가공하고 저장하는 프로그램이다"라고 생각하면 됩니다.

### 크롤링

크롤러는 HTML 내부 링크를 따라 웹 페이지를 순회합니다(그림 1.2). 단순하게 말하면 "HTML 내부에 있는 a 태그의 href 속성을 추출하고 해당 URL에 접근하는 것"의 반복이라고 할 수 있습니다. 이렇게만 구현하면 같은 페이지를 계속 수집하는 무한 반복에 빠지거나 불필요한 페이지를 수집하는 문제가 발생합니다. 따라서 실제로는 다음과 같이 구현해야 합니다.

**구현 1** 한 번 접근한 URL을 기록해 두 번 접근하지 않게 만든다.
**구현 2** 특정 패턴과 일치하는 URL만 순회하게 만든다.
**구현 3** 시작 페이지부터 접근해 들어가는 페이지의 깊이에 제한을 둔다.

앞으로 설명하는 크롤러 만들기 전용 라이브러리와 프레임워크는 모두 이런 형태로 구현돼 있습니다.

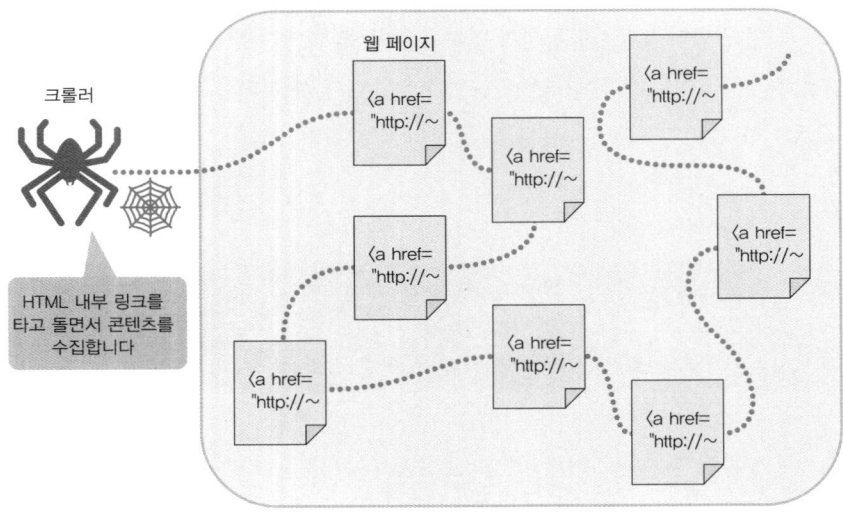

그림 1.2 크롤링

##  스크레이핑

수집한 콘텐츠에서 필요한 정보를 추출하는 것을 "스크레이핑"이라고 합니다(그림 1.3). 예를 들어 HTML이라면 웹 페이지를 꾸미기 위해 다양한 HTML 태그를 사용합니다. 이처럼 콘텐츠와 관계없는 불필요한 부분을 제거해야 검색과 분석 용도로 활용할 수 있습니다.

아울러 수집 대상 콘텐츠는 HTML이 아니라 PDF나 Word 파일 등에서 글자를 추출하거나 이미지 파일을 추출하고 크기를 가공해야 하는 경우 등이 있을 수 있습니다. 일반적으로 이러한 처리를 스크레이핑이라고 하지는 않지만 수집한 데이터를 저장하기 전에 적절한 형태로 가공한다는 의미에서는 거의 비슷한 처리라고 할 수 있습니다.

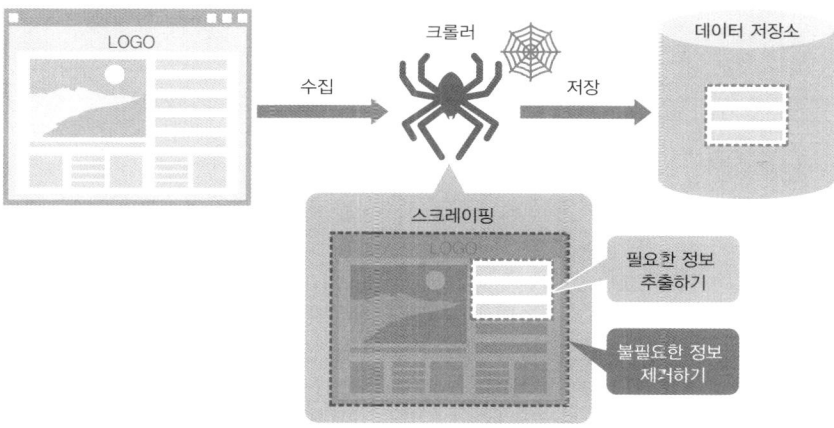

그림 1.3 스크레이핑

##  데이터 저장하기

적절하게 가공한 데이터를 나중에 사용하려면 저장해야 합니다.

일반적으로 데이터의 용도에 따라 저장하는 방식이 다릅니다. 예를 들어 소규모 데이터는 로컬 파일 시스템에 파일로 저장합니다. 분석에 활용한다면 데이터베이스에 저장하는 것이 좋고 검색 서비스에 활용한다면 검색 엔진에 인덱스해서 넣는 것이 좋습니다. 데이터의 양이 너무 많다면 클라우드 저장소에 저장하는 것을 고려하는 것도 좋습니다.

## 1-3 크롤러와 웹 기술

크롤러를 개발/운용할 때는 웹과 관련된 기술을 이해하고 있어야 합니다. 예를 들어 콘텐츠를 수집할 때는 HTTP 통신이 필요하며 스크레이핑을 할 때는 추출한 HTML을 분석해야 합니다.

이러한 지식 없이 쉽게 크롤링/스크레이핑 해주는 라이브러리와 프레임워크도 존재하지만, 제대로 크롤러를 개발/운용하려면 이러한 라이브러리가 제공해주는 표준 기능만으로는 처리할 수 없는 부분과 예외적인 경우에 제대로 대응할 수 없는 경우가 많습니다.

또한 크롤링할 때 지켜야 할 기술적이자 윤리적인 규칙도 있습니다. 크롤러를 운용하거나 크롤러로 수집한 데이터를 사용할 때는 이러한 규칙을 꼭 지켜서 크롤링 대상 웹 사이트에 피해를 주지 않게 하고 문제가 발생하지 않게 해야 합니다.

##  웹 크롤러가 지켜야 하는 규칙

인터넷에 있는 콘텐츠를 크롤링할 때는 다음 사항을 지켜야 합니다.

- 주의사항 1  크롤링 대상 서버에 심한 부하 걸지 말기
- 주의사항 2  크롤링으로 추출한 콘텐츠의 저작권 지키기
- 주의사항 3  크롤링 거부 의사를 밝힌 웹 사이트와 웹 페이지는 크롤링하지 않기

이러한 사항이 크롤링할 때의 최소한의 배려라고 할 수 있습니다. 하나씩 자세하게 살펴봅시다.

### 크롤링 대상 서버에 심한 부하 걸지 말기

웹 크롤러와 관련된 대표적인 문제 사례로 일본의 "오카자키시립중앙도서관 사건"이 있습니다. 오카자키시립중앙도서관에서 운영하는 도서 검색 시스템이 크롤러에 의해 다운돼 크롤러를 실행한 남성이 구속된 사건입니다. 그 남성이 업무 방해 의도를 가지고 있지는 않아서 최종적으로 기소 유예 처분됐습니다.

우리나라에서는 크롤러 때문에 개인이 구속된 사례는 존재하지 않습니다. 하지만 국내에 스마트폰이 들어오면서 만들어진 초기 애플리케이션 중 "버스 운행 정보 애플리케이션"이 서울시에서 운영하는 버스 관리 시스템을 대량으로 크롤링하며 사이트에 문제를 일으켰습니다. 결국 서울시 사이트는 크롤러 접근을 차단했고 이로 인해 여러 애플리케이션이 몇 주 동안 먹통이 된 적이 있습니다. 결국에는 서울시에서 공식적으로 버스 운행 정보 웹 API를 진행하면서 문제가 해결됐습니다.

크롤러가 웹 사이트에 요청을 많이 하면 웹 사이트에 부하가 걸리고 이로 인해 서비스에 장애를 일으킬 수 있습니다. 이는 서비스 운영자에게 큰 경제적인 손실을 입힐 수 있는 사항입니다. 따라서 크롤러를 만들 때는 최소한 다음과 같은 규칙을 지켜야 합니다.

- 규칙 1 동시에 여러 요청 보내지 말기
- 규칙 1 요청 간격은 최소 1초 이상으로 설정하기

동작이 무거운 웹 사이트라면 요청 간격을 더 늘리고 일반 사람이 거의 접속하지 않는 야간에 크롤링하는 등의 배려를 해야 합니다. 아울러 robots.txt라는 파일에 크롤링 간격이 지정돼 있다면 그 시간에 맞춰 크롤링해야 합니다.

> **memo** robots.txt
> Google과 Yahoo!처럼 인터넷의 정보를 추출하는 프로그램(크롤러)을 제어하기 위한 텍스트 파일입니다. 이 파일은 "http://○○○.com/robots.txt"처럼 사이트의 루트 도메인에 배치합니다. 특정 파일 또는 디렉터리에 접근을 금지하는 것처럼 크롤러의 접근도 제어할 수 있습니다(robots.txt를 아예 무시하는 크롤러도 존재합니다).

참고로 일본의 오카자키시립중앙도서관 사건은 robots.txt를 지켰음에도 웹 사이트가 부하를 견디지 못하고 다운돼 크롤러 제작자를 신고하고 구속했던 경우입니다. 응답이 극단적으로 느린 웹 사이트나 오류를 응답하는 웹 사이트는 요청 간격을 굉장히 길게 만들어 최대한 크롤링 웹 사이트를 배려해야 합니다.

크롤링할 때 지켜야 하는 사항은 6장 "크롤링 응용 테크닉"에서 자세하게 설명하겠습니다.

## 크롤링해서 추출한 콘텐츠의 저작권 지키기

크롤러가 수집한 콘텐츠도 저작권을 가지고 있을 수 있습니다. 따라서 크롤링해서 추출한 콘텐츠도 저작권법을 따라야 합니다.

예를 들어 검색 서비스를 제공하는 경우, 크롤링한 데이터를 검색할 수 있게 서버에 저장해야 합니다. 이는 어떻게 보면 저작물 복제에 해당합니다. 다만 검색 엔진은 저작권법 28조[1]에 의해서 이러한 문제에 해당하지 않습니다.

---

1 역) "공표된 저작물은 보도·비평·교육·연구 등을 위하는 정당한 범위 안에서 공정한 관행에 합치되게 이를 인용할 수 있다"라는 내용

하지만 그렇다고 모든 데이터를 다운로드해도 괜찮다는 의미는 아닙니다. 안타깝게도 인터넷에는 불법 복제된 음악 파일이나 동영상 파일처럼 처음부터 저작권이 침해된 불법 콘텐츠가 있습니다. 이러한 콘텐츠를 수집하는 크롤러는 불법으로 간주될 수 있습니다.[2] 아울러 그러한 의도가 없었다고 해도 수집한 데이터를 사용해 검색 서비스를 제공하는 경우 불법 콘텐츠가 검색 대상에 포함돼 있을 경우를 대비해서 저작권자의 요청에 따라 해당 콘텐츠를 검색 결과에서 제외할 수 있게 해놓아야 합니다.

추가로 회원만 사용할 수 있는 정보를 가진 웹 사이트라면 해당 사이트의 이용 약관을 반드시 지켜야 합니다. 인증이 필요한 웹 사이트와 관련된 내용은 5장 "인증하기"에서 자세하게 다루겠습니다.

### 크롤링 거부 의사를 밝힌 웹 사이트와 웹 페이지는 크롤링하지 않기

웹 사이트의 성능과 윤리적인 문제로 인해 웹 사이트 소유자가 크롤링 거부 의사를 밝히는 경우도 있습니다. robots.txt에서 특정 크롤러를 거부한다면 해당 지시에 따라야 합니다. 웹 사이트의 소유자가 크롤링된 데이터가 어떠한 경우로 사용되는지 알고 싶을 수도 있고 그 용도에 따라 크롤링을 거부하고 싶어 하는 경우가 있을 수 있습니다.

따라서 크롤러를 만들 때는 이러한 거부 의사를 전달받을 수 있는 창구가 필요합니다. 일반적으로 크롤러의 **User-Agent** 헤더[3]에 크롤러와 관련된 설명 페이지 URL을 입력하고 여기에 크롤러의 목적, 크롤링한 정보의 사용 용도, 연락처 등을 적습니다.

그리고 웹 사이트의 소유자로부터 "크롤링을 거부하고 싶다"라는 의사를 받는다면 해당 사이트를 크롤링하지 않아야 합니다. 따라서 크롤러를 만들 때는 특정 웹 사이트와 URL을 크롤링 대상에서 제외할 수 있게 구현해야 합니다.

> **memo** User-Agent 헤더
> 브라우저의 종류나 버전 등의 클라이언트 정보를 나타내는 요청 헤더입니다.

---

[2] 불법 콘텐츠를 수집할 의도를 갖고 있었는지가 중요합니다.
[3] 2장 "HTTP 이해하기"에서 자세하게 설명합니다.

**크롤러가 직면한 과제**

크롤러는 인터넷에 있는 데이터를 수집합니다. 하지만 인터넷에 있는 콘텐츠가 모두 규칙을 잘 지켜 만들어진 것은 아닙니다.

HTTP 요청에 대해 적절한 응답 헤더와 상태 코드를 제공하지 못하는 웹 사이트도 있고 구조가 잘못된 HTML 페이지와 `meta` 태그를 가지고 있는 웹 사이트도 엄청나게 많습니다. 일반적으로 사용하는 웹 브라우저는 이런 잘못된 콘텐츠들 알아서 처리해주므로 웹 페이지를 돌아다닐 때 큰 불편을 느끼지 않는 것입니다.

또한 많은 웹 사이트를 크롤링하는 경우에는 방대한 콘텐츠를 어떻게 효율적으로 크롤링할 수 있을지도 생각해 봐야 합니다.

물론 크롤러의 요청 간격을 짧게 만들거나 병렬적으로 크롤러를 실행하면 크롤링에 걸리는 시간이 단축됩니다. 하지만 이전에 언급했던 것처럼 크롤링 대상 사이트에 폐를 끼칠 수 있는 행위는 하지 않는 것이 좋습니다. 대량의 페이지를 단순하게 크롤링하면 몇 시간에서 며칠이 걸릴 수도 있습니다. 그런데 인터넷에 있는 콘텐츠는 계속 바뀝니다. 크롤링하는 데 시간이 걸리면 그동안에도 정보가 변경될 수 있습니다. 따라서 크롤링을 효율적으로 빠르게 할 수 있는 방법이 필요합니다.

참고로 최근에는 자바스크립트와 Ajax를 활용한 웹 사이트도 많습니다. 이러한 웹 사이트는 자바스크립트를 사용해 HTML을 동적으로 생성하므로 기존의 웹 사이트와 다르게 단순한 크롤링 방법으로는 크롤링할 수 없습니다.

이처럼 웹 크롤러를 개발/운용할 때는 다양한 문제와 마주칠 수 있습니다. 따라서 여러 웹 사이트를 크롤링하려면 이러한 문제를 해결해야 합니다.

이 책에서는 웹 크롤링과 관련된 기본 테크닉뿐만 아니라 이러한 문제에 대처하는 실전에 필요한 방법도 소개하겠습니다.

## 1-4 크롤러 만들어보기

크롤러는 네트워크 접근 기능을 가지고 있는 프로그래밍 언어라면 모두 만들 수 있습니다. 하지만 크롤러 개발을 위한 라이브러리와 프레임워크를 사용하면 크롤러를 조금 더 쉽게 만들 수 있습니다.

대표적인 프로그래밍 언어 전용 크롤러 라이브러리와 프레임워크를 정리하면 표 1.1과 같습니다. 크롤러 또는 스크레이핑 중 하나에 특화된 것과 대규모 크롤러를 운용하기 위한 것 등 다양한 라이브러리와 프레임워크가 있으므로 용도에 따라 검토해 보기 바랍니다.

표 1.1 크롤러 개발 전용 라이브러리와 프레임워크

| 라이브러리 이름 | 언어 | 설명 |
| --- | --- | --- |
| anemone<br>https://github.com/chriskite/anemone | 루비 | 간단하게 크롤링할 때 사용할 수 있는 라이브러리입니다. |
| nokogiri<br>https://github.com/sparklemotion/nokogiri | 루비 | Xpath와 CSS 선택자를 사용할 수 있는 HTML 스크레이핑 전용 라이브러리입니다. |
| Scrapy<br>https://scrapy.org/ | 파이썬 | 크롤링/스크레이핑 전용 프레임워크입니다. |
| Jsoup<br>https://jsoup.org/ | 자바 | CSS 선택자를 사용하는 스크레이핑 전용 라이브러리입니다. |
| crawler4j<br>https://github.com/yasserg/crawler4j | 자바 | 크롤링/스크레이핑 전용 프레임워크입니다. |
| Apache Tika<br>https://tika.apache.org/ | 자바 | HTML 외에도 Word, Excel, PDF처럼 다양한 파일에서 데이터를 추출할 수 있는 라이브러리입니다. |
| Apache Nutch<br>http://nutch.apache.org/ | 자바 | 분산 처리를 할 수 있는 확장성 높은 프레임워크입니다. |
| node-crawler<br>http://nodecrawler.org/ | Node.js | 크롤링/스크레이핑 전용 프레임워크입니다. |
| gocrawl<br>https://github.com/PuerkitoBio/gocrawl | 고 | 크롤링/스크레이핑 전용 프레임워크입니다. |

#  Java로 간단한 크롤러 구현하기

크롤러가 어떤 처리를 하는지 간단하게 알 수 있게 실제로 크롤러를 만들어보겠습니다.

이 책에서는 크롤러를 구현하는 프로그래밍 언어로 자바를 사용합니다. 크롤러를 구현할 때 자바를 사용하면 다음과 같은 장점이 있습니다.

- 문자 코드를 쉽게 다룰 수 있습니다.
- 네트워크 처리, HTML 처리 이외에도 데이터를 다룰 때 사용할 수 있는 라이브러리가 많습니다.

다만 자바는 루비와 파이썬 같은 스크립트 언어와 비교해서 기본 코드를 많이 넣어야 하며 컴파일이 필요하므로 간단한 데이터를 스크레이핑할 때 사용하는 일회용 크롤러를 개발할 때는 적당하지 않습니다. 하지만 대규모 크롤러를 개발하고 운용할 때는 위의 장점과 함께 자바 VM의 안정성, 스레드를 사용한 병렬 처리, 정적인 자료형과 컴파일할 때의 검사로 인해 안전한 프로그램을 만들 수 있다는 장점이 있습니다.

그럼 Jsoup와 crawler4j를 사용해 자바 크롤러를 만들어봅시다.

## Jsoup

https://jsoup.org

Jsoup는 HTML을 파싱해서 CSS 선택자로 특정 요소를 선택할 수 있게 해주는 스크레이핑 전용 라이브러리입니다. HTTP 통신 기능도 갖추고 있으며 Jsoup만으로 굉장히 실용적인 크롤러를 만들 수 있습니다.

Jsoup를 사용하려면 일단 pom.xml에 코드 1.1과 같은 의존 관계를 추가합니다.

**코드 1.1** Jsoup 사용 준비

```xml
<dependency>
  <groupId>org.jsoup</groupId>
  <artifactId>jsoup</artifactId>
  <version>1.10.3</version>
</dependency>
```

코드 1.2는 Jsoup로 간단한 크롤러를 구현한 예입니다.

**코드 1.2** Jsoup로 만든 간단한 크롤러

```java
package kr.co.rint.crawler;

import org.jsoup.Jsoup;
import org.jsoup.nodes.Document;
import org.jsoup.nodes.Element;
import org.jsoup.select.Elements;
import java.nio.file.Files;
import java.nio.file.Paths;

public class SimpleCrawlerSample {

    public static void main(String[] args) throws Exception {
        // 위키북스 최상위 페이지
        String url = "http://wikibook.co.kr/";
        // GET 요청을 보내고 Document 객체를 변수 doc에 저장하기
        Document doc = Jsoup.connect(url).get();
        // CSS 선택자를 사용해 링크 추출하기
        Elements elements = doc.select("li.book-in-front a");
        // 반복문 적용하기
        for(Element element: elements){
            // 링크 내부의 글자 추출하기
            String title = element.text().trim();
            // 링크의 URL 추출하기
            String nextUrl = element.attr("href");
            // 링크 대상 페이지에 접근하기
            Document nextDoc = Jsoup.connect(nextUrl).get();
            // 책 소개 추출하기
            String content = nextDoc.select("div.tab-content").html();
            // "<책 제목>.html"이라는 이름으로 저장하기
            Files.write(Paths.get(title + ".html"), content.getBytes("UTF-8"));
        }
    }
}
```

이 크롤러는 위키북스 블로그에서 도서 링크를 추출하고 각 도서 페이지에서 도서 정보를 추출한 후 콘솔에 출력합니다.

크롤러의 처리 흐름을 정리하면 다음과 같습니다.

1. HTTP 접근(위키북스 메인 페이지의 도서 목록 페이지 추출)
2. 스크레이핑(추출한 HTML에서 도서 링크 추출)
3. HTTP 접근(각각의 도서 페이지 추출)
4. 스크레이핑(도서 정보 추출)
5. 데이터 저장(위 예제에서는 저장하지 않고 화면에 출력)

Jsoup는 HTTP 통신 기능도 갖추고 있는 편리한 라이브러리이지만, HTML 스크레이핑을 위한 라이브러리라서 HTML 이외의 리소스는 다룰 수 없습니다.[4] HTML 이외의 링크도 크롤링해야 한다면 HTTP 통신에 다른 통신 라이브러리를 사용하고 HTML 스크레이핑 처리만 Jsoup로 하는 식으로 여러 라이브러리를 조합해 사용합니다.

### crawler4j

https://github.com/yasserg/crawler4j

crawler4j는 Jsoup와 다르게 크롤링에 특화된 라이브러리입니다.

crawler4j는 링크 추출과 HTTP 통신 처리를 하나하나 작성할 필요 없이 추출하고 싶은 콘텐츠와 관련된 정보를 적기만 하면 알아서 크롤링해줍니다. 반면 스크레이핑 기능을 제공하지 않으므로 스크레이핑할 때는 Jsoup 등의 라이브러리를 함께 조합해 사용해야 합니다. 추가로 HTTP 통신 처리를 세부적으로 설정할 수 없다는 단점이 있습니다.

crawler4j를 사용하려면 일단 pom.xml에 코드 1.3과 같은 의존 관계를 추가합니다.

**코드 1.3** crawler4j 사용 준비

```
<dependency>
  <groupId>edu.uci.ics</groupId>
  <artifactId>crawler4j</artifactId>
  <version>4.3</version>
</dependency>
```

---

[4] HTML 이외의 URL을 지정해 실행하면 예외가 발생합니다. 예외에 대해서는 2장 "HTTP 이해하기"에서 설명합니다.

코드 1.2와 같은 처리를 crawler4j로 한다면 코드 1.4처럼 일단 **WebCrawler**를 상속받는 클래스를 생성합니다. 참고로 스크레이핑 처리에는 Jsoup를 사용했습니다.

**코드 1.4** crawler4j로 만든 간단한 크롤러

```java
package kr.co.rint.crawler;

import edu.uci.ics.crawler4j.crawler.Page;
import edu.uci.ics.crawler4j.crawler.WebCrawler;

import edu.uci.ics.crawler4j.parser.HtmlParseData;
import edu.uci.ics.crawler4j.url.WebURL;
import org.jsoup.Jsoup;

import org.jsoup.nodes.Document;

public class MyCrawler extends WebCrawler {
  @Override
  public boolean shouldVisit(Page referringPage, WebURL url) {
    // 크롤링해야 하는 페이지라면 True 리턴하기
    // 위키북스의 모든 페이지 크롤링하기
    String href = url.getURL();
    return href.startsWith("http://wikibook.co.kr/");
  }

  @Override
  public void visit(Page page) {
    // 위키북스 사이트는 책을 따로 모아놓는 경로가 없으므로
    // 예외 처리를 사용해 예외가 발생하지 않는 경우만 출력하기
    // - 도서 페이지만 예외가 발생하지 않음
    String url = page.getWebURL().getURL();
    try {
      HtmlParseData data = (HtmlParseData) page.getParseData();
      // 페이지의 HTML을 파싱하기
      Document doc = Jsoup.parse(data.getHtml());
      // 타이틀 추출하기
      String title = doc.select("#main-title").text();
      // 책 내용 추출하기
      String content = doc.select("div.tab-content").html();
```

```
      // 타이틀, URL, 책 내용 출력하기
      System.out.println(title + " - " + url);
      System.out.println(content);
    } catch(Exception e) {

    }
  }
}
```

그리고 코드 1.5와 같은 클래스를 사용해 크롤러를 실행합니다.

**코드 1.5** crawler4j로 만든 크롤러를 실행하는 클래스

```
package kr.co.rint.crawler;

import edu.uci.ics.crawler4j.crawler.CrawlConfig;
import edu.uci.ics.crawler4j.crawler.CrawlController;
import edu.uci.ics.crawler4j.fetcher.PageFetcher;
import edu.uci.ics.crawler4j.robotstxt.RobotstxtConfig;

import edu.uci.ics.crawler4j.robotstxt.RobotstxtServer;

public class Crawler4jSample {
  public static void main(String[] args) throws Exception {
    // 크롤러 동시 실행 수 지정하기
    int numberOfCrawlers = 1;

    CrawlConfig config = new CrawlConfig();
    // 시작 URL에서 몇 단계까지 들어갈지 설정하기
    config.setMaxDepthOfCrawling(1);
    // 크롤러의 데이터 저장 디렉터리 지정하기
    config.setCrawlStorageFolder("./data/crawl/root");

    // CrawlController 준비하기
    PageFetcher pageFetcher = new PageFetcher(config);
    RobotstxtConfig robotstxtConfig = new RobotstxtConfig();
    RobotstxtServer robotstxtServer = new RobotstxtServer(robotstxtConfig, pageFetcher);
```

```
    CrawlController controller = new CrawlController(config, pageFetcher,
robotstxtServer);

    // 크롤링 시작 URL 지정하기
    controller.addSeed("http://takezoe.hatenablog.com/");
    // 크롤링 시작하기
    controller.start(MyCrawler.class, numberOfCrawlers);
  }

}
```

crawler4j는 이처럼 동시 실행 수와 순회할 링크의 단계 등을 간단하게 설정할 수 있으며 HTTP 접근 또는 크롤링할 링크 추출, robots.txt 확인 등을 자동으로 해줘서 편리합니다. 프로그래머는 추출한 URL이 크롤링 대상인지 판정하고 서버에서 받은 응답을 어떻게 처리할 것인지만 구현하면 됩니다.

다만 이 책에서 소개할 다양한 종류의 웹 사이트를 크롤링하려면 세부적인 HTTP 통신 처리를 지정해야 할 때가 있습니다. 이러한 웹 사이트는 crawler4j 같은 라이브러리로는 대응하기 힘든 경우가 많습니다. 따라서 용도와 상황에 따라 적절한 라이브러리를 선택하는 능력이 굉장히 중요합니다.

##  크롤링/스크레이핑 전용 서비스와 도구

지정한 URL을 크롤링/스크레이핑해주는 서비스와 도구도 있습니다. "테이블 형식의 목록을 기반으로 CSV 데이터를 만들고 싶은 경우"라면 프로그램을 따로 만들지 않고 이러한 서비스를 활용해도 좋습니다.

정형적이지 않은 웹 사이트와 대규모 데이터 수집에는 적절하게 대응할 수 없는 경우도 많지만 용도와 상황이 맞는다면 이러한 서비스 사용을 검토해도 좋을 것입니다.

### import.io

https://www.import.io

import.io는 URL을 입력하기만 하면 웹 페이지의 내용을 추출해주는 서비스입니다(그림 1.4).

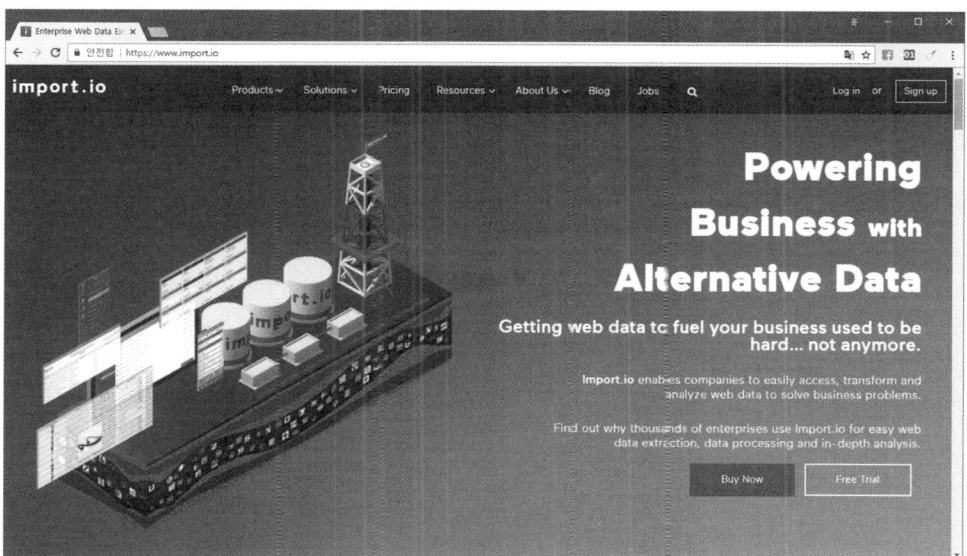

그림 1.4 import.io

페이징 돼 있는 웹 사이트에도 대응하고 지정 시간마다 크롤링하는 기능도 제공합니다. 또한 추출한 데이터를 CSV 파일로 다운로드하는 기능과 JSON API로 만들어주는 기능, 구글 스프레드시트에 데이터를 저장하는 기능도 제공합니다.

이는 유료 서비스이며 쿼리 수에 따라 플랜이 제공됩니다. 그래도 무료로 몇 가지 테스트를 해볼 수 있으므로 활용해 보기 바랍니다.

> **memo ▶ JSON**
>
> JSON(JavaScript Object Notation)은 자바스크립트 객체 작성 방법을 기반으로 만들어진 텍스트 형식의 데이터 포맷입니다. 작성 방법이 굉장히 간단하고 수많은 라이브러리가 JSON 형식의 파싱 기능을 제공합니다. 그래서 Ajax 통신과 웹 API처럼 프로그래밍 언어에 의존하지 않는 데이터 교환에 XML을 대신해 많이 사용되고 있습니다.

### scraper

https://chrome.google.com/webstore/detail/scraper/mbigbapnjcgaffohmbkdlecaccepngjd

scraper는 구글 크롬 확장 프로그램으로 제공되는 스크레이핑 도구입니다(그림 1.5).

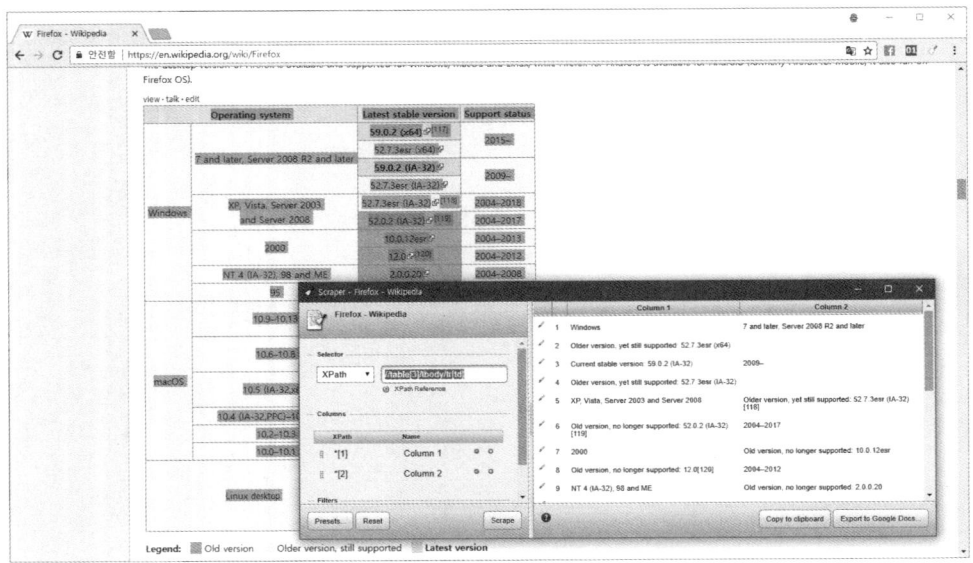

그림 1.5 scraper

웹 브라우저에 출력되는 웹 페이지에서 규칙성을 띈 데이터를 추출하고 클립 보드에 복사하며 구글 스프레드시트에 저장하는 기능을 제공합니다. 페이징 등을 지원하지는 않지만 간단한 용도로 편리하게 사용할 수 있는 도구입니다.

# 1-5 개발을 지원하는 도구

크롤러를 만드는 동안에는 생각처럼 프로그램이 제대로 동작하지 않는 경우가 있습니다. 그 이유는 굉장히 다양합니다. 크게 구분해 서버가 규칙을 제대로 지키지 않고 만들어진 경우와 프로그램을 잘못 만든 경우처럼 서버 문제와 클라이언트 문제로 나눌 수 있는데, 사실 이를 구분하기가 쉽지 않습니다. 이럴 때 사용할 수 있는 편리한 도구를 소개하겠습니다.

## curl

curl 명령어를 사용하면 컴퓨터(클라이언트)에서 서버로 요청을 보내고 결과를 쉽게 확인할 수 있습니다(그림 1.6).[5] curl 명령어는 굉장히 다양한 기능을 가지고 있는데, 그중에서 기본적인 몇 가지만 살펴보겠습니다.

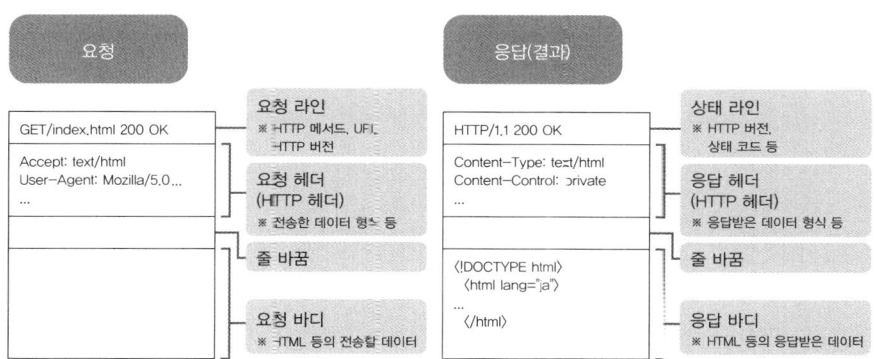

그림 1.6 요청과 응답(결과)

### 요청 보내기

일단 간단한 GET 요청을 전송하는 방법을 알아봅시다. GET 요청은 다음과 같이 보냅니다.

```
curl http://www.example.com/
```

[실행 결과]
```
<!DOCTYPE html>
<html lang="ko">
...
</html>
```

GET 이외의 메서드로 요청을 보낼 때는 다음과 같이 -X 옵션을 사용합니다.

```
curl -X POST http://www.example.com/
```

---

[5] 요청과 응답은 그림 1.6처럼 여러 가지 부분으로 구성됩니다. 이와 관련된 자세한 내용은 2장 "HTTP 이해하기"에서 설명합니다.

## HTTP 헤더 출력하기

curl 명령어는 디폴트로 응답 바디만 출력하지만, -i 옵션을 붙이면 HTTP 헤더도 함께 출력합니다.

```
curl -i http://www.example.com/
```

[실행 결과]

```
HTTP/1.1 200 OK
Content-Type: text/html; charset=utf-8
Content-Length: 37915
Connection: keep-alive
Cache-Control: no-store, no-cache
Date: Wed, 05 Oct 2016 16:34:49 GMT
Pragma: no-cache
Server: nginx

<!DOCTYPE html>
<html lang="ko">
...
</html>
```

-I 옵션을 붙이면 HTTP 헤더만 출력합니다.

```
curl -I http://www.example.com/
```

[실행 결과]

```
HTTP/1.1 200 OK
Content-Type: text/html; charset=utf-8
Content-Length: 37915
Connection: keep-alive
Cache-Control: no-store, no-cache
Date: Wed, 05 Oct 2016 16:34:49 GMT
Pragma: no-cache
Server: nginx
```

## 요청 헤더 지정하기

요청 헤더를 지정하려면 -H 옵션을 사용합니다. 여러 개의 헤더를 지정하고 싶다면 -H 옵션을 여러 번 지정합니다.

```
curl -H 'Host: ko.example.com' http://www.example.com/
```

User-Agent 헤더를 지정할 때는 다음과 같이 -A 옵션을 사용할 수 있습니다.

```
curl -A 'MyCrawler' http://www.example.com/
```

## 요청 바디를 사용해 전송할 내용 지정하기

PUT 메서드 또는 POST 메서드에서 응답 바디를 보내고 싶은 경우에는 -d 옵션을 붙여 내용을 지정합니다. 여러 개의 매개 변수를 전송하고 싶은 경우에는 &로 연결하거나 -d 옵션을 여러 번 사용합니다.

```
curl -X POST http://www.example.com/ -d username=rint
```

JSON 등을 전송하고 싶은 경우에는 작은따옴표를 사용하면 여러 줄의 텍스트를 지정할 수 있어 편리합니다. 다만 -d 옵션을 지정한 경우 요청의 Content-Type이 자동으로 application/x-www-form-urlencoded로 전송되므로 서버에 따라 다음과 같이 -H 옵션을 붙여 Content-Type을 명시적으로 지정해야 합니다.

```
curl -H 'Content-Type: application/json' -X POST http://www.example.com/ -d '{
  "username": "rint"
}'
```

-d 옵션을 붙이면 파일에 저장된 내용을 보낼 수 있습니다.

```
curl -H 'Content-Type: application/json' -X POST http://www.example.com/ -d @test.json
```

**브라우저의 개발자 도구**

대부분의 웹 브라우저는 웹 페이지의 구조와 통신 내용을 확인할 수 있는 개발자 도구를 제공합니다. 이는 크롤러를 만들 때도 굉장히 유용한 도구입니다.

이 책에서는 구글 크롬(Google Chrome, 이하 크롬)을 사용합니다. 크롬에서는 주소 표시줄 오른쪽에 있는 메뉴를 클릭한 뒤 [도구 더보기]→[개발자 도구]를 클릭해서 개발자 도구를 열 수 있습니다(그림 1.7).

그림 1.7 개발자 도구

개발자 도구는 표 1.2의 단축키를 사용해서 열 수도 있으니 기억해두기 바랍니다.

표 1.2 개발자 도구 실행 단축키

| 환경 | 단축키 |
| --- | --- |
| 윈도우 | [F12] 또는 [Ctrl] + [Shift] + [I] |
| macOS | [Option] + [Command] + [I] |

개발자 도구를 사용하면 현재 출력되는 웹 페이지의 구조와 HTTP 통신 내용을 확인할 수 있습니다. "브라우저를 사용해 접근하면 아무 문제없이 접근되지만 크롤러를 사용해 접근할 때는

잘 되지 않는 경우"와 "스크레이핑 때 HTML의 구조를 확인하는 경우"에 활용하면 굉장히 편리합니다. 각각의 기능과 관련된 자세한 사용 방법은 앞으로 차근차근 설명하겠습니다.

아울러 크롬 이외의 주요 브라우저는 모두 개발자 도구 기능을 가지고 있습니다. 크롬 이외의 브라우저를 사용할 경우, 각 브라우저의 문서와 매뉴얼을 참고하세요.

# CHAPTER 2
# HTTP 이해하기

2-1 HTTP 개요
2-2 HTTP 메서드 사용 구분하기
2-3 믿을 수 없는 응답 상태
2-4 HTTP 헤더 조정하기
2-5 프록시 서버를 경유해서 크롤링하기
2-6 SSL 통신 때 발생하는 오류
2-7 HTTP/2
2-8 정리

인터넷에 있는 콘텐츠는 "HTTP(Hypertext Transfer Protocol)"라는 통신 프로토콜(통신 규약/방법)을 사용해 주고받습니다. 그래서 브라우저와 웹 서버도 이러한 프로토콜을 사용해 데이터를 주고받습니다. HTTP는 웹 크라우저와 서버가 원활하게 데이터를 교환하기 위한 공통 언어라고 할 수 있습니다. 하지만 인터넷에는 이러한 규칙을 제대로 지키지 않는 웹 서버와 웹 사이트도 존재합니다.

이번 장에서는 웹 사이트를 크롤링할 때 알아야 하는 HTTP 기본 지식을 알아보고 HTTP 규칙을 제대로 따르지 않은 웹 사이트에는 어떻게 대응해야 하는지를 알아보겠습니다.

## 2-1 HTTP 개요

브라우저는 HTTP라는 프로토콜을 사용해 웹 서버와 통신합니다. 크롤러는 브라우저처럼 웹 서버와 통신해서 콘텐츠를 수집하므로 당연히 웹 브라우저와 같은 HTTP를 사용해 웹 서버와 통신해야 합니다. 따라서 일단 HTTP는 어떤 프로토콜이고 실제로 어떻게 통신이 이루어지는지 살펴봅시다.

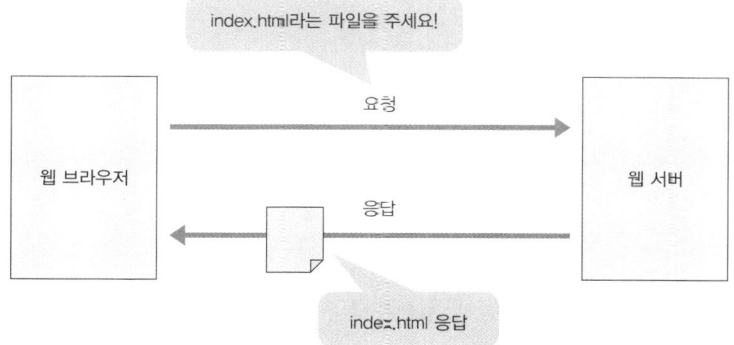

그림 2.1 브라우저와 서버의 통신

HTTP는 기본적으로 "하나의 요청에 대해 하나의 응답을 돌려준다"라는 굉장히 간단한 프로토콜입니다. 브라우저가 어떤 URL에 요청을 전송하면 웹 서버가 해당 URL에 대응되는 콘텐츠(HTML)로 응답하는 것일 뿐입니다(그림 2.1).

요청과 응답 모두 그림 2.2처럼 3개의 부분으로 구성됩니다.

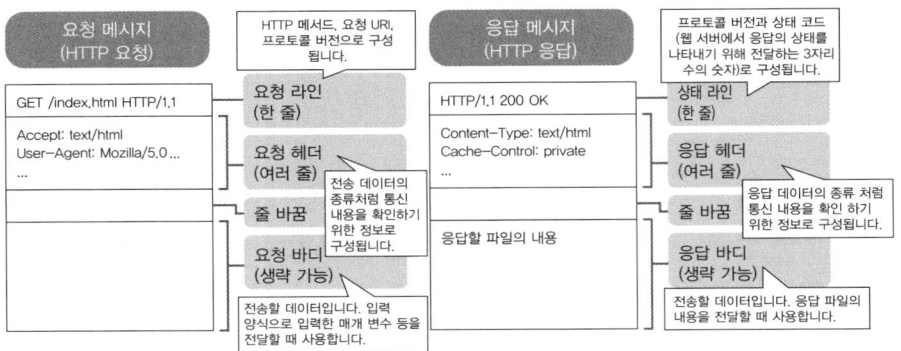

그림 2.2 요청 메시지와 응답 메시지

헤더와 바디는 줄 바꿈으로 구분해야 합니다. 헤더와 바디 사이의 줄 바꿈, 바디 내부의 줄 바꿈에는 "CRLF"라는 줄 바꿈 코드를 사용해야 합니다. 또한 헤더와 바디는 생략할 수도 있습니다(예를 들어 GET 메서드 요청의 경우에는 바디를 생략할 수 있습니다).

---

**memo ▶ 여러 가지 줄 바꿈 코드**

줄 바꿈 코드에는 CR(Carriage Return)과 LF(Line Feed)라는 두 종류가 있습니다. Unix 계열의 OS(Linux와 macOS 등)는 LF, 윈도우는 CR과 LF를 조합한 CRLF를 사용합니다. 참고로 macOS 9 이전의 버전은 CR을 사용했습니다.

자바에서는 문자열 리터럴에서 다음과 같이 줄 바꿈 문자를 사용합니다.

코드 2.A 자바의 문자열 줄 바꿈

```
System.out.print("LF 줄 바꿈\n");
System.out.print("CR 줄 바꿈\r");
System.out.print("CRLF 줄 바꿈\r\n");
```

참고로 `System.out.println()` 등의 메서드는 플랫폼 표준 줄 바꿈(윈도우의 경우 CRLF, Linux와 macOS의 경우 LF)을 출력합니다.

HTTP 통신에서는 줄 바꿈 문자로 CRLF를 사용하므로 기억해 두세요(사실 LF로 작성해도 서버와 클라이언트가 대부분 알아서 처리합니다).

## HTTP 통신 내용 보기

curl 명령어에 --verbose 옵션을 붙이면 실제로 주고받는 요청과 응답의 내용을 확인할 수 있습니다(코드 2.1).

**코드 2.1** 요청과 응답 확인하기

```
$ curl --verbose https://www.google.com
* Rebuilt URL to: https://www.google.com/
* Hostname was NOT found in DNS cache
*   Trying 172.217.26.100...
* Connected to www.google.com (172.217.26.100) port 443 (#0)
* TLS 1.2 connection using TLS_ECDHE_RSA_WITH_AES_128_CBC_SHA
* Server certificate: www.google.com
* Server certificate: Google Internet Authority G2
* Server certificate: GeoTrust Global CA
> GET / HTTP/1.1
> User-Agent: curl/7.37.1
> Host: www.google.com
> Accept: */*
>
< HTTP/1.1 302 Foundf
< Cache-Control: private
< Content-Type: text/html; charset=UTF-8
< Location: https://www.google.co.kr/?gfe_rd=cr&ei=AEvPWM61Ds2Q8Qet_Ze4CA
< Content-Length: 262
< Date: Mon, 20 Mar 2017 03:22:40 GMT
< Alt-Svc: quic=":443"; ma=2592000; v="37,36,35"
<
<HTML><HEAD><meta http-equiv="content-type" content="text/html;
charset=utf-8">
<TITLE>302 Moved</TITLE></HEAD><BODY>
<H1>302 Moved</H1>
The document has moved
<A HREF="https://www.google.co.kr/?gfe_rd=cr&amp;
ei=AEvPWM61Ds2Q8Qet_Ze4CA">here</A>.
</BODY></HTML>
* Connection #0 to host www.google.com left intact
```

위의 출력에서 >가 요청 헤더, < 부분이 응답 헤더입니다. HTTP 프로토콜로 오고 가는 내용은 텍스트 기반이라서 육안으로도 어느 정도 쉽게 이해할 수 있습니다.

추가로 크롬 개발자 도구에는 "Network"라는 탭이 있습니다. 이 탭을 사용하면 통신 내용을 확인할 수 있습니다(그림 2.3). 실제로 브라우저가 서버와 어떤 통신을 하는지 확인하고 싶은 경우에 굉장히 편리한 기능입니다.

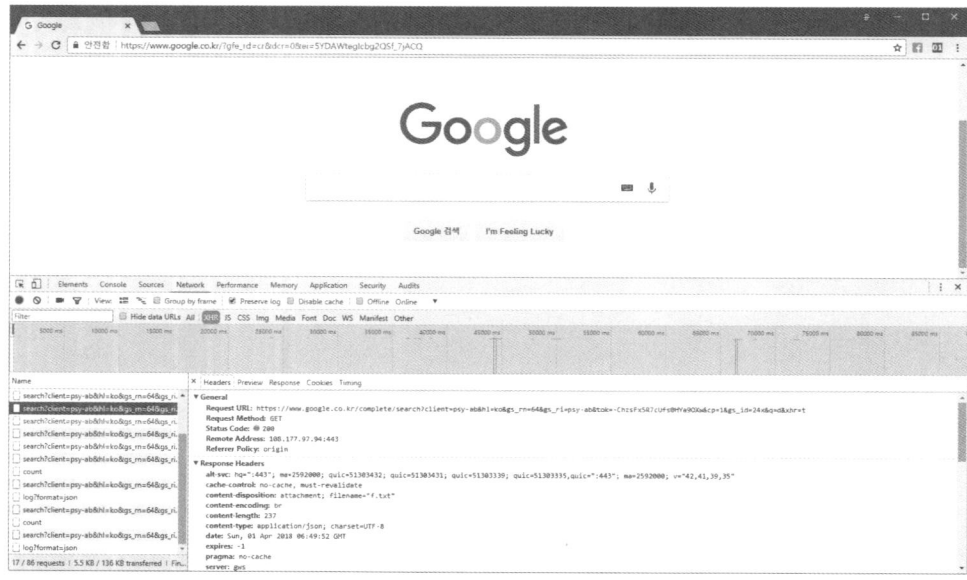

그림 2.3 크롬을 사용해 HTTP 통신 내용 확인하기

## 2-2 HTTP 메서드 사용 구분하기

HTTP 요청에는 여러 가지 종류가 있습니다. curl 명령어를 사용할 때는 HTTP 요청이 다음과 같은 형태로 구성됩니다.

```
GET / HTTP/1.1
User-Agent: curl/7.37.1
```

```
Host: www.google.com
Accept: */*
```

이때 첫 번째 줄(요청 라인) 앞에 있는 GET이 바로 요청의 종류를 나타냅니다. 요청의 종류를 "요청 메서드"라고 부릅니다.

요청 메서드에는 표 2.1과 같은 것이 있습니다.

표 2.1 요청 메서드(◎: 필수 메서드, ○: 지원되는 메서드)

| 메서드 | HTTP/1.0 | HTTP/1.1 | 설명 |
| --- | --- | --- | --- |
| GET | ◎ | ◎ | URL에 지정한 리소스 획득 |
| HEAD | ◎ | ◎ | GET과 같지만 헤더만 획득 |
| POST | ○ | ○ | URL에 지정한 리소스에 응답 바디의 내용 추가 |
| PUT | ○ | ○ | URL에 지정한 리소스를 응답 바디의 내용으로 변경 |
| DELETE | ○ | ○ | URL에 지정한 리소스 제거 |
| OPTIONS | | ○ | 서버가 지원하고 있는 메서드를 응답 |
| TRACE | | ○ | 요청을 그대로 응답 |
| PATCH | | ○ | URL에 지정한 리소스를 부분적으로 변경 |
| CONNECT | | ○ | TCP 통신 터널링 실행 |

웹 애플리케이션의 처리는 대부분 GET, POST, PUT, DELETE로 이루어집니다. 이 메서드들은 URL이 나타내는 리소스에 다음과 같은 CRUD 처리를 하겠다고 나타내는 것입니다.

- POST(리소스 만들기: Create)
- GET(리소스 참조하기: Read)
- PUT(리소스 변경하기: Update)
- DELETE(리소스 제거하기: Delete)

이처럼 URL이 나타내는 리소스에 취할 행동을 HTTP 메서드(CRUD)로 나타내는 설계를 "REST 아키텍처"라고 부릅니다.

하지만 HTML 입력 양식은 GET 메서드와 POST 메서드만 사용할 수 있습니다. 예를 들어 코드 2.2처럼 HTML을 작성하더라도 PUT 메서드로 요청이 전송되지 않습니다.[1]

**코드 2.2** PUT 메서드로는 요청을 전송할 수 없음

```
<form method="PUT" action="/articles">
...
</form>
```

환경에 따라 GET과 POST 이외의 요청은 방화벽에 의해 막힐 수도 있습니다. 그래서 실제로는 GET과 POST 메서드만으로 구축된 웹 사이트가 굉장히 많은 상태입니다.

크롤러는 HTML 등의 리소스를 다운로드하는 것이므로 기본적으로 GET 메서드를 사용하지만, 다른 메서드를 사용해야 하는 경우도 존재합니다. 요청 메서드의 사용 방법은 HTTP의 기본이지만, 실제 구축돼 있는 웹 사이트에서 이러한 기본을 지키지 않는 경우가 많으므로 주의해야 합니다.

---

**Column  PUT 메서드 또는 DELETE 메서드를 유사적으로 표현하는 기술**

HTML5 이전에는 HTML 입력 양식에서 GET과 POST 이외의 요청을 보낼 수 없었습니다. 그래서 루비 온 레일즈(Ruby on Rails) 등의 프레임워크는 다음과 같이 _method라는 매개 변수를 함께 전송해 유사적으로 PUT 메서드와 DELETE 메서드를 표현합니다.

```
<form method="POST" action="/articles">
  ...
  <input type="hidden" name="_method" value="PUT"/>
</form>
```

프레임워크는 _method라는 매개 변수를 확인하고 요청을 지정된 메서드로 다룹니다.

요청 바디로 JSON 또는 XML을 전송하는 경우, _method라는 매개 변수를 사용할 수 없습니다. 이 경우에는 **X-HTTP-Method-Override**라는 확장 HTTP 헤더를 사용해 지정합니다.

---

[1] 역) HTML5부터는 가능합니다.

```
POST /articles HTTP/1.1
Content-Type: application/json
X-HTTP-Method-Override: PUT
...
```

아울러 HTML5와 Ajax에서 사용하는 **XMLHttpRequest**는 PUT 메서드와 DELETE 메서드 등을 사용할 수 있으므로 최근 웹 사이트는 이러한 보완 방법을 사용하지 않고도 REST 아키텍처를 구현할 수 있습니다.

반면 웹 API를 설계할 때는 REST 스타일로는 표현할 수 없는 경우가 많아서 POST 메서드만 사용해 요청 바디에 포함된 형태에 따라 처리를 구분하는 RPC(Remote Procedure Call) 스타일을 사용하는 경우도 있습니다.

---

**memo** ▶ REST와 RPC

REST는 URL이 나타내는 리소스에 어떤 처리를 할지 HTTP 메서드를 사용해 구분합니다. 반면 RPC 스타일의 웹 API는 POST 메서드만 사용하고 어떤 조작을 할지 요청 바디의 내용으로 전송합니다(그림 2.4는 JSON-RPC 2.0이라는 JSON을 사용한 RPC 사양의 예입니다). 그래서 CRUD 이외의 조작도 구현할 수 있으며 자유도가 굉장히 높은 API를 설계할 수 있습니다.

REST의 경우

HTTP 메서드(POST = 만들기 등)로 어떠한 처리를 할지 지정

```
POST /user/takezoe
{
  "name": "Naoki Takezoe",
  "email": "takezoe@gmail.com"
}
```

요청 바디의 JSON 내부에 들어 있는 값 ("method": "create" 등)을 사용해 어떤 처리를 할지 지정

RPC(JSON-RPC 2.0)의 경우

항상 POST를 사용

```
POST /user
{
  "jsonrpc": "2.0",
  "method": "create",
  "params": {
    "userId": "takezoe",
    "name": "Naoki Takezoe",
    "email": "takezoe@gmail.com"
  },
  "id": 1
}
```

그림 2.4 REST와 RPC

---

 **일부 메서드가 지원되지 않는 경우**

웹 사이트에 따라 HTTP에서 정의하는 메서드 중 일부를 지원하지 않는 경우가 있습니다. 그중에서도 크롤링할 때 불편하다고 느낄 수 있는 부분은 바로 HEAD 메서드를 지원하지 않는 웹 사이트입니다.

HEAD 메서드는 응답 바디를 응답하지 않습니다. 따라서 변경됐을 가능성이 낮은 콘텐츠의 경우 일단 HEAD 메서드를 사용해 `Last-Modified` 헤더를 확인하고 이 값이 변경된 경우에만 GET 메서드를 사용해 다운로드하게 구현하면 통신량을 크게 줄일 수 있습니다.[2]

HEAD 메서드를 지원하지 않는 경우 요청된 메서드를 지원하지 않는다는 것을 나타내는 `405 Method Not Allowed` 또는 `501 Not Implemented`를 응답하는 것이 기본이지만, `404 Not Found`를 응답하는 웹 사이트도 있습니다. `404`는 해당 리소스가 제거됐음을 나타내는 상태 코드이지만, 모든 HEAD 요청에 `404`로 응답한다면 리소스가 제거된 것이 아니라 구현이 아예 잘못됐다는 의미입니다.

서버로부터 응답받은 상태 코드가 원래의 의미를 나타내는지(해당 메서드가 지원되지 않아 리턴받지 못하는 경우 등) 확인하기 힘든 경우도 있습니다. 이러한 경우에는 `curl` 명령어 등으로 요청을 보내 보고 응답을 확인해 판단하기 바랍니다.

##  메서드의 사용 방법이 적절하지 않은 경우

메서드는 지원되지만 해당 메서드가 원래의 의미로 사용되지 않는 경우도 있습니다.

### GET이 아니라 POST 메서드로 화면을 이동하는 경우

일부 동적 웹 사이트는 GET 메서드를 사용해야 하는 곳에 POST 메서드를 사용하기도 합니다. POST 메서드는 데이터의 추가 처리를 위해 사용돼야 하지만, 오래된 웹 사이트에서는 POST 메서드를 화면 이동에 사용하는 경우가 많습니다.

POST 메서드가 화면 이동에 사용되는 몇 가지 이유를 정리하면 다음과 같습니다.

① 화면 이동 시 필요한 매개 변수가 너무 많아서 쿼리 문자열로 이를 처리하기 힘든 경우

② 캐시를 강제로 막고 페이지에 접근할 때마다 새로운 콘텐츠를 출력하게 하고 싶을 때

사실 ①의 경우는 URL 또는 매개 변수 설계를 변경해 회피할 수 있습니다. 또한 ②는 응답 헤더 또는 `meta` 태그를 사용해 웹 브라우저의 캐시 여부를 제어할 수 있습니다. 따라서 POST 메서드를 사용해 화면 이동을 구현할 이유가 현재는 없지만, 실제 웹 사이트를 보면 이렇게 구현된 경우가 꽤 많습니다.

---

2 자세한 내용은 6장 "크롤링 응용 테크닉"에서 설명합니다.

POST 메서드로 화면 이동을 하는 경우 코드 2.3처럼 HTML 입력 양식을 구현합니다.

**코드 2.3** POST 메서드를 사용한 화면 이동

```html
<form action="/list" method="POST">
  <input type="hidden" name="area" value="seoul"/>
  <input type="hidden" name="page" value="1"/>
  <input type="submit" name="previous" value="이전 페이지"/>
  <input type="submit" name="next" value="다음 페이지"/>
</form>
```

이처럼 화면 이동을 하는 웹 사이트를 크롤링하는 경우, 입력 양식을 모방해서 POST 메서드로 페이지를 순환해야 합니다. Jsoup은 경우 코드 2.4처럼 POST 요청을 보낼 수 있습니다.

**코드 2.4** POST 요청 보내기

```java
Document doc = Jsoup.cornect("http://www.example.com/list")
  .data("area", "seoul")
  .data("page", "1")
  .data("next", "다음 페이지")
  .post();
```

POST 메서드는 데이터를 추가하기 위해 사용하는 것이므로 입력 양식의 내용을 분석하고 요청을 보내는 것은 굉장히 예외적인 경우입니다. POST 메서드를 사용할 수 없는 예외적인 웹 사이트의 경우에 활용할 수 있으니 기억해두기 바랍니다.

## GET 메서드로 데이터 변경 처리를 하는 경우

데이터 변경 처리처럼 원래 POST 메서드로 해야 하는 것을 "GET 메서드"를 사용해 처리하는 경우도 있습니다. 가령 데이터 제거 처리가 코드 2.5처럼 HTML 링크로 구현된 경우가 대표적인 예입니다.

**코드 2.5** GET 메서드를 사용한 데이터 변경 처리

```html
<a href="/delete/item/123">제거</a>
```

크롤러가 이러한 페이지를 순회하면 데이터가 모두 제거될 것입니다. 그러니 크롤러를 만드는 경우 이러한 문제가 생길 수 있는지 반드시 확인하기 바랍니다.

웹 사이트를 만들 때 이와 같은 처리를 GET 메서드로 구현하면 안 됩니다. 하지만 어쩔 수 없이 GET 메서드를 사용해야 한다면 코드 2.6처럼 링크에 `rel="nofollow"`라고 작성합니다. 이렇게 하면 크롤러가 해당 링크를 타고 돌지 않아 크롤러로 인해 데이터가 사라지는 문제를 막을 수 있습니다.[3]

**코드 2.6** nofollow 속성으로 링크 대상을 순회하지 않게 만들기

```
<a href="/delete/item/123" rel="nofollow">제거</a>
```

이처럼 HTTP 메서드가 용도에 따라 구분돼 있지 않거나 본래 용도와 다르게 사용되는 경우가 있으므로 주의해야 합니다.

 ## URL 인코드 방식의 차이에 따른 문제

GET 메서드로 매개 변수를 추가해 요청을 전송하는 경우, 요청 문자열이라고 부르는 매개 변수가 들어 있는 문자열을 URL 인코드해야 합니다. 이러한 인코드 방식의 미묘한 차이로 인해 문제가 발생할 때가 있습니다.

그럼 URL 인코드 문제를 살펴보기 전에 URL의 구조에 대해 잠시 살펴봅시다.

### URL의 구조

웹에 있는 리소스를 유일하게 식별할 수 있는 것이 바로 URL입니다. URL은 그림 2.5와 같은 구조로 돼 있습니다.

```
https://www.example.com/contents/index.html
  스키마         호스트 이름              경로
```

**그림 2.5** URL의 구조

URL의 끝에는 앵커(#으로 시작하는 부분) 또는 쿼리 문자열(?로 시작하는 부분)이 붙을 수 있습니다.

---

3  하지만 제대로 만들어지지 않은 크롤러는 nofollow 속성과 상관없이 링크를 타고 돌므로 주의하기 바랍니다.

https://www.example.com/contents/index.html#top

https://www.example.com/contents/search?id=123&tag=football

호스트 이름 부분은 그림 2.6처럼 도메인 이름과 서브 도메인 이름으로 구성됩니다. 추가로 com 등은 최상위 도메인이라고 부릅니다.

그림 2.6 호스트 이름의 구조

---

**memo** ▶ URI와 URL

URL을 URI라고 부르는 경우도 있습니다. 이 두 가지는 어떤 차이가 있을까요?

URI(Uniform Resource Identifier)는 리소스를 나타내는 식별자의 작성 규칙을 나타냅니다. 그리고 URL(Uniform Resource Locator)은 이러한 규칙에 따라 웹에 있는 리소스의 "위치"를 작성하는 것입니다. 따라서 URL은 URI의 일종이라고 말할 수 있습니다. 따라서 URL을 URI라고 바꿔 말해도 큰 문제는 없습니다.

추가로 URI에는 URL 이외에도 URN(Uniform Resource Name)이 있습니다. URN은 리소스의 위치가 바뀌거나 웹에 더 이상 존재하지 않게 된 경우에도 유일한 식별자가 될 수 있게 "이름"을 정의하는 것입니다. 하지만 실제로 URL만으로도 충분히 유일한 식별자를 나타낼 수 있고 실용적이어서 URN은 거의 사용되지 않습니다.

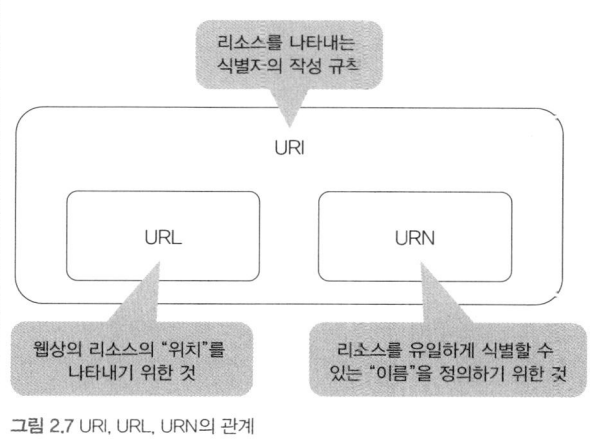
그림 2.7 URI, URL, URN의 관계

## URL 인코드

지금부터가 진짜 문제입니다. URL에 사용할 수 없는 문자(일반적으로 기호 또는 한국어 등)가 포함된 경우, "URL 인코드"라고 부르는 일종의 이스케이프 처리를 해야 합니다. URL 인코드는 문자를 바이트 단위로 변환하는 것입니다. 일반적으로 `%xx`(`xx` 부분은 16진수)로 변환하게 됩니다. 그럼 실제 사례를 살펴봅시다.

예를 들어 `?book=Web 기술`이라는 쿼리 문자열을 URL에 넣는 경우를 생각해 봅시다. 띄어쓰기와 한국어가 포함돼 있으므로 URL 인코드를 해야 합니다. 하지만 URL 인코드는 문자열을 바이트 표현으로 변환한 것이므로 어떤 문자 코드로 인코드할지에 따라 결과가 달라집니다.

- EUC-KR의 경우: ?book=Web%20%B1%E2%BC%FA
- UTF-8의 경우: ?book=Web%20ea%b8%b0%ec%88%a0

서버 쪽에서 이런 쿼리 문자열을 받으면 당연히 같은 문자 코드로 디코드해야 합니다. 인코드 때와 다른 문자 코드로 디코드하면 문자 깨짐이 발생합니다.[4]

> **memo 인코드와 디코드**
>
> 문자를 일정한 규칙에 따라 변환하는 처리를 "인코드", 인코드한 문자를 원래 문자로 돌리는 처리를 "디코드"라고 합니다.

> **memo 이스케이프**
>
> 문자 리터럴 내부에 있는 큰따옴표(")를 "₩""와 같은 이스케이프 문자(현재 문자열의 경우는 ₩)로 표현하는 것을 "이스케이프"라고 합니다. HTML 내부에서 `<`를 `&lt;`, `>`를 `&gt;`라고 표현하는 것도 이스케이프 처리의 일종입니다.

## 띄어쓰기 인코드 방법 차이

URL 인코드를 할 때 자주 문제가 되는 부분이 띄어쓰기입니다. 웹 사이트에 따라 `+`로 인코드하는 경우도 있고 `%20`으로 인코드하는 경우도 있습니다. URL 인코드에는 엄밀하게 구분해서 다음과 같은 두 가지 방법이 있습니다. 그리고 각각의 경우 띄어쓰기를 처리하는 방법이 다릅니다.

---

[4] 문자 코드와 문자 깨짐에 대해서는 3장에서 설명합니다.

RFC3986에서 정의한 URL에 사용하는 인코드 방식
띄어쓰기를 %20으로 인코드합니다.

POST 메서드에서 사용하는 application/x-www-form-urlencoded
띄어쓰기를 +로 인코드합니다.

그런데 라이브러리에 따라 둘 중 하나만 지원하는 경우도 있습니다. 이러한 경우 서버에 잘못된 요청을 보내면 문제가 발생합니다. 반대로 웹 사이트 개발자가 이러한 차이를 의식하지 못하는 경우도 있습니다. URL에는 %20을 사용해야 하는데 +를 사용한다고 생각해서 문제가 생기기도 합니다.

띄어쓰기가 포함된 매개 변수가 제대로 전송되지 않는 경우, 크롤러가 사용하는 라이브러리의 사양을 잘 확인해 보고 크롤링 대상 웹 사이트의 동작도 확인한 뒤 적절한 인코딩 방식을 선택해서 사용하기 바랍니다.

## 2-3 믿을 수 없는 응답 상태

###  상태 코드에 따라 적절히 처리하기

서버에서 응답을 받은 후 가장 먼저 확인해야 하는 것이 바로 응답 상태(응답 상황)입니다. HTTP 응답에는 HTTP 요청이 정상적으로 완료됐는지 등을 나타내는 상태 코드가 포함돼 있습니다. HTTP 응답의 상태 코드는 3자리 숫자이며 표 2.2처럼 맨 앞 자리의 수에 따라 의미가 구별됩니다.

표 2.2 상태 코드

| 상태 코드 | 의미 |
| --- | --- |
| 1xx | 처리 중 |
| 2xx | 성공 |
| 3xx | 리다이렉트 |
| 4xx | 클라이언트 오류 |
| 5xx | 서버 오류 |

웹 브라우저가 웹 사이트에 접근할 때 정상적으로 응답했다면 200이 돌아오고 방문한 페이지가 존재하지 않을 경우 404, 점검 등으로 웹 사이트가 멈췄을 때는 500 등의 상태 코드를 응답받게 됩니다. 크롤러는 이러한 상태 코드에 따라 적절하게 대응해야 합니다.

- **2xx** 또는 **3xx**처럼 일반적인 상태 코드를 응답했다면 처리를 진행한다.
- **404**처럼 콘텐츠가 존재하지 않는 경우, 예외 목록에 추가하는 등의 처리를 해서 다음 회에 크롤링하지 않게 만든다.
- **5xx** 등의 서버 오류가 발생한 경우, 처리를 중지한다.

Jsoup의 경우 디폴트로 오류 상태 코드가 응답됐을 때 다음과 같은 예외를 발생시킵니다.

```
Exception in thread "main" org.jsoup.HttpStatusException: HTTP error fetching URL. Status=404, URL=https://www.google.co.kr/123
    at org.jsoup.helper.HttpConnection$Response.execute(HttpConnection.java:679)
    at org.jsoup.helper.HttpConnection$Response.execute(HttpConnection.java:628)
    at org.jsoup.helper.HttpConnection.execute(HttpConnection.java:260)
    ...
```

> **memo ▶ 예외**
>
> 현대 프로그래밍 언어에는 오류 처리를 하는 사양으로 "예외(Exception)"라는 문법이 있습니다(물론 Go처럼 예외 문법이 없는 언어도 있습니다). 오류가 발생하면 메서드 내부에서 오류가 throw되며 메서드를 호출하는 쪽에서 이를 catch해서 오류가 발생했을 때의 처리를 지정해야 합니다. 예외는 메서드를 호출하는 계층 전체에 전파되므로 메서드를 호출할 때마다 체크할 필요 없이 상위 계층에서 한꺼번에 처리할 수 있습니다.

코드 2.7처럼 예외를 catch해서 오류 시 상태 코드를 확인할 수 있습니다.

**코드 2.7** 예외를 catch해서 상태 코드 확인하기

```
String url = "https://www.google.co.kr/123";

try {
  Response res = Jsoup.connect(url).execute();
  ...
} catch (HttpStatusException ex){
  int statusCode = ex.getStatusCode();
  if(statusCode == 404){
```

```
    System.out.println(url + "가 존재하지 않습니다.");
  }
}
```

오류가 발생했을 때 예외를 throw하지 않게 만들고 싶다면 **ignoreHttpErrors(true)**를 지정합니다. 이렇게 하면 리턴된 Response 객체를 사용해 상태 코드를 확인합니다(코드 2.8).

**코드 2.8** 예외를 throw하지 않게 만든 경우의 상태 코드 확인

```
Response res = Jsoup.connect(url).ignoreHttpErrors(true).execute();
int statusCode = res.statusCode();
if(statusCode == 404){
  System.out.println(url + "가 존재하지 않습니다.");
}
```

오류 응답을 받았을 때 이를 어떻게 처리하는지는 라이브러리에 따라 다릅니다. 그리고 라이브러리에 따라 그러한 처리 방법을 변경할 수 있는 경우도 많습니다. 따라서 상태 코드에 따라 처리를 분기해야 하는 경우 라이브러리의 처리 방법을 잘 확인해서 사용하기 바랍니다.

상태 코드는 요청이 성공했는지, 응답을 제대로 받았는지 등의 여부를 판단할 때 사용하는 굉장히 중요한 기능입니다. 하지만 일부 웹 사이트에서는 HTTP 응답 상태를 믿을 수 없는 경우가 있습니다.

개인적으로 지금까지 크롤러를 만들면서 접했던 여러 가지 상황을 예로 들어 문제가 발생할 수 있는 부분과 주의해야 하는 부분을 살펴보겠습니다.

##  오류가 발생했는데도 200을 응답하는 경우

서버에서 오류가 발생한 경우, 일반적으로 **500 Internal Server Error**라는 응답을 받게 됩니다. 하지만 웹 사이트에 따라 오류 발생과 상관없이 항상 **200 OK**를 응답하는 경우도 있습니다.

일반적으로 **500**이라는 응답을 받으면 서버에서 어떤 장애가 일어나고 있다는 의미입니다. 따라서 크롤링을 중지하는 것이 좋습니다. 그런데 오류가 발생하고 있는데도 **200**을 응답하는 웹 사이트는 상태 코드만으로 크롤링 지속 여부를 판단할 수 없습니다.

또한 콘텐츠가 삭제된 경우라면 원래 **404 Not Found**를 응답해야 합니다. 하지만 마찬가지로 그냥 **200**을 응답하는 사이트도 있습니다.

검색 서비스를 제공하려고 크롤링한다면 삭제된 콘텐츠를 인덱스에서 삭제하는 것이 좋습니다. 상태 코드를 **404**로 응답하는 페이지를 인덱스에서 삭제하면 된다고 생각할 수 있겠지만, 이전에 설명한 이유로 상태 코드만으로는 콘텐츠 삭제 여부를 판단할 수 없습니다.

이러한 웹 사이트는 응답 상태 코드가 아니라 응답된 HTML의 내용을 확인해서 처리해야 합니다(그림 2.8).

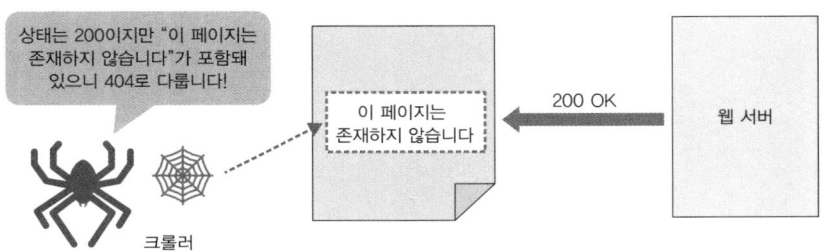

그림 2.8 HTML의 내용 판별하기

예를 들어 응답받은 HTML 내부에 "오류가 발생했습니다"라는 메시지가 있다면 서버 측에서 오류가 발생했다는 의미일 것입니다. 이러한 경우에는 원래 콘텐츠가 아니라 오류 화면을 출력하고 있을 가능성이 높습니다. 또한 "이 페이지는 존재하지 않습니다"라는 메시지가 뜬다면 해당 페이지는 삭제됐다고 판단할 수 있습니다.

그런데 정상적인 응답을 하는 경우에도 HTML 내부에 이러한 키워드가 포함돼 있을 수 있습니다. 예를 들어 오류 발생 시 메시지가 처음부터 HTML에 들어 있고 이를 CSS를 사용해 오류가 발생하는 경우에만 화면에 출력하는 경우입니다.

이러한 경우까지 대응하고 싶다면 실제로 응답받은 HTML 콘텐츠에서 출력되는 부분만 확인해 특정 키워드가 등장하는지 확인하는 방법을 검토해 보세요.

## 페이지가 존재하지 않는 경우의 리다이렉트

이전 문제와 비슷하게 다른 응답 코드를 응답받는 경우입니다. 접근한 페이지가 존재하지 않는 경우에 최상위 페이지로 리다이렉트(3xx 계열의 상태 코드)하게 처리하는 웹 사이트도 있습니다(그림 2.9).

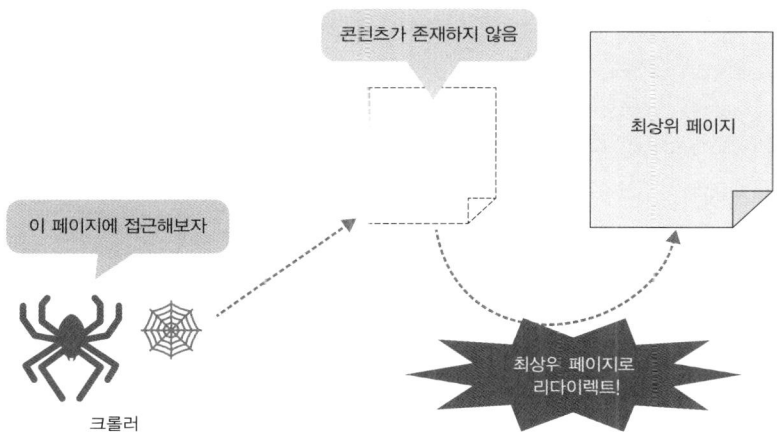

그림 2.9 최상위 페이지로 리다이렉트하는 경우

리다이렉트(3xx 계열의 상태 코드)란 접근된 요청을 다른 URL로 돌리는 것을 의미합니다. 3xx 계열의 상태 코드를 응답하는 경우 응답에 Location 헤더로 리다이렉트 대상 URL을 포함해야 합니다. 웹 브라우저가 이 헤더를 보고 해당 URL로 이동합니다.

웹 사이트의 방문자에게 "이 페이지는 존재하지 않습니다"라는 페이지를 출력하지 않고 곧바로 최상위 페이지로 리다이렉트하는 것이 사용자 입장에서는 편할 수도 있겠지만, 크롤러의 입장에서는 페이지가 없다는 것을 상태 코드로 판정할 수 없으므로 조금 귀찮은 처리를 해줘야 합니다.

"리다이렉트가 일어나면 해당 페이지가 삭제됐다고 판단한다"라는 방법도 사용할 수 있겠지만, 그렇게 되면 일반적인 화면 이동과 별도로 구별해줘야 합니다. 따라서 리다이렉트해서 이동한 페이지의 HTML 내용을 확인하는 등의 처리를 해야 합니다.

참고로 리다이렉트에 대해서는 이번 장의 "리다이렉트의 미묘한 의미 차이" 부분에서 자세히 설명하겠습니다.

## 서버에 접속할 수 없는 경우

접근 대상 서버가 다운된 경우처럼 아예 서버에 접속할 수 없는 경우도 있습니다. 이럴 때 Jsoup는 다음과 같은 예외를 throw합니다.

```
Exception in thread "main" java.net.ConnectException: Connection refused
    at java.net.PlainSocketImpl.socketConnect(Native Method)
    at java.net.AbstractPlainSocketImpl.doConnect(AbstractPlainSocketImpl.java:345)
    at java.net.AbstractPlainSocketImpl.connectToAddress(AbstractPlainSocketImpl.java:206)
    at java.net.AbstractPlainSocketImpl.connect(AbstractPlainSocketImpl.java:188)
    at java.net.SocksSocketImpl.connect(SocksSocketImpl.java:392)
    at java.net.Socket.connect(Socket.java:589)
    ...
```

그 원인으로는 일시적인 네트워크 문제나 서버 장애 또는 유지 보수 등으로 서버가 다운된 경우를 생각해 볼 수 있습니다. 아울러 이러한 상태가 장기간 지속된다면 웹 사이트 자체가 폐쇄됐거나 도메인을 이전했을 수도 있습니다. 따라서 웹 사이트의 상황을 확인해 보고 적절하게 대응하기 바랍니다.

 ## 서버 오류가 발생했을 경우의 일반적인 대처 방법

앞에서 일부 웹 사이트는 응답 상태 코드가 200 OK라도 믿을 수 없다고 설명했습니다. 반대로 생각하면 오류 계열의 상태 코드를 응답하는 웹 사이트는 어느 정도 믿을 수 있다는 뜻이 됩니다. 오류가 발생했을 때 크롤링을 계속하는 것은 클라이언트 입장에서도 낭비이며 서버 입장에서는 사이트에 부하가 걸려 문제가 더 커질 수도 있는 일입니다. 따라서 서버에서 오류가 응답됐다면 상황에 맞게 적절하게 대처해야 합니다.

이번 절에서는 오류를 나타내는 4xx 계열 또는 5xx 계열의 상태 코드를 리턴하는 경우의 일반적인 대처.방법에 대해 살펴봅니다.

### 400 Bad Request
요청 매개 변수가 불충분한 경우처럼 요청 내용에 문제가 있다는 뜻의 상태 코드입니다.

이 상태 코드를 응답받았다면 요청 내용을 수정해야 합니다. 링크를 순회하며 HTML을 수집하는 크롤러라면 이러한 상태 코드를 보기 힘들 겁니다. 하지만 매개 변수를 크롤러 내부에서 조합해 요청을 거는 크롤러는 웹 사이트에서 일부 사양을 변경했을 경우 해당 시점을 기준으로 이러한 상태 코드를 마주할 수 있습니다.

### 401 Unauthorized

대상 리소스에 대한 인증이 필요한 경우 출력하는 상태 코드입니다.

이러한 상태 코드를 응답받았다면 해당 리소스에 대해 접근 제한을 걸었다는 뜻입니다.[5]

### 403 Forbidden

조회 금지를 의미하는 상태 코드입니다.

일반적으로 회사 내부에서 접근할 수 없는 회사 외부의 페이지에 접근할 때 많이 볼 수 있는 경고입니다. 크롤링할 때도 크롤러의 접근을 거부하는 웹 사이트의 경우 해당 상태 코드를 볼 수 있습니다.

일부 웹 사이트는 일정 시간 동안 동일한 IP 주소에서 여러 번 접근이 걸릴 경우 이를 기계적인 방법으로 막을 때 `403 Forbidden`을 응답하기도 합니다. 이러한 경우 어느 정도 시간이 지난 뒤 다시 요청하면 크롤링이 가능해지기도 합니다.

어쨌거나 이러한 상태 코드를 받았다면 해당 웹 사이트가 분명하게 크롤링 거부 의사를 밝힌 것입니다. 따라서 크롤링하지 않는 것이 좋습니다. 어느 정도 시간이 지난 뒤 다시 요청이 가능해지는 사이트라면 요청 간격을 조금 더 늘리는 등의 대처가 필요합니다.

### 404 Not Found

대상 리소스가 존재하지 않는다는 의미의 상태 코드입니다.

이 상태는 또한 대상 리소스에 접근할 권한이 없는 경우 해당 요청에 대해 응답할 것이 없을 때도 사용됩니다. 예를 들어 `GET` 메서드에는 `200 OK`를 응답하지만 `HEAD` 메서드에는 응답할 것이 없어 `404 Not Found`를 응답하는 사이트도 있습니다.

---

5   접근 제한이 걸려있는 리소스를 크롤링하는 방법은 5장에서 설명합니다.

## 405 Method Not Allowed

해당 메서드로의 접근이 허가되지 않는 경우의 상태 코드입니다.

크롤러를 만들 때는 거의 볼 수 없는 상태 코드입니다. 정적인 HTML 파일, CSS 파일, 이미지 파일 등에 POST 메서드로 요청을 걸면 이러한 상태 코드가 응답됩니다.

이것은 **501 Not Implemented**와 비슷하지만 다음과 같은 차이가 있습니다.

- 501 Not Implemented
  서버에서 해당 메서드를 지원하지 않는 경우 출력하는 상태 코드

- 405 Method Not Allowed
  서버는 해당 메서드를 지원하지만 특정 리소스에 해당 메서드로 접근하는 것을 허가하지 않을 때 출력하는 상태 코드

## 406 Not Acceptable

요청 때 `Accept-Language` 헤더에 지정한 언어로 응답할 수 없는 경우처럼 서버가 클라이언트로부터 받은 `Accept` 계열의 헤더 요구를 충족할 수 없는 경우 출력하는 상태 코드입니다.

`Accept` 계열의 헤더는 표 2.3과 같습니다.

표 2.3 Accept 계열의 헤더

| 헤더 | 설명 |
| --- | --- |
| Accept | 클라이언트가 요구하는 Content-Type |
| Accept-Language | 클라이언트가 요구하는 언어 |
| Accept-Charset | 클라이언트가 요구하는 문자 코드 |

## 408 Request Timeout

"클라이언트와 서버 사이의 통신 시간"이 서버에서 설정한 타임아웃 시간을 넘는 경우 출력하는 상태 코드입니다.

이 상태 코드를 응답받았다면 서버가 많은 부하를 받는 상태일 가능성이 높습니다. 따라서 요청 시간 간격을 늘리는 등의 대처를 하는 것이 바람직합니다.

### 500 Internal Server Error

서버에서 어떤 오류가 발생한 경우 출력하는 상태 코드입니다.

이 상태 코드를 응답받았다면 대상 서버에 어떤 문제가 발생했을 가능성이 높습니다. 따라서 즉각 크롤링을 중지해야 합니다. 다만 일부 제대로 만들지 못한 웹 사이트에서 입력 양식 확인 오류 등이 발생했을 때 `500 Internal Server Error`를 응답하기도 합니다. 이러한 경우에는 요청 내용을 수정하면 정상적인 응답을 받을 수 있습니다.

### 501 Not Implemented

서버에서 해당 메서드를 지원하지 않을 경우에 출력하는 상태 코드입니다. "서버는 지원하지만 특정 리소스에 해당 메서드로 접근하는 것을 허가하지 않을 때 출력하는 상태 코드"인 `405 Method Not Allowed`와는 다르니 주의하세요.

### 502 Bad Gateway

게이트웨이 또는 프록시를 사용하는 서버가 상위 서버로부터 잘못된 응답을 받았을 경우 출력하는 상태입니다.

프록시 서버의 설정이 잘못됐거나 중계 대상 서버가 다운됐을 경우에 일어납니다. 이러한 상태 코드를 받았다면 크롤러 측에서 할 수 있는 것이 따로 없습니다. 직접 관리하는 프록시 서버라면 설정을 고쳐 대처할 수 있겠지만 웹 사이트에서 관리하는 프록시 서버라면 해당 서버의 담당자가 문제를 해결할 때까지 기다릴 수밖에 없습니다.

> **memo ▶ 게이트웨이와 프록시**
>
> 통신을 중계하는 서버를 "프록시", 다른 네트워크 통신을 중계하는 서버를 "게이트웨이"라고 합니다.

### 503 Service Unavailable

서비스가 많은 부하를 받았거나 유지 보수 등의 이유로 잠시 사용할 수 없는 경우 출력하는 상태 코드입니다.

이 상태 코드를 응답받았다면 크롤링을 지속할 수 없습니다. 일단 크롤링을 중지하고 잠시 시간을 두고 사이트를 살펴보기 바랍니다. 정상적인 응답을 줄 때 다시 크롤링을 시작하면 됩니다.

일부 웹 사이트는 반복해서 특정 시간마다 유지 보수를 하기도 합니다. 따라서 이 상태 코드를 받은 시간을 기록하고 유지 보수 주기를 파악하면 유지 보수 시간을 피해 크롤링할 수 있습니다.

### 504 Gateway Timeout

게이트웨이 또는 프록시로 동작하고 있는 서버가 "상위 서버로부터의 응답"을 일정 시간 내에 받지 못해서 타임아웃된 경우입니다.

다른 **5xx** 계열의 상태 코드처럼 크롤러 측에서 할 수 있는 것이 따로 없습니다. 크롤링 대상 웹 사이트가 과부하로 응답을 못 하는 경우일 수 있으므로 크롤링을 중지해야 합니다.

##  리다이렉트의 미묘한 의미 차이

**3xx** 계열의 상태 코드는 리다이렉트를 의미합니다. 웹 브라우저로 이러한 상태 코드를 가진 페이지에 접근하면 `Location` 헤더에 지정된 URL로 이동하게 됩니다(그림 2.10).

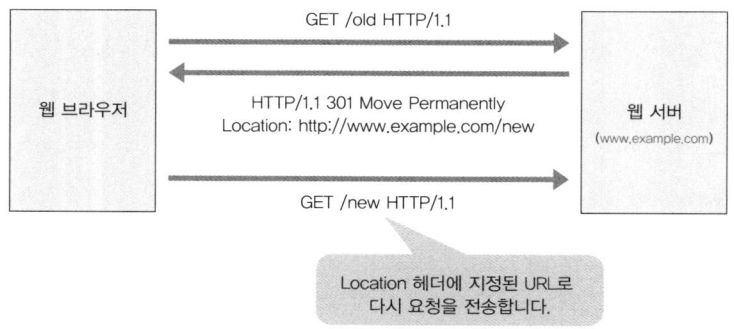

그림 2.10 리다이렉트

리다이렉트를 나타내는 **3xx** 계열의 상태 코드는 여러 개입니다. 표 2.4처럼 각각에 미묘한 의미 차이가 있으니 확인해 봅시다.

표 2.4 리다이렉트를 의미하는 3xx 계열의 상태 코드

| 상태 코드 | 의미 | 설명 |
| --- | --- | --- |
| 301 | Move Permanently | 요청된 리소스가 영구적으로 이동했음 |
| 302 | Found | 요청된 리소스가 일시적으로 이동했음 |

| 상태 코드 | 의미 | 설명 |
| --- | --- | --- |
| 303 | See Other | 다른 리소스 참조 부탁 |
| 304 | Not Modified | 요청된 리소스가 변경되지 않았음 |
| 307 | Temporary Redirect | 요청된 리소스가 일시적으로 이동했음 |
| 308 | Permanent Redirect | 요청된 리소스가 영구적으로 이동했음 |

이러한 상태 코드를 다룰 때는 어떤 부분을 주의해야 하는지 살펴봅시다.

### 일시적 이동과 영구적 이동

302 Found와 307 Temporary Redirect는 어떤 이유로 요청된 리소스가 일시적으로 이동했다는 것을 나타내는 상태 코드입니다. 가까운 미래에 원래 URL이 다시 사용될 가능성이 높습니다. 따라서 이후에 다시 접근할 때 리다이렉트 대상 URL이 아니라 원래 URL을 사용하는 것이 좋습니다.

추가로 303 See Other는 URL이 이동했다는 것을 나타내는 목적 외에도 앞에서 언급했던 변경 처리 후의 Post-Redirect-Get 패턴 또는 트래킹 로그 기록의 목적으로도 사용하는 상태 코드입니다.

반면 301 Move Permanently와 308 Permanent Redirect는 리소스가 영구적으로 이동했다는 것을 나타내는 상태 코드입니다. 예를 들어 웹 사이트 자체나 요청한 페이지의 URL이 변경된 경우에 사용합니다. 이러한 경우 이후에 다시 접근할 때 리다이렉트 대상 URL을 사용해야 합니다.

### 메서드 변경 허용 여부

301 Move Permanently와 308 Permanent Redirect(영구적인 이동), 302 Found와 307 Temporary Redirect(일시적인 이동)는 같은 의미처럼 보이지만 다음과 같은 차이가 있습니다.

- 301 Move Permanently와 302 Found
  POST 메서드를 사용한 요청의 경우에도 리다이렉트 대상 URL에 GET 메서드로 요청을 전송해야 함
- 307 Temporary Redirect와 308 Permanent Redirect
  리다이렉트 때 사용한 메서드를 변경하지 말고(POST 메서드로 요청했다면 POST 메서드로) 리다이렉트 대상 URL에 요청을 전송해야 함

따라서 307과 308의 경우 원래 URL에 전송된 요청을 그대로 리다이렉트 대상 URL에 전송해야 합니다.

> **memo** 302 Found와 307 Temporary Redirect의 차이
>
> 302 Found와 307 Temporary Redirect는 거의 같은 의미입니다. 그런데 두 개가 존재하는 데는 역사적인 이유가 있습니다. 원래 302는 `Moved Temporarily`라는 의미로 현재 307과 같은 뜻의 상태 코드였습니다. 하지만 실제로 POST 메서드로 데이터 변경 후의 리다이렉트처럼 리소스의 이동을 나타내지 않는 용도로 302가 많이 사용됐습니다.
>
> 그래서
>
> - 다른 URL로 리다이렉트하기 위한 `303 See Other`
> - 원래 302가 나타내던 리소스의 일시적인 이동을 나타내는 `307 Temporary Redirect`
>
> 라는 두 개의 상태 코드가 새로 추가됐고 302가 `Found`라는 의미로 변경됐습니다. 현재는 응답의 목적을 정확하게 나타내고자 302가 아니라 `303 See Other`와 `307 Temporary Redirect`를 사용할 것을 권장합니다.

## 크롤러에서 리다이렉트 처리하기

HTTP 접근 전용 클라이언트 라이브러리는 대부분 리다이렉트와 관련된 기능을 지원하며 디폴트로 리다이렉트 후의 콘텐츠를 추출해줍니다. 예를 들어 코드 2.9는 http://www.google.com/에 요청을 보내고 최종적으로 받은 응답 URL을 출력하는 예제입니다.

**코드 2.9** 디폴트 리다이렉트

```
Response res = Jsoup.connect("http://www.google.com/").execute();
System.out.println(res.url());
```

실행 결과에서 다음과 같이 http가 https로 변경되고 www.google.com이 www.google.co.kr로 변경되고 쿼리 문자열이 추가된 것을 볼 수 있습니다.

[실행 결과]

```
https://www.google.co.kr/?gfe_rd=cr&ei=21PFWKzTDsWQ8QeIwZCIAg&gws_rd=ssl
```

리다이렉트 처리를 하고 싶지 않은 경우, `followRedirects(false)`를 지정합니다(코드 2.10).

코드 2.10 리다이렉트를 하고 싶지 않은 경우

```java
Response res = Jsoup.connect("http://www.google.com/").followRedirects(false).execute();

// 상태 코드 출력하기
int statusCode = res.statusCode();
System.out.println("Status: " + statusCode);

// Location 헤더 출력하기
String location = res.header("Location");
System.out.println("Location: " + location);
```

이렇게 지정하면 다음과 같이 출력합니다. 상태 코드가 **302**이고 리다이렉트 대상이 **Location** 헤더에 지정돼 있는 것을 알 수 있습니다.

[실행 결과]

```
Status: 302
Location: http://www.google.co.kr/?gfe_rd=cr&ei=f1TFWOmFL8KQ8Qfj-ZjoBA
```

### meta 태그로 리다이렉트 하기

HTTP의 **3xx** 계열 상태 코드가 아니라 코드 2.11처럼 HTML 내부의 **meta** 태그를 사용해 리다이렉트를 구현하는 웹 사이트도 있습니다. 사실 최근에는 보기 힘든 예입니다. 이는 정적 HTML만 호스팅할 수 있고 응답 상태를 자유롭게 설정할 수 없는 렌탈 서버에서 운용되는 웹 사이트 정도에서만 볼 수 있는 형태입니다.

코드 2.11 HTML 내부의 meta 태그로 리다이렉트하기

```html
<!-- 5초 후에 http://www.example.com으로 리다이렉트하기 -->
<meta http-equiv="refresh" content="5;URL=http://www.example.com">
```

일반적인 HTTP 접근 전용 라이브러리는 **meta** 태그를 사용한 리다이렉트를 지원하지 않습니다. **meta** 태그를 사용한 리다이렉트 대상까지 크롤링하고 싶다면 코드 2.12처럼 직접 **meta** 태그에서 리다이렉트 대상 URL을 추출해야 합니다.

코드 2.12 meta 태그를 기반으로 리다이렉트 대상 URL 추출하기

```
Document doc = Jsoup.connect("http://www.example.com/").get();

// meta 태그 추출하기
Elements elements = doc.select("meta[http-equiv=refresh]");
// content 속성의 값 추출하기
String value = elements.attr("content");
// content 속성의 값을 추출할 수 있다면 URL 추출하기
if(value.length() > 0){
  // ";"로 분할하고, 이어서 "="로 분할해서 URL 부분 추출하기
  String url = value.split(";")[1].split("=")[1].trim();
  ...
}
```

### canonical로 원래 URL 나타내기

리다이렉트와 다르게 URL이 변경된 경우에는 canonical이라는 것을 사용합니다. canonical은 리소스의 원래 URL을 나타냅니다(link 요소 내부에 사용하는 속성값입니다). 2009년부터 여러 검색 엔진이 이를 지원하고 있습니다. 같은 콘텐츠를 여러 URL로 제공하는 경우, 코드 2.13처럼 HTML의 head 요소 내부에 link 태그를 넣어 원래 페이지가 어디에 있는지 나타낼 수 있습니다(그림 2.11).

코드 2.13 canonical로 원래 URL 나타내기

```
<link rel="canonical" href="http://example.com/">
```

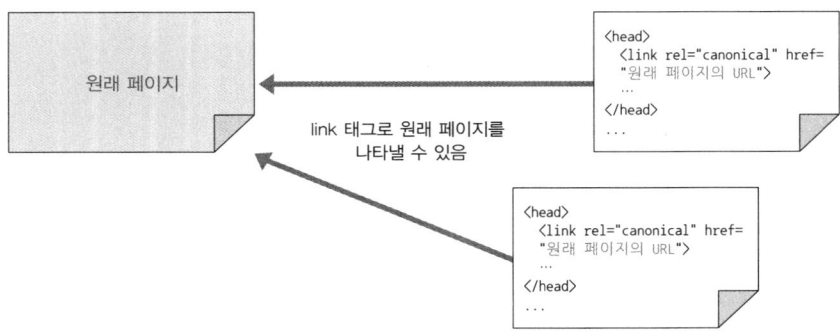

그림 2.11 canonical로 원래 URL 나타내기

예를 들어 크롤링한 HTML을 인덱스하는 경우 해당 페이지의 URL은 canonical에서 지정한 것을 사용하는 것이 좋습니다. canonical에서 지정한 URL이 일치한다면 해당 콘텐츠는 동일한 것이라고 판단할 수 있으므로 중복해서 인덱스할 필요가 없습니다. 또한 canonical에서 지정한 원래 페이지와 내용이 다른 경우에는 원래 페이지를 우선 사용합니다. 다만 canonical에 적힌 URL이 잘못된 경우도 있으니 주의하기 바랍니다. 처음부터 아예 잘못된 URL이 적힌 경우도 있고 지정된 URL이 아예 존재하지 않는 경우도 있습니다.

## 2-4 HTTP 헤더 조정하기

그림 2.2에서 본 것처럼 HTTP 요청과 응답에는 "헤더"라는 것이 존재합니다. 크롤러를 만들 때도 적절한 요청 헤더를 설정하고 응답 헤더의 값을 기반으로 처리를 구분해야 하는 경우가 많습니다.

HTTP 헤더는 다양합니다. HTTP 헤더는 요청과 응답 모두에 사용할 수 있는 공통 헤더, 요청에만 사용할 수 있는 요청 헤더, 응답에만 사용할 수 있는 응답 헤더, 그리고 요청 및 응답과 관계없는 엔티티(바디를 사용해 전송하는 데이터)로 사용되는 엔티티 헤더로 구분할 수 있습니다. 많이 사용되는 HTTP 헤더 목록을 정리하면 표 2.5와 같습니다.

표 2.5 주요 HTTP 헤더

- **일반 헤더**

| 헤더 | 설명 |
| --- | --- |
| Cache-Control | 캐시의 동조 |
| Connection | 통신 후 TCP 커넥션 종료 여부 |
| Date | 요청 또는 응답의 생성 시점 |
| Pragma | 데이터 캐시 등의 추가 정보 |
| Transfer-Encoding | 바디로 전송할 데이터의 인코딩 방식 |

■ 요청 헤더

| 헤더 | 설명 |
| --- | --- |
| Accept | 클라이언트가 받을 수 있는 콘텐츠 타입 |
| Accept-Charset | 클라이언트가 읽을 수 있는 문자 세트 |
| Accept-Encoding | 클라이언트가 변환할 수 있는 인코딩 |
| Accept-Language | 클라이언트가 이해할 수 있는 언어 |
| Authorization | 클라이언트의 인증 정보 |
| Cookie | 서버에 전송할 쿠키 정보 |
| From | 요청 전송자의 메일 주소 등 |
| Host | 서버 이름(프록시 또는 가상 도메인을 사용할 때 사용) |
| If-Match | 지정한 ETag(엔티티 헤더)와 일치하는 경우에만 요청 실행 |
| If-Modified-Since | 리소스가 지정한 날짜 이후에 변경된 경우에만 요청 실행 |
| If-None-Match | 지정한 ETag와 일치하지 않는 경우에만 요청 실행 |
| If-Range | Range에서 지정한 범위가 ETag와 일치하는 경우는 남은 부분, 일치하지 않는 경우는 전체를 요청 |
| If-Unmodified-Since | 리소스가 지정한 날짜 이후에 변경되지 않은 경우에만 요청 실행 |
| Proxy-Authorization | 프록시와 관련된 인증 정보 |
| Range | 리소스의 일부분 요청 |
| Referer | 직전 URL |
| User-Agent | 브라우저의 종류와 버전 |

■ 응답 헤더

| 헤더 | 설명 |
| --- | --- |
| Age | 바디로 전송하는 데이터의 경과 시간(초 단위) |
| Accept-Ranges | 부분적 데이터 응답 여부 |
| Allow | 해당 URL에 사용할 수 있는 메서드 |
| Location | 링크의 위치 |
| Proxy-Authenticate | 프록시 인증이 필요한지 나타내는 것 |
| Retry-After | 다음 표정을 전송할 때까지의 대기 시간 |
| Set-Cookie | 브라우저에 설정할 쿠키 |
| Server | 서버 소프트웨어 이름과 버전 등의 정보 |

| 헤더 | 설명 |
| --- | --- |
| Vary | 지정한 헤더의 내용별로 캐시를 나눠야 하는지 나타내는 것 |
| WWW-Authenticate | 인증이 필요한지 나타내는 것 |

■ 엔티티 헤더

| 헤더 | 설명 |
| --- | --- |
| Allow | 해당 URL이 사용할 수 있는 메서드 |
| Content-Encoding | 바디로 전송하는 데이터의 인코딩 |
| Content-Language | 바디로 전송하는 데이터의 언어 |
| Content-Length | 바디로 전송하는 데이터의 바이트 길이 |
| Content-Location | 바디로 전송하는 데이터의 위치 |
| Content-MD5 | 바디로 전송하는 데이터의 MD5 해시 |
| Content-Range | 바디로 전송하는 데이터의 범위 |
| Content-Type | 바디로 전송하는 데이터의 콘텐츠 타입 |
| ETag | 리소스와 해당 버전을 유일하게 식별하기 위한 값 |
| Expires | 바디로 전송하는 데이터의 유효 기간 |
| Last-Modified | 바디로 전송하는 데이터의 최종 변경 일시 |

Jsoup을 사용할 경우 코드 2.14처럼 요청 헤더를 설정하고 응답 헤더의 내용을 확인할 수 있습니다.

**코드 2.14** 요청 헤더 설정과 응답 헤더 내용 확인

```
Map<String, String> reqHeaders = new HashMap<>();
reqHeaders.put("User-Agent", "SampleCrawler");

Response res = Jsoup.connect("http://www.google.com/")
  // 특정 요청 헤더 설정하기
  .header("User-Agent", 'SampleCrawler")
  // Map<String, String>으로 한꺼번에 헤더 설정하기
  .headers(reqHeaders)
  // 일부 헤더는 추출 설정 메서드가 있음
  .userAgent("SampleCrawler")
  .execute();
```

```
// 특정 응답 헤더 추출하기
String value = res.header("Content-Type");
// 여러 헤더를 Map<String, String>으로 한꺼번에 추출하기
String contentType = res.contentType();
// 일부 헤더는 추출 전용 메서드가 있음
Map<String, String> resHeaders = res.headers();
```

이번 절에서는 크롤러를 만들 때 주의해야 하는 HTTP 헤더를 위주로 살펴보겠습니다.[6]

---

> **memo** 확장 HTTP 헤더
>
> HTTP 요청/응답에는 표 2.5의 HTTP 헤더 이외에도 **X-**로 시작하는 확장 HTTP 헤더가 있습니다. 이는 HTTP 사양에 포함된 것이 아니라 클라이언트와 서버가 편의를 목적으로 만든 독자적인 규칙입니다.
>
> 예를 들어 많이 사용되는 HTTP 헤더로 **X-Forwarded-Proto**가 있습니다. 이는 클라이언트에서 웹 서버에 접근할 때 로드밸런서 등의 프록시에서 활용하는 헤더입니다. 클라이언트와 로드밸런서 사이의 통신이 HTTPS로 이루어져도 로드밸런서와 서버 사이의 통신은 HTTP로 이루어지는 것이 일반적입니다. 이때 백 엔드의 웹 서버에서 클라이언트가 HTTPS로 통신했는지 판단하기 위해 사용하는 헤더가 **X-Forwarded-Proto**입니다.
>
>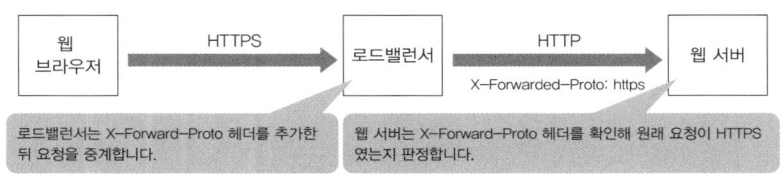
>
> 그림 2.12 로드밸런서를 경유하는 HTTPS 통신
>
> 백 엔드의 웹 서버는 이 헤더를 확인해 클라이언트와의 통신이 HTTPS로 이루어지고 있다는 것을 확인합니다.

---

##  크롤러의 사용자 에이전트

사용자 에이전트(User-Agent 헤더)는 접근 중인 웹 브라우저의 종류와 버전 등을 나타내는 헤더입니다. 예를 들어 크롬의 경우 다음과 같은 사용자 에이전트를 User-Agent 헤더에 넣어 전송합니다.

---

6 Content-Type 헤더를 사용한 문자 코드 판정은 3장, Authorization 헤더를 사용한 BASIC 인증은 5장, Cache-Control/Last-Modified/ETag 등의 헤더를 사용한 크롤러 효율성 향상은 6장에서 다루므로 이번 장에서는 언급하지 않겠습니다.

크롬의 사용자 에이전트

```
User-Agent: Mozilla/5.0 (Windows NT 6.1) AppleWebKit/537.36 (KHTML, like Gecko)
Chrome/41.0.2228.0 Safari/537.36
```

주요 웹 브라우저의 사용자 에이전트를 정리하면 표 2.6과 같습니다.

표 2.6 주요 웹 브라우저의 사용자 에이전트

| 브라우저 | 사용자 에이전트 |
| --- | --- |
| 크롬 | Mozilla/5.0 (Windows NT 6.1) AppleWebKit/537.36 (KHTML, like Gecko) Chrome/41.0.2228.0 Safari/537.36 |
| 파이어폭스 | Mozilla/5.0 (Windows NT 6.1; WOW64; rv:40.0) Gecko/20100101 Firefox/40.1 |
| 사파리 | Mozilla/5.0 (Macintosh; Intel Mac OS X 10_9_3) AppleWebKit/537.75.14 (KHTML, like Gecko) Version/7.0.3 Safari/7046A194A |
| 엣지 | Mozilla/5.0 (Windows NT 10.0; Win64; x64) AppleWebKit/537.36 (KHTML, like Gecko) Chrome/42.0.2311.135 Safari/537.36 Edge/12.246 |
| IE11 | Mozilla/5.0 (Windows NT 6.1; WOW64; Trident/7.0; AS; rv:11.0) like Gecko |

프로그램에서 HTTP 요청을 보낼 때 사용하고 있는 HTTP 클라이언트 라이브러리의 버전을 나타내는 사용자 에이전트가 디폴트로 설정되는 경우가 많습니다. 예를 들어 **curl** 명령어는 디폴트로 다음과 같은 사용자 에이전트를 사용합니다.

curl 명령어의 사용자 에이전트

```
User-Agent: curl/7.37.1
```

크롤러를 운용할 때는 라이브러리의 표준 사용자 에이전트를 사용하지 말고 크롤링 대상 웹 사이트 소유자에게 "어떤 사업자가 어떤 서비스를 위해 운영하는 크롤러인가"를 알려줄 수 있게 사용자 에이전트를 설정하는 것이 좋습니다.

예를 들어 구글 크롤러는 다음과 같은 사용자 에이전트를 사용합니다.

구글 크롤러의 사용자 에이전트

```
Mozilla/5.0 (compatible; Googlebot/2.1; +http://www.google.com/bot.html)
```

사용자 에이전트에 URL이 포함돼 있는데, 이는 크롤러와 관련된 설명 페이지의 URL입니다(그림 2.13).

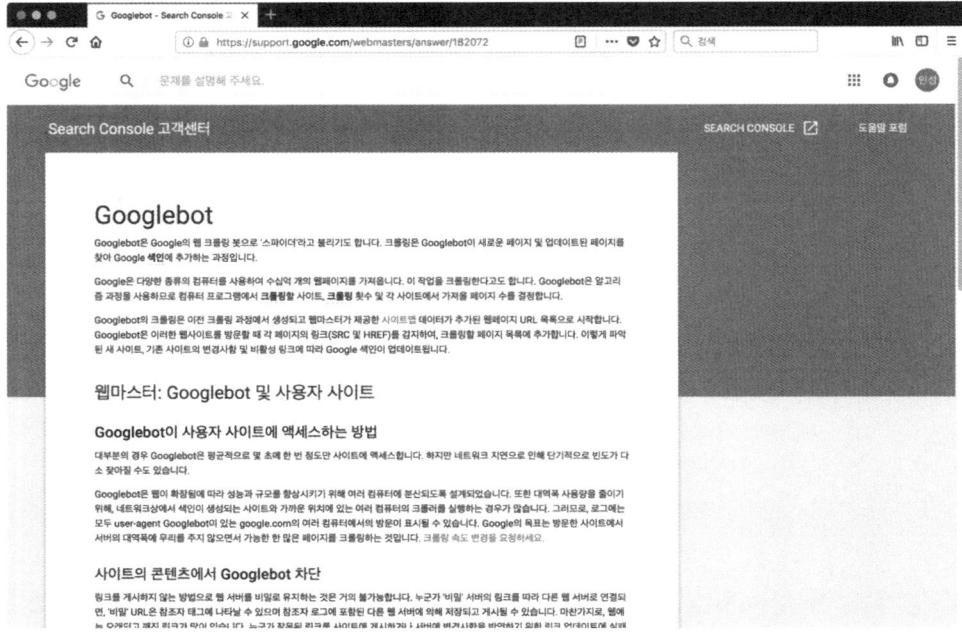

그림 2.13 Googlebot 설명 페이지

대부분 크롤러는 Googlebot처럼 사용자 에이전트에 크롤러와 관련된 설명 페이지의 URL을 포함합니다. 이러한 설명 페이지에는 크롤러를 운용하는 사람/단체, 크롤링한 정보의 사용 목적, 크롤링을 거부하는 방법 등이 적혀 있습니다. 크롤러가 필요 이상의 부하를 걸거나 크롤링한 정보를 바람직하지 않은 용도로 사용하면 크롤링 대상 사이트의 운영자는 크롤링 활동을 그렇게 좋게 보지 않을 것입니다.

크롤러 전용 라이브러리는 디폴트로 라이브러리 이름과 버전을 사용자 에이전트에 넣어 전송한다는 것을 꼭 기억하세요(사용자 에이전트를 아예 전송하지 않는 라이브러리도 있습니다).

Jsoup는 디폴트로 다음과 같은 **User-Agent** 헤더를 전송합니다.

Jsoup의 사용자 에이전트

```
Mozilla/5.0 (Macintosh; Intel Mac OS X 10_11_6) AppleWebKit/   537.36 (KHTML, like Gecko) Chrome/53.0.2785.143 Safari/537.36
```

독자적인 사용자 에이전트를 설정할 때는 코드 2.15처럼 합니다.

**코드 2.15** 독자적인 사용자 에이전트 설정하기(Jsoup의 경우)

```
// 사용자 에이전트 설정하기(Jsoup의 경우)
Connection conn = Jsoup.connect(url);
conn.userAgent("MyCrawler");
```

crawler4j는 디폴트로 다음과 같은 **User-Agent** 헤더를 전송합니다.

crawler4j의 사용자 에이전트

```
crawler4j (https://github.com/yasserg/crawler4j/)
```

독자적인 사용자 에이전트를 설정할 때는 코드 2.16처럼 합니다.

**코드 2.16** 독자적인 사용자 에이전트 설정하기(crawler4j의 경우)

```
// 사용자 에이전트 설정하기(crawler4j의 경우)
CrawlConfig config = new CrawlConfig();
config.setUserAgentString("MyCrawler");
```

크롤러는 인터넷에 있는 콘텐츠를 수집하는 것이므로 콘텐츠 제공자가 없으면 아무 의미가 없습니다. 대규모 크롤러를 운용할 때는 이 사실을 명심해서 크롤링 대상 사이트를 존중하고 책임감을 갖고 크롤러가 어떤 것인지 설명하기 바랍니다.

### 서버 사이드에서 크롤러를 판별하는 방법

웹 사이트를 제공(제작)하는 입장에서는 어떤 요청이 있을 때 그 요청을 크롤러가 보낸 것인지 판정해야 하는 경우가 있습니다. 크롤러인지 판정할 수 있다면 일반 사용자의 응답에 영향을 주지 않게 크롤러로부터 받은 요청을 별도의 서버에서 처리하도록 하는 기능을 구현할 수 있습니다.

서버 사이드에서 크롤러의 요청인지 판정할 때는 **User-Agent** 헤더를 사용하면 됩니다. 하지만 크롤러의 사용자 에이전트는 굉장히 많으므로 이를 하나하나 지정하는 것은 굉장히 힘듭니다. 따라서 크롤러의 요청인지 판별할 때 사용하는 라이브러리를 쓰는 것이 좋습니다.

Woothee라는 라이브러리를 소개하겠습니다.

- Woothee

  https://github.com/woothee/woothee

Woothee는 다양한 프로그래밍 언어를 위해 제공되는 사용자 에이전트 파싱 라이브러리입니다. 자바도 지원하므로 이를 사용해 보겠습니다. Whoothee를 사용하면 코드 2.17처럼 간단하게 사용자 에이전트가 크롤러인지 판별할 수 있습니다.

**코드 2.17** Woothee를 사용해 사용자 에이전트가 크롤러의 것인지 판정하기

```
import is.tagomor.woothee.Classifier;

String userAgent = ...
boolean isCrawler = Classifier.isCrawler(userAgent);
```

물론 사용자 에이전트가 설정돼 있지 않은 경우 일반적인 웹 브라우저의 사용자 에이전트로 위장해 요청하기도 합니다. 이럴 때는 `User-Agent` 헤더 이외의 것(IP 주소, 요청 내용, 요청 패턴 등)을 사용해 판정해야 합니다.

##  쿠키가 없으면 크롤링할 수 없는 웹 사이트

HTTP는 "상태 없는 프로토콜(Stateless Protocol)"입니다. 따라서 각 요청과 응답이 모두 독립적이므로 어떤 요청을 처리할 때 이전 요청의 정보를 활용할 수 없습니다. 하지만 웹 애플리케이션을 만들 때는 연속적인 요청에 대한 정보를 공유해야 할 때가 있습니다.

예를 들어 온라인 쇼핑 사이트의 쇼핑 카트에 상품을 추가하는 경우를 생각해 봅시다. 카트에 담은 물건은 화면을 이동해도 사라지지 않습니다. 아울러 회원 기능이 있는 웹 사이트는 한 번 로그인하면 로그아웃할 때까지 로그인 상태가 유지됩니다. 이러한 경우에 사용하는 것이 바로 "쿠키(Cookie)"입니다. 쿠키는 웹 페이지 등에서 브라우저에 정보를 일시적으로 저장할 때 사용하는 기능입니다.

그럼 일단 쿠키가 무엇인지 정확하게 살펴봅시다. 쿠키는 요청/응답 헤더를 사용해 그림 2.14처럼 통신을 주고받을 때 사용합니다.

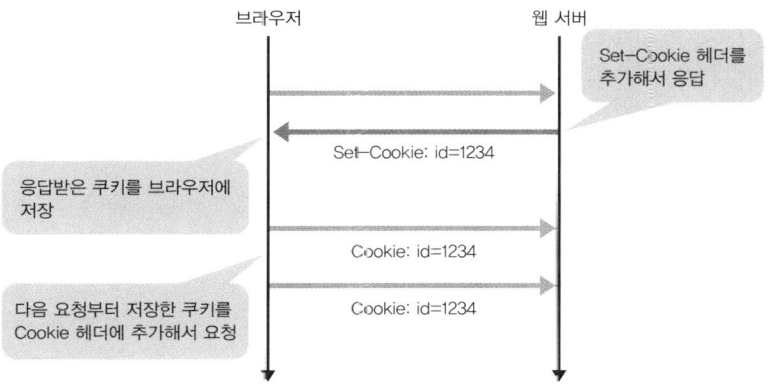

그림 2.14 쿠키 통신

한 번 서버에서 클라이언트(브라우저)에 쿠키를 전송하면 브라우저에서 요청을 보낼 때마다 해당 값을 서버에 전송합니다. 실제 웹 사이트에서는 쿠키로 "세션 ID"라고 부르는 클라이언트 식별 전용 ID를 사용하고 이를 활용해 쇼핑 카트 기능 또는 인증 정보 등을 관리합니다.

> **memo** 상태 없는 프로토콜과 상태 있는 프로토콜
>
> HTTP처럼 서버가 상태를 저장하지 않는 프로토콜을 "상태 없는 프로토콜(Stateless Protocol)"이라고 합니다. 반대로 FTP처럼 서버가 상태를 저장해 대화 형태로 통신하는 프로토콜을 "상태 있는 프로토콜(Stateful Protocol)"이라고 합니다.

## 쿠키 기능 구현하기

웹 사이트에 따라 특정 쿠키를 전송하지 않을 경우 화면 이동 자체를 막기도 합니다. 쿠키는 데이터 수집 목적으로 사용자를 식별할 때 사용하거나[7] 서버 사이드 세션 등을 구현할 때 사용합니다.

예를 들어 자바 서블릿을 사용한 웹 애플리케이션에서는 `JSESSIONID`이라는 쿠키로 세션 ID를 주고받으며 루비 온 레일즈를 사용한 웹 애플리케이션은 디폴트로 `_application_session`이라는 쿠키로 암호화해서 세션 데이터를 사용합니다.

---

[7] 역) 어떤 사용자가 웹 페이지를 어떻게 사용했는지 통계를 내고 이를 분석할 때 활용한다는 의미입니다.

인증을 하지 않고 화면끼리 공유해야 하는 정보가 없을 때도 쿠키가 활성화돼 있지 않으면 제대로 동작하지 않을 수 있습니다. 주의 사항으로 기억해두기 바랍니다.[8]

Jsoup를 사용할 때 이전 요청에서 응답받은 쿠키를 다음 요청에 사용하고 싶다면 코드 2.18처럼 프로그램을 작성합니다.

**코드 2.18** Jsoup에서 이전 요청에서 응답받은 쿠키를 다음 요청에 사용하기

```
// 처음 요청 전송하기
Response res = Jsoup.connect(url1).execute();
// 응답에서 쿠키 추출하기
String sessionId = res.cookie("JSESSIONID")

// 응답에서 추출한 쿠키를 넣어 요청 보내기
Document doc = Jsoup.connect(url2).cookie("JSESSIONID", sessionId).get();
```

Jsoup에서는 이처럼 쿠키를 재사용하는 코드가 필요하지만, 이렇게 번거롭게 코드를 작성하지 않아도 자동으로 쿠키를 저장해 활용하게 해주는 라이브러리가 있습니다.

또한 일정 시간 이상 쿠키를 가지고 있으면 오류를 내는 웹 사이트도 있습니다. 이는 웹 사이트에 불필요한 부하를 주지 않고자 기계적으로 대량의 접근을 오랫동안 보내는 크롤러를 막으려는 조치입니다. 이러한 문제가 발생하는 사이트라면 쿠키를 주기적으로 재발급하면 됩니다.

##  국제화를 지원하는 웹 사이트 크롤링하기

다국적 기업의 웹 사이트와 여러 언어를 지원하는 웹 서비스는 국제화돼 있습니다.[9] 이러한 웹 사이트는 다음과 같은 경우로 나눠서 생각할 수 있습니다.

① 지역/언어별로 다른 도메인/URL을 사용해 콘텐츠를 제공하는 경우

② 요청의 Accept-Language 헤더를 보고 콘텐츠를 제공하는 경우

①은 정적인 사이트 또는 뉴스처럼 지역 또는 언어별로 다른 콘텐츠를 제공해야 하는 경우에 많이 사용됩니다. ②는 다국어 대응 웹 사이트 등에서 사용자 인터페이스 언어를 바꾸는 경우에 사용됩니다.

---

8　인증이 필요한 웹 사이트 처리와 관련된 내용은 5장 "인증하기"에서 자세하게 설명합니다.
9　역) 국가에 따라 콘텐츠를 다르게 제공하는 기능을 국제화라고 합니다.

각각의 경우 어떻게 크롤링해야 하는지 살펴봅시다.

## 지역/언어별로 다른 도메인/URL을 사용해 콘텐츠를 제공하는 경우

일반적인 웹 사이트처럼 지역/언어별로 다른 도메인/URL이 있는 경우입니다. 이렇게 만들어진 웹 사이트는 원하는 언어가 있는 도메인/URL에 요청을 걸어 크롤링하기만 하면 됩니다.

글로벌 기업의 웹 사이트는 대부분 현지 법인에서 웹 사이트를 운용하는 경우가 많습니다. 그래서 지역에 따라 웹 사이트의 형태가 크게 다를 수 있으며 부하에 대한 내구력이 다를 수 있습니다. 따라서 동일한 기업의 웹 사이트라도 국가가 다르면 아예 다른 웹 사이트로 취급하는 것이 좋습니다.

## 요청의 Accept-Language 헤더를 보고 콘텐츠를 제공하는 경우

`Accept-Language`는 브라우저가 서버에 기대하는 언어를 전달하기 위해 사용하는 헤더입니다. 예를 들어 다음과 같이 입력하면 "한국어 리소스가 필요합니다"라고 이야기하는 것입니다.

```
Accept-Language: ko
```

하나의 언어라도 국가에 따라 여러 표기 방식이 있을 수 있습니다. 이러한 경우에는 `zh-CN`, `zh-TW`처럼 언어와 지역을 함께 지정합니다.

또한 여러 개의 언어를 쉼표로 연결하면 그 언어 중 웹 사이트가 지원하는 언어를 응답받을 수도 있습니다.

```
Accept-Language: ko,en
```

한편 `ko;q=1.0`처럼 0~1 사이의 숫자를 입력해 우선도를 지정할 수도 있습니다(1이 가장 높은 우선순위고 생략하면 디폴트로 1이 지정됩니다).

```
Accept-Language: ko,en-US;q=0.8,en;q=0.6,ja;q=0.4
```

웹 브라우저에서도 설정을 변경하면 `Accept-Language` 헤더의 내용을 변경할 수 있습니다. 크롬의 경우 "설정" 메뉴에서 "고급"을 눌러 추가 메뉴를 누르면 "언어" 항목을 볼 수 있습니다. 여기에서 언어의 우선순위를 설정할 수 있습니다(그림 2.15).

그림 2.15 크롬의 언어 설정

`Accept-Language` 헤더로 응답을 나누는 웹 사이트라면 크롤링할 때도 응답받고 싶은 언어를 얻을 수 있게 `Accept-Language` 헤더에 적절한 값을 설정해야 합니다.

또한 `Accept-Language` 헤더를 사용하지 않고 접근한 IP 주소를 기반으로 사용자의 지역을 파악해 콘텐츠를 제공하는 웹 사이트도 있습니다. 이러한 경우 원하는 지역의 서버에서 크롤러를 실행하거나 해당 지역의 프록시 서버를 경유해서 접근해야 원하는 데이터를 추출할 수 있습니다.

## 2-5 프록시 서버를 경유해서 크롤링하기

크롤러를 만들 때 프록시 서버를 경유해서 요청을 보내고 싶을 수도 있습니다(그림 2.16). 참고로 프록시 서버는 크롤러를 만들 때 이외에도 많이 사용됩니다.

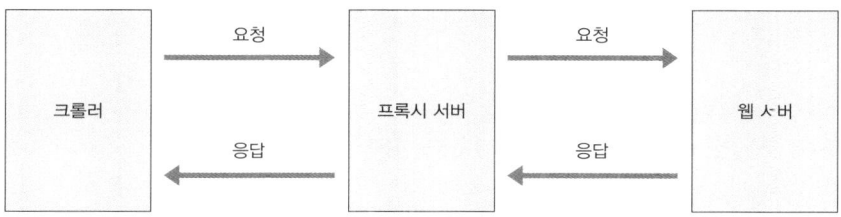

그림 2.16 프록시 서버를 경유해서 HTTP 접근하기

웹 브라우저도 설정을 바꾸면 프록시를 사용할 수 있습니다. 크롬의 경우 "설정" 메뉴에서 가장 아래에 있는 "고급"을 클릭하면 "시스템" 항목에 "프록시 설정 열기" 항목이 있습니다(그림 2.17).

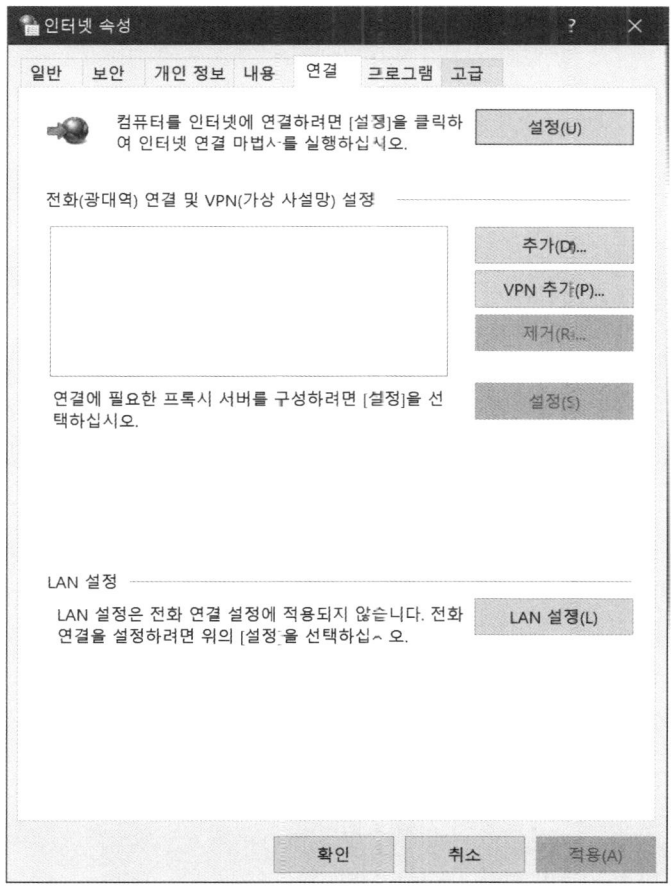

그림 2.17 크롬의 프록시 설정

그렇다면 프록시 설정을 사용하면 HTTP 통신의 내용에 어떠한 변화가 일어날까요?

 **프록시 사용 시 HTTP 통신 내용 확인하기**

프록시를 사용하는 경우 클라이언트는 접근 대상 서버가 아니라 프록시 서버에 요청을 보냅니다. 일반적으로 요청의 요청 라인에서는 다음과 같이 접근할 리소스의 경로를 전송합니다.

```
GET /index.html HTTP/1.1
```

하지만 프록시를 경유하면 이러한 경로 설정만으로는 요청을 중계하는 프록시 서버가 어떤 서버에 접근해야 하는지 알지 못합니다. 따라서 다음과 같이 절대 URL을 전송합니다.

```
GET http://example.com/index.html HTTP/1.1
```

그리고 프록시 서버가 인증을 요구하는 경우에는 `Proxy-Authorization` 헤더를 사용해 인증 정보를 보내야 합니다.

 **크롤러에서 프록시 사용하기**

방금 프록시를 사용할 때 HTTP 통신의 내용이 어떻게 돼야 하는지 설명했지만, 사실 크롤러를 만들 때는 라이브러리가 이러한 변환 처리를 알아서 해주므로 따로 신경 쓰지 않아도 됩니다. 예를 들어 Jsoup에서는 `proxy()` 메서드를 사용해 프록시 서버를 지정합니다(코드 2.19).

**코드 2.19** proxy() 메서드로 사용할 프록시 서버 지정하기

```
Response res = Jsoup.connect("http://example.com/")
    .proxy("127.0.0.1", 8080)
    .method(Method.GET)
    .execute();
```

다만 Jsoup으로는 인증 정보를 설정할 수 없습니다. Jsoup는 HTTP 통신에 자바 표준 라이브러리 `HttpURLConnection`을 사용하기 때문에 코드 2.20처럼 미리 시스템 속성으로 프록시를 설정합니다. 이때 HTTP와 HTTPS를 따로따로 설정해야 합니다.

**코드 2.20** 시스템 속성으로 프록시 설정하기

```
// HTTP의 경우
System.setProperty("http.proxyHost", "127.0.0.1");
System.setProperty("http.proxyPort", "8080");
System.setProperty("http.proxyUser", "username");
System.setProperty("http.proxyPassword", "password");

// HTTPS의 경우
System.setProperty("https.proxyHost", "127.0.0.1");
System.setProperty("https.proxyPort", "8080");
System.setProperty("https.proxyUser", "username");
System.setProperty("https.proxyPassword", "password");
```

자바의 시스템 속성은 코드 2.21처럼 자바 VM 실행 시 명령 라인 옵션으로 지정합니다.

**코드 2.21** 자바 VM 실행 시 시스템 속성 지정하기

```
$ java -Dhttp.proxyHost=127.0.0.1 -Dhttp.proxyPort=8080 kr.co.rint.crawler.SampleCrawler
```

시스템 속성을 사용해 설정하는 경우, 동일한 자바 VM 위에서 동작하는 HTTP 통신 모두가 프록시를 사용한다는 점에 주의하세요(Jsoup를 사용하지 않더라도 `HttpURLConnection`을 사용한다면 모두 프록시가 적용됩니다).

대상 서버 또는 처리에 따라 사용할 프록시 서버가 다르다면 이 방법을 사용하기가 조금 힘듭니다.

프록시 서버의 지정 방법은 프로그래밍 언어 또는 사용하는 라이브러리에 따라 다를 수 있으므로 Jsoup 이외의 라이브러리를 사용하는 경우 해당 라이브러리의 문서를 반드시 참고하세요.

> **memo** curl 명령어에서 프록시 사용하기
>
> curl 명령어에서는 다음과 같이 -x 옵션을 지정해 프록시를 설정할 수 있습니다.
>
> ```
> $ curl -x 127.0.0.1:8080 -XGET http://www.example.com/
> ```

# 2-6 SSL 통신 때 발생하는 오류

SSL(Secure Sockets Layer)은 주로 인터넷처럼 컴퓨터끼리 통신할 때의 인증, 암호화, 손실 검출 등의 기능을 제공하는 프로토콜입니다. 과거에는 개인 정보, 비밀번호, 기밀 정보 등의 보안상 중요한 정보를 입력하는 화면에만 SSL을 적용하는 경우가 많았지만, 최근에는 정보 보안이 굉장히 중시되고 있어 모든 페이지에 SSL을 적용하는 경우가 많습니다.

웹 사이트에 SSL을 적용하려면 신뢰할 수 있는 인증 기관에서 발행된 SSL 인증서를 구입해야 합니다. 다만 AWS의 경우 몇 가지 조건[10]만 준수하면 무료로 SSL 인증서를 사용할 수 있으며 무료로 SSL 인증서를 발행할 수 있는 "Let's Encrypt" 등의 서비스[11]도 있어 최근에는 많은 사이트가 SSL을 도입하고 있습니다.

엄밀하게 말해 현재 사용되는 것은 SSL이 아니라 TLS(Transport Layer Security)라는 프로토콜입니다. 하지만 TLS의 기반이 되는 프로토콜인 SSL이라는 명칭이 더 널리 사용돼서 TLS를 나타낼 때도 그냥 SSL이라고 하는 경우가 많습니다. 이 책에서도 SSL과 TLS를 꼭 구분해야 하는 경우를 제외하고는 모두 SSL이라고 표기하겠습니다.

참고로 SSL을 사용한 프로토콜은 HTTPS 이외에도 꽤 많습니다. FTP를 조합한 FTPS, IMAP/POP3와 조합한 IMAPS/POPS 등이 대표적인 예입니다.

## SSL 버전

SSL(TLS)에는 표 2.7과 같은 버전이 있습니다.

표 2.7 SSL(TLS)의 버전

| 버전 | 출시 연도 | 설명 |
| --- | --- | --- |
| SSL 1.0 | 미발표 | 넷스케이프(회사)가 설계했지만 설계 단계에서 취약점이 발견돼 파기됨 |
| SSL 2.0 | 1994년 | – |

---

10 AWS의 Elastic Load Balancing과 CloudFront에서만 사용 가능합니다.
11 "90일마다 변경"한다는 조건이 있습니다. https://letsencrypt.org를 참고하세요.

| 버전 | 출시 연도 | 설명 |
|---|---|---|
| SSL 3.0 | 1995년 | - |
| TLS 1.0 | 1999년 | SSL 3.0을 기반으로 표준화한 것 |
| TLS 1.1 | 2006년 | - |
| TLS 1.2 | 2008년 | - |
| TLS 1.3 | 2017년 | - |

SSL은 원래 "넷스케이프 커뮤니케이션(회사)"에서 독자적으로 설계한 프로토콜이었지만, TLS 1.0부터는 IETF(Internet Engineering Task Force)의 TLS 워킹 그룹에서 표준화를 진행하고 있습니다.

SSL 3.0까지의 버전은 이미 RFC에 의해 사용이 중지됐고 현재는 TLS만 사용되고 있습니다. 참고로 신용카드 결제 시스템의 보안 표준을 정하는 PCI SSC도 TLS 1.0을 권장하지 않습니다.

프로그래밍 언어에서 사용할 수 있는 통신 라이브러리에서도 TLS 1.0은 디폴트로 비활성화돼 있는 경우가 많습니다. 다만 오래된 웹 사이트에서는 아직도 일부 사용되고 있어 TLS 1.0이 아니면 통신이 안 되는 경우가 있습니다. 아울러 오래된 안드로이드의 표준 브라우저는 TLS 1.0만 지원합니다. 따라서 웹 사이트를 개발할 때는 TLS 1.0을 사용할 수밖에 없습니다. 어쨌거나 크롤링 도중에 이유를 알 수 없는 SSL 통신 문제가 발생한다면 TLS 버전까지 확인하기 바랍니다.

##  SSL 지원 사이트 크롤링하기

그럼 크롤러를 만들 때 SSL을 어떻게 다뤄야 할까요?

일반적으로 프로그래밍 언어의 HTTP 통신 라이브러리는 SSL을 지원합니다. 따라서 따로 신경 쓰지 않고 `https://`로 시작하는 URL을 지정하기만 해도 됩니다. 하지만 사내 서비스에서는 비용 문제로 "스스로 발행한 SSL 인증서"로 암호화해 사용하기도 합니다. 이러한 인증서는 신뢰할 수 없는 것이라서 브라우저에서 접근할 때 그림 2.18과 같은 경고가 발생합니다.

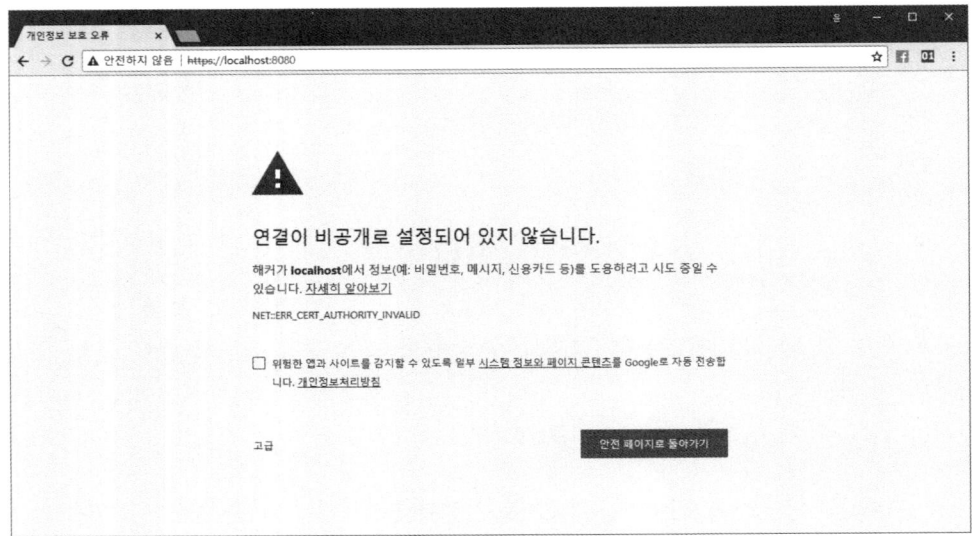

그림 2.18 신뢰할 수 없는 SSL 인증서의 경우

크롬에서는 그림 2.19와 그림 2.20의 방법으로 SSL 증명서 정보를 확인할 수 있습니다. 개발자 도구의 "Security" 탭을 사용하면 TLS 버전도 확인할 수 있습니다.

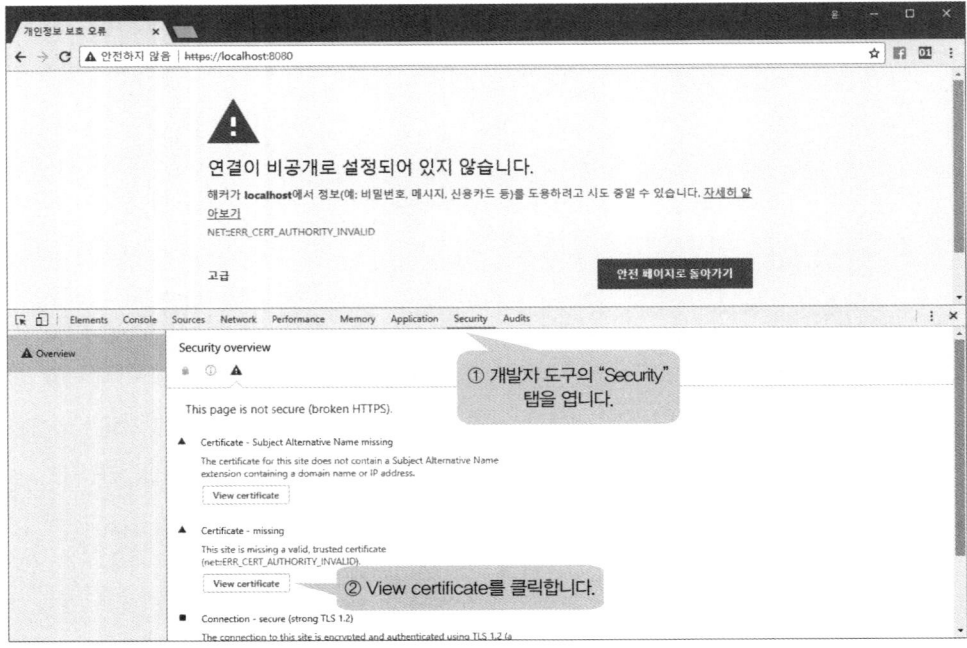

그림 2.19 SSL 인증서 확인하기(1)

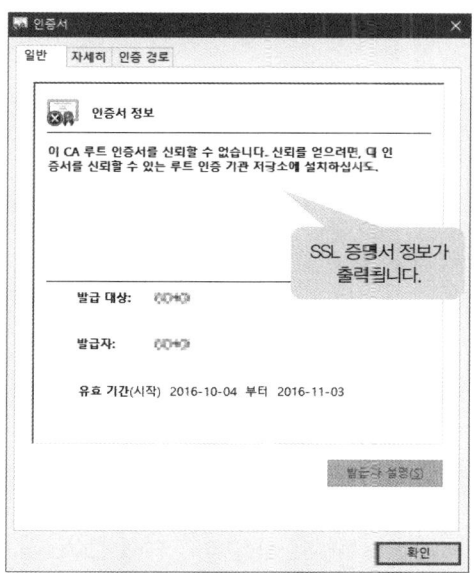

그림 2.20 SSL 인증서 확인하기(2)

이러한 SSL 인증서의 경우 프로그램에서 접근할 때도 인증서 검증에 실패합니다. 예를 들어 자바 프로그램에서는 다음과 같은 예외가 발생합니다.

[실행 결과]
```
Exception in thread "main" javax.net.ssl.SSLHandshakeException: sun.security.validator.
ValidatorException: PKIX path building failed: sun.security.provider.certpath.
SunCertPathBuilderException: unable to find valid certification path to requested target
    at sun.security.ssl.Alerts.getSSLException(Alerts.java:192)
    at sun.security.ssl.SSLSocketImpl.fatal(SSLSocketImpl.java:1917)
    at sun.security.ssl.Handshaker.fatalSE(Handshaker.java:301)
    ...
```

자바에서는 실행 환경에 신뢰할 수 있는 키 저장소에 인증서를 추가해 이러한 문제를 회피할 수 있습니다. 키 저장소에 인증서를 추가할 때는 자바에 포함된 **keytools** 명령어를 사용합니다 (코드 2.22).

코드 2.22 키 저장소에 인증서 추가하기
```
keytool -importcert -v -trustcacerts -file /path/to/cert.crt -keystore $JAVA_HOME/jre/lib/security/cacerts
```

Jsoup를 사용하면 코드 2.23처럼 옵션을 붙여 SSL 인증서 검증을 비활성화할 수 있습니다.

**코드 2.23** SSL 인증서 검증 비활성화하기

```
Response res = Jsoup.connect("https://example.com/")
    .validateTLSCertificates(false) // SSL 인증서 검증 비활성화하기
    .execute();
```

이것은 적극 추천하는 방법은 아니지만, "스스로 발행한 인증서"를 사용해 운용되는 웹 사이트를 어떻게든 수집해야 한다면 이러한 방법도 검토해 보기 바랍니다.

##  자바의 AES 키 길이 문제

자바는 미국 수출 통상법에 의해 디폴트로 암호화 기능이 제한돼 있습니다. 그래서 SSL에서 AES를 128비트의 키 길이(AES128)까지만 사용할 수 있습니다. 그래서 서버가 256비트의 키 (AES256)를 사용하면 다음과 같은 예외가 발생합니다.

[실행 결과]
```
javax.net.ssl.SSLException: Received fatal alert: handshake_failure
    at sun.security.ssl.Alerts.getSSLException(Alerts.java:208)
    at sun.security.ssl.SSLEngineImpl.fatal(SSLEngineImpl.java:1666)
    at sun.security.ssl.SSLEngineImpl.fatal(SSLEngineImpl.java:1634)
    at sun.security.ssl.SSLEngineImpl.recvAlert(SSLEngineImpl.java:1800)
    at sun.security.ssl.SSLEngineImpl.readRecord(SSLEngineImpl.java:1083)
    at sun.security.ssl.SSLEngineImpl.readNetRecord(SSLEngineImpl.java:907)
    at sun.security.ssl.SSLEngineImpl.unwrap(SSLEngineImpl.java:781)
    at javax.net.ssl.SSLEngine.unwrap(SSLEngine.java:624)
    ...
```

한국은 수출 규제 국가에 해당하지 않으므로 정책 파일을 따로 다운로드해서 자바 디폴트 정책 파일을 덮어쓰면 AES256을 사용할 수 있습니다.

- 정책 변경 파일

    http://www.oracle.com/technetwork/java/javase/downloads/jce8-download-2133166.html

다운로드한 zip 파일에 들어 있는 `US_export_policy.jar`와 `local_policy.jar`를 `JAVA_HOME/jre/lib/security`에 복사합니다.

또한 SSL 접속 문제가 발생했을 때는 미국 Qualys 사가 제공하는 Qualys SSL LABS의 온라인 서비스 "SSL Server Test"를 사용하면 문제의 원인을 어느 정도 쉽게 파악할 수 있습니다.

- SSL Server Test
  https://www.ssllabs.com/ssltest/analyze.html

SSL Server Test는 지정한 URL에 여러 가지 SSL 관련 테스트를 실행해 웹 사이트의 보안을 평가하는 서비스입니다(그림 2.21). 그때 결과에서 SSL 버전과 암호화 방식을 확인할 수 있습니다(그림 2.22).

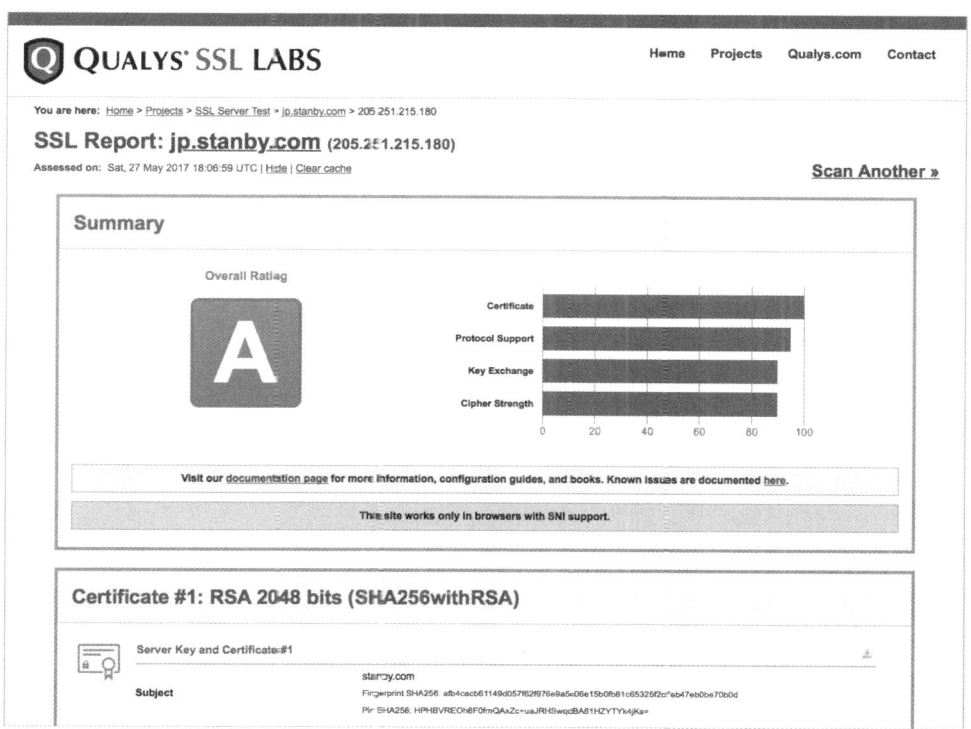

그림 2.21 SSL Server Test 실행 결과

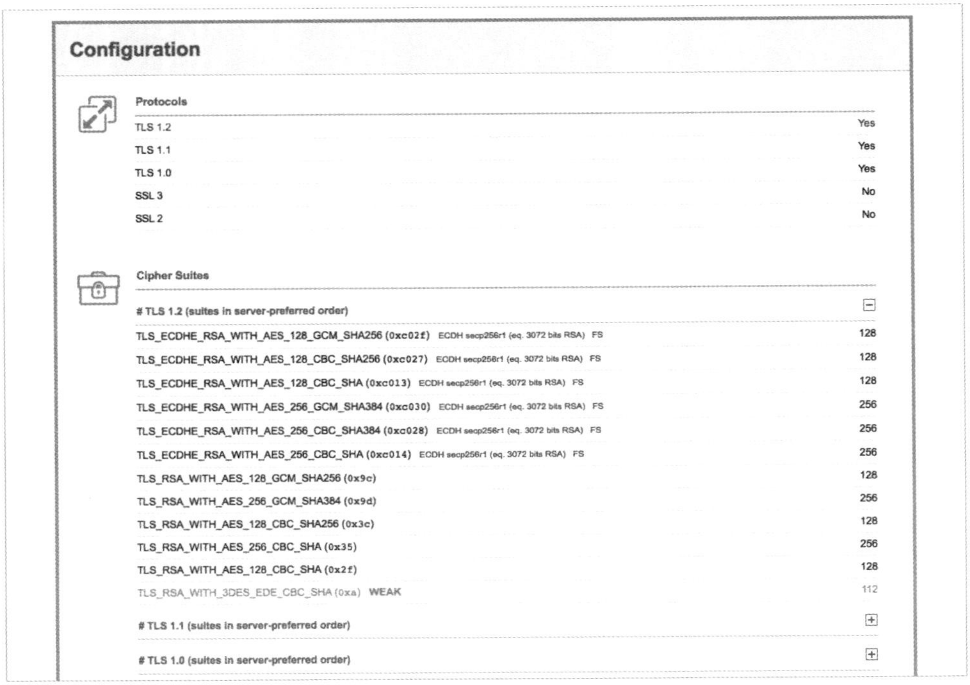

```
Configuration
    Protocols
        TLS 1.2                                                                              Yes
        TLS 1.1                                                                              Yes
        TLS 1.0                                                                              Yes
        SSL 3                                                                                No
        SSL 2                                                                                No

    Cipher Suites
        # TLS 1.2 (suites in server-preferred order)
        TLS_ECDHE_RSA_WITH_AES_128_GCM_SHA256 (0xc02f)   ECDH secp256r1 (eq. 3072 bits RSA) FS   128
        TLS_ECDHE_RSA_WITH_AES_128_CBC_SHA256 (0xc027)   ECDH secp256r1 (eq. 3072 bits RSA) FS   128
        TLS_ECDHE_RSA_WITH_AES_128_CBC_SHA (0xc013)      ECDH secp256r1 (eq. 3072 bits RSA) FS   128
        TLS_ECDHE_RSA_WITH_AES_256_GCM_SHA384 (0xc030)   ECDH secp256r1 (eq. 3072 bits RSA) FS   256
        TLS_ECDHE_RSA_WITH_AES_256_CBC_SHA384 (0xc028)   ECDH secp256r1 (eq. 3072 bits RSA) FS   256
        TLS_ECDHE_RSA_WITH_AES_256_CBC_SHA (0xc014)      ECDH secp256r1 (eq. 3072 bits RSA) FS   256
        TLS_RSA_WITH_AES_128_GCM_SHA256 (0x9c)                                                   128
        TLS_RSA_WITH_AES_256_GCM_SHA384 (0x9d)                                                   256
        TLS_RSA_WITH_AES_128_CBC_SHA256 (0x3c)                                                   128
        TLS_RSA_WITH_AES_256_CBC_SHA (0x35)                                                      256
        TLS_RSA_WITH_AES_128_CBC_SHA (0x2f)                                                      128
        TLS_RSA_WITH_3DES_EDE_CBC_SHA (0xa)  WEAK                                                112

        # TLS 1.1 (suites in server-preferred order)
        # TLS 1.0 (suites in server-preferred order)
```

그림 2.22 SSL 버전 또는 암호화 방식 확인하기

## 2-7 HTTP/2

2015년 HTTP의 새로운 버전인 HTTP/2가 RFC가 됐습니다. HTTP/2는 기존 HTTP와 호환성을 가지면서도 빠른 통신을 가능하게 해주는 차세대 프로토콜입니다. 인터넷의 보급, 더 풍부한 콘텐츠 제공, 더 많은 데이터 제공이라는 요구에 의해 등장했습니다.

간단하게 설명하자면 기존 HTTP/1.1은 기본적으로 하나의 커넥션으로 하나의 요청만 처리할 수 있었습니다. 이를 확장해 하나의 커넥션으로 여러 요청을 병렬 처리할 수 있게 만든 것이 HTTP/2입니다(그림 2.23).

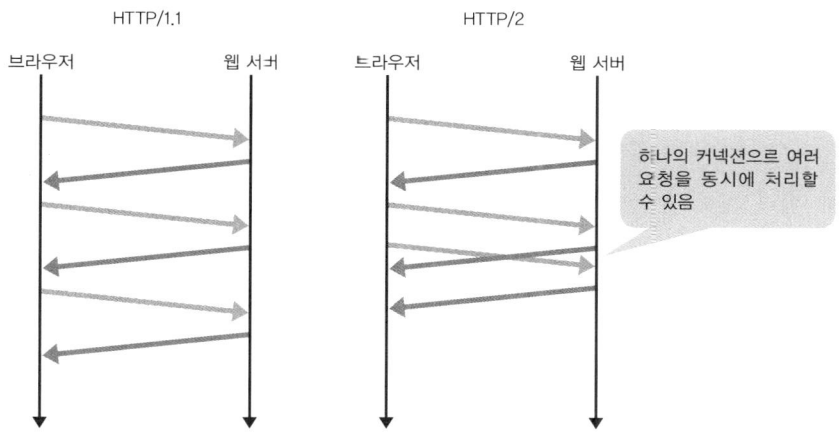

그림 2.23 HTTP/1.1과 HTTP/2

사실 HTTP/1.1도 하나의 커넥션으로 여러 요청을 병렬 처리할 수 있는 "HTTP 파이프라인"이라는 기능이 있습니다. 하지만 "서버는 반드시 요청을 받은 순서대로 응답해야 한다"는 규칙이 있어 어떤 요청 처리에 시간이 걸리는 경우 후속 요청 모두가 늦어지는 문제가 있었습니다. 아울러 HTTP 파이프라인은 웹 브라우저와 프록시 서버가 모두 지원해야 하는 문제도 있어 널리 사용되기에는 한계가 있었습니다.

이 외에도 HTTP/2는 하나의 스트림이 자원을 독점하지 않게 만드는 흐름 제어와 클라이언트에서 다운로드 우선순위를 지정할 수 있게 하는 구조도 제공합니다. 또한 HTTP도 콘텐츠(바디)를 GZIP 압축해 통신 데이터양을 줄일 수 있지만, HTTP/2는 헤더 부분까지 압축할 수 있게 설계됐습니다.

이 글을 쓰는 시점에 HTTP/2가 널리 사용된다고 말할 수는 없지만, 지원하는 브라우저가 늘고 있고 HTTP/2 전용 서버와 CDN도 더 많이 사용되고 있습니다.

> **memo** CDN
>
> CDN(Content Delivery Network)은 콘텐츠를 인터넷을 통해 빠르게 전송하기 위한 네트워크입니다. CDN을 통해 콘텐츠를 전송하면 접근하는 사용자의 위치와 트래픽에 따라 최적의 서버에서 응답을 보낼 수 있습니다.

**자바로 HTTP/2 다루기**

자바 9부터 표준 라이브러리로 HTTP 클라이언트 라이브러리가 추가됐습니다. 이 라이브러리는 HTTP/1.1과 HTTP/2는 물론이고 WebSocket도 지원합니다. 이전 버전을 사용할 경우 OkHttp 등의 서드 파티 라이브러리를 활용하면 됩니다.

- OkHttp
  https://github.com/square/okhttp

지금 당장 HTTP/2를 사용해야 하는 상황이 발생한다면 이러한 라이브러리를 검토해 보기 바랍니다.

## 2-8 정리

이번 장에서는 HTTP의 사양과 크롤링할 때 주의해야 할 사항을 살펴봤습니다.

인터넷에는 HTTP의 사양을 지키지 않는 웹 사이트가 꽤 많습니다. 따라서 서버로부터 받은 응답을 일단 신뢰하지 말고 크롤러를 만드는 것이 좋습니다. 이는 HTTP뿐만 아니라 HTTP 작성 방식에서도 마찬가지입니다.

하지만 그런 웹 사이트에서 크롤링해야 할 경우가 분명 있을 것입니다. 생각처럼 크롤링되지 않는다면 상식에 얽매이지 말고 일단 웹 사이트의 구조와 동작을 잘 살펴보기 바랍니다.

# CHAPTER 3

# 문자 깨짐 해결하기

3-1 크롤링과 문자 코드
3-2 왜 문자가 깨질까?
3-3 클라이언트와 서버 간의 문자 깨짐
3-4 적절하게 문자 코드 다루기
3-5 대표적인 문자 코드
3-6 문자 코드와 관련해 발생할 수 있는 함정
3-7 문자 코드 추정하기
3-8 정리

웹 브라우저에서 웹 사이트를 볼 때 문자가 제대로 출력되지 않는 현상을 "문자 깨짐"이라고 합니다. 크롤링할 때도 문자 깨짐 문제를 자주 볼 수 있는데, 이 현상이 발생하면 사용자가 텍스트의 의미를 이해할 수 없는 것은 물론이고 검색해도 데이터를 제대로 찾지 못해 의도하지 않은 데이터가 출력됩니다.

이번 장에서는 일단 "문자 깨짐이 왜 발생할까?"라는 의문을 시작으로 "문자 코드"의 개념을 살펴보겠습니다. 이어서 크롤링과 인덱싱 시 문자를 적절하게 다루는 방법을 살펴보고 웹 사이트에서 문자 코드 정보를 추출하는 방법과 데이터를 정규화하는 방법, 새니타이즈(sanitize)처럼 크롤링을 할 때 알아야 할 사항을 알아보겠습니다.

## 3-1 크롤링과 문자 코드

최근에는 보기 드문 일이지만 10년 전 정도만 해도 웹 페이지의 내용이 "¹®ÀÚ ±úÁü Å× ½°Æ®", "궦귟궶궦궾", "뷇뗗", "占쏙옙"처럼 의미를 알 수 없게 출력되는 경우가 꽤 많았습니다. 이러한 현상을 "문자 깨짐"이라고 합니다.

"웹 페이지의 데이터가 손상된 것일까?"라고 생각하기 쉽지만 그런 것이 아닙니다. 이는 웹 페이지에 사용하는 문자 코드와 웹 브라우저가 웹 페이지를 출력할 때 사용하는 문자 코드가 일치하지 않으면 일어나는 문제, 즉 일종의 해석 문제라고 할 수 있습니다. 웹 페이지에 사용된 문자 코드를 다른 문자 코드로 해석하니 내용이 제대로 출력되지 않는 것은 사실 당연합니다.

그림 3.1은 UTF-8이라는 문자 코드가 사용된 웹 페이지를 EUC-KR이라는 문자 코드로 열었을 때 출력되는 결과입니다.

그림 3.1 문자 깨짐

이와 같은 일이 크롤링할 때도 발생할 수 있습니다. 크롤러도 웹 브라우저처럼 HTTP 요청을 보내고 응답을 받는 형태이므로 원리적으로 문자 깨짐이 발생할 수밖에 없습니다. 브라우저의 경우 굉장히 높은 수준의 문자 코드 판별 기능과 추정 기능을 가지고 있어 사용자가 따로 문자 코드를 신경 쓰지 않아도 사용할 수 있습니다. 크롤러를 만들 때는 브라우저와 같은 수준까지는 필요 없지만 웹 사이트의 문자 코드를 어느 정도 적절하게 판별하고 처리할 수 있어야 합니다.

아울러 크롤러 전용 라이브러리 중에는 한국어 사이트에서 자주 사용되는 EUC-KR이라는 문자 코드를 아예 고려하지 않는 것이 많습니다. 따라서 크롤링한 데이터를 스토리지에 저장할 때 문자 코드와 관련된 문제가 일어날 수 있습니다.

이와 같은 문제를 회피하고 적절하게 크롤링하려면 문자 코드와 관련된 지식을 반드시 알아야 합니다.

# 3-2 왜 문자가 깨질까?

웹 사이트 제작과 관련된 책을 보면 "문자 깨짐을 피할 수 있게 제대로 된 문자 코드(일반적으로 UTF-8)를 지정하라"라고 적혀 있는 것을 자주 볼 수 있습니다. 이것이 무슨 이야기인지 이해되지 않을 수도 있지만, "왜 문자가 깨질까?"라는 질문에 대한 충분한 답이 될 수 있습니다. 그럼 차근차근 내용을 알아봅시다.

 ## 컴퓨터와 문자

문자 깨짐의 메커니즘을 이해하려면 일단 컴퓨터가 문자를 어떻게 다루는지를 이해해야 합니다.

그렇다면 우선 "문자"란 무엇일까요?

알파벳, 한글, 한자, 이모티콘처럼 주변에 굉장히 다양한 문자가 존재합니다. 이러한 문자를 사용해 기록을 남기거나 의미를 읽어 들입니다. 이러한 관점에서 "문자란 정보를 기록하고 교환하기 위한 시각적인 표현이다"라고 할 수 있습니다(물론 점자처럼 시각적으로 표현되지 않는 문자도 있지만, 형태를 사용해 의미를 읽어 들인다는 점은 같습니다).

사람은 문자를 이처럼 이해하지만 컴퓨터는 그렇지 않습니다. 컴퓨터는 0과 1로 구성된 비트(bit) 표현만 다룰 수 있습니다. 따라서 컴퓨터는 문자를 숫자에 대응시켜 처리합니다. 예를 들어 알파벳 "a"는 2진수 표현으로 `1100001`, 10진수 표현으로 `97`, 16진수 표현으로 `0x61`이 됩니다. 이러한 대응 관계를 "문자 코드"라고 합니다.[1]

표 3.1은 ASCII라고 부르는 문자 코드의 코드표입니다. 코드표는 알파벳, 숫자, 기호를 ASCII에서 어떤 숫자로 표현하는지를 정의한 것입니다.

---

[1] 엄밀하게 말해 문자 코드는 "부호화 문자 집합"과 "문자 부호화 방식"이라는 두 가지로 구별할 수 있습니다. 이번 장에서는 이러한 구별 없이 두 가지 모두 "문자 코드"라고 부르겠습니다.

표 3.1 ASCII

| | | 상위 비트 | | | | | | | |
|---|---|---|---|---|---|---|---|---|---|
| | | 0 | 1 | 2 | 3 | 4 | 5 | 6 | 7 |
| 하위 비트 | 0 | NUL | DLE | 공백 | 0 | @ | P | ` | p |
| | 1 | SOH | DC1 | ! | 1 | A | Q | a | q |
| | 2 | STX | DC2 | " | 2 | B | R | b | r |
| | 3 | ETX | DC3 | # | 3 | C | S | c | s |
| | 4 | EOT | DC4 | $ | 4 | D | T | d | t |
| | 5 | ENQ | NAK | % | 5 | E | U | e | u |
| | 6 | ACK | SYN | & | 6 | F | V | f | v |
| | 7 | BEL | ETB | ' | 7 | G | W | g | w |
| | 8 | BS | CAN | ( | 8 | H | X | h | x |
| | 9 | HT | EM | ) | 9 | I | Y | i | y |
| | A | LF | SUB | * | : | J | Z | j | z |
| | B | VT | ESC | + | ; | K | [ | k | { |
| | C | FF | FS | , | < | L | ₩ | l | \| |
| | D | CR | GS | - | = | M | ] | m | } |
| | E | SO | RS | . | > | N | ^ | n | ~ |
| | F | SI | US | / | ? | O | _ | o | DEL |

진한 글자는 제어 문자, 보통 글자는 도형 문자입니다.

표 3.1에 따라 "Hello"라는 문자열을 변환해 보면 16진수 표현으로 "0x48 0x65 0x6C 0x6C 0x6F"가 됩니다. 이처럼 어떤 문자열을 숫자로 변경하는 것을 "부호화"라고 합니다. 아울러 이러한 숫자를 원래 문자열로 다시 변환할 수도 있습니다. 그것을 "복호화"라고 합니다.

어떤 문자 코드로 부호화된 문자열을 다른 문자 코드로 복호화하면 어떻게 될까요?

문자와 숫자의 대응이 다르므로 다른 문자열이 될 것입니다(그림 3.2). 이처럼 어떤 문자 코드로 복호화된 문자열을 다른 문자 코드로 복호화할 때 발생하는 현상이 바로 "문자 깨짐"입니다.

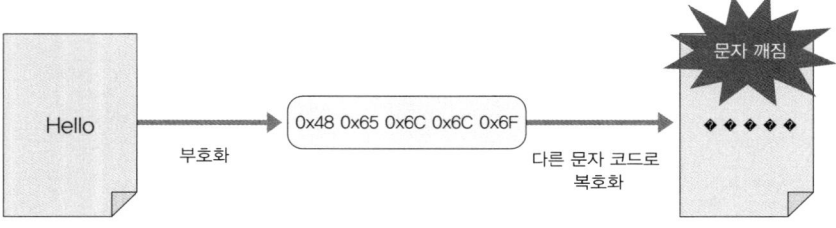

그림 3.2 문자 깨짐의 메커니즘

> **memo** 문자 집합, 부호화 문자 집합, 문자 부호화 방식
>
> 문자 코드와 관련된 내용을 공부하다 보면 "문자 집합", "부호화 문자 집합", "문자 부호화 방식"이라는 키워드를 많이 볼 수 있습니다.
>
> "문자 집합"이란 다루는 대상 문자를 모아둔 중복 없는 집합을 말합니다. 조금 다른 관점에서 말하면 "어떤 것을 문자로 다룰지"를 정한 것이라고 할 수 있습니다. 예를 들어 신호등의 상태를 표현하기 위한 문자 코드를 만들기 위해 "붉은색, 파란색, 노란색"이라는 문자를 선택했다면 이를 문자 집합이라고 할 수 있습니다.
>
> "부호화 문자 집합"이란 문자 집합의 문자 각각에 고유한 숫자를 할당해 부호화한 것입니다. 앞의 신호등 문자 집합은 3문자이므로 2비트(2^2 = 4)로 모든 색을 표현할 수 있습니다(예를 들어 붉은색=00, 파란색=01, 노란색=10).
>
> "문자 부호화 방식"이란 컴퓨터가 문자를 다룰 때의 바이트열 변환 방식을 나타냅니다. "왜 부호화한 문자 집합을 또 부호화할까?"라는 의문이 들 수 있는데, 이는 여러 개의 부호화 문자 집합을 조합해 사용하는 경우나 과거 규격과의 호환성을 유지하기 위해 필요합니다. 예를 들어 신호등 문자 코드를 8비트 환경에서 다룬다면 "붉은색=00000000, 파란색=00000001, 노란색=00000010"처럼 앞쪽 6비트를 0으로 채워 넣어야 합니다.

##  문자 깨짐과 멀티 바이트 문자

ASCII는 문자 수가 적어 알파벳, 숫자, "("와 "#" 등의 문자를 모두 1바이트(=128개)의 범위 내에서 대응할 수 있습니다. 하지만 한글, 한자와 같은 문자는 굉장히 수가 많으므로 하나의 문자를 1바이트 범위로는 표현할 수 없습니다. 따라서 한 문자를 여러 바이트로 표현하는 방법이 필요합니다.

한국어 문자를 보통 "2바이트 문자"라고 부르지만, UTF-8처럼 3바이트 이상으로 표현되는 문자 코드도 있으므로 "멀티 바이트 문자"라고 부르는 것이 정확합니다. 한국어를 다루는 멀티 바이트 문자 코드로는 UTF-8, EUC-KR, CP949, ISO-2022-KR 등이 있습니다.[2]

---

2  이러한 문자 코드는 3-5 "대표적인 문자 코드"(95쪽)에서 소개합니다.

영어, 숫자, 기호를 표현하는 문자 코드는 대부분 ASCII 또는 ASCII를 기반으로 하는 문자 코드가 사실상 세계적인 표준입니다. 따라서 이러한 문자가 문자 깨짐을 일으키는 경우는 거의 없습니다. 하지만 한국어(를 포함한 아시아 계열의 문자)를 표현하는 멀티 바이트 문자 코드는 역사적인 경위와 기술적인 사정으로 인해 여러 종류가 있기 때문에 문자가 동일하더라도 이를 바이트열로 부호화하는 방법은 여러 가지가 있을 수 있습니다(그림 3.3). 이것이 바로 한국어(를 포함한 아시아 계열의 문자)를 사용할 때 문자 깨짐이 발생하는 근본적인 원인입니다.

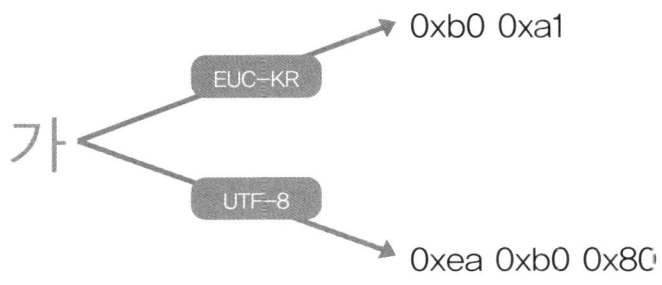

그림 3.3 "가"를 표현하는 바이트열의 차이

## 3-3 클라이언트와 서버 간의 문자 깨짐

문자 깨짐은 "어떤 문자 코드로 부호화된 문자열을 다른 문자 코드로 복호화"해서 발생한다고 설명했습니다. 지금부터는 브라우저 또는 크롤러 같은 클라이언트에서 웹 사이트에 접근할 때 어떻게 문자 깨짐이 발생하는지를 살펴보겠습니다.

###  문자 깨짐이 일어나는 위치

문자 깨짐이 일어날 가능성이 있는 곳은 부호화, 복호화, 문자 코드 변환이 일어나는 위치입니다(그림 3.4).

크롤러를 만들 때는 크롤링 때의 문자 깨짐, 즉 클라이언트와 서버 사이에 일어나는 문자 깨짐이 특히 신경 써야 하는 부분입니다. 이 외에도 프로그램 내부에서의 처리, 데이터베이스 통신, 파일 처리 시 문자 깨짐이 발생할 수 있습니다. 이렇게 되면 정상적으로 크롤링했던 내용이 깨져 제대로 사용하지 못하게 됩니다. 그럼 각 사례를 살펴봅시다.

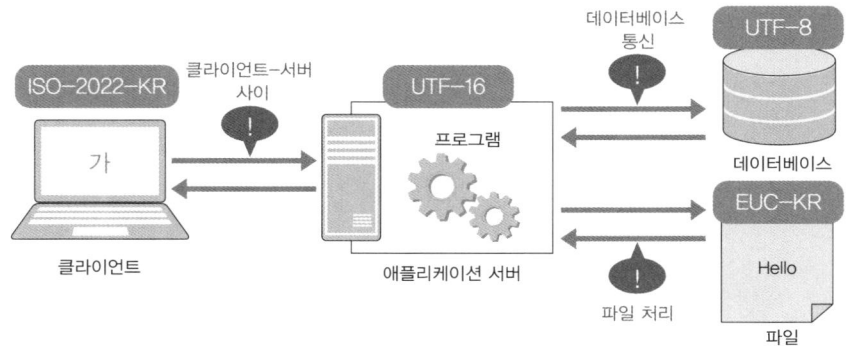

그림 3.4 문자 깨짐이 일어나는 위치

## 클라이언트와 서버 사이

가장 많이 신경 써야 하는 부분은 일단 클라이언트와 서버 사이에서 발생하는 문자 깨짐입니다.

2장에서 살펴본 것처럼 클라이언트는 서버로 HTTP 요청을 보내고 HTTP 응답으로 HTML을 받아 웹 사이트에 접근합니다. HTML은 텍스트 파일이지만 HTTP 응답 자체는 네트워크를 통해 들어오는 바이트열이므로 문자로 해석하려면 문자 코드를 사용해 복호화해야 합니다. 이때 복호화에 사용되는 문자 코드를 잘못 맞추면 문자 깨짐이 발생합니다. 따라서 서버가 클라이언트에게 어떤 문자 코드로 복호화할지 알려줘야 합니다. 이 정보는 다음과 같은 두 위치에 있습니다.

- HTTP 응답의 Content-Type 헤더
- HTML 내부의 meta 태그

클라이언트는 기본적으로 위의 두 위치에서 문자 코드 정보를 추출하고 네트워크를 통해 전달된 바이트열을 추출한 문자 코드에 맞게 복호화합니다.

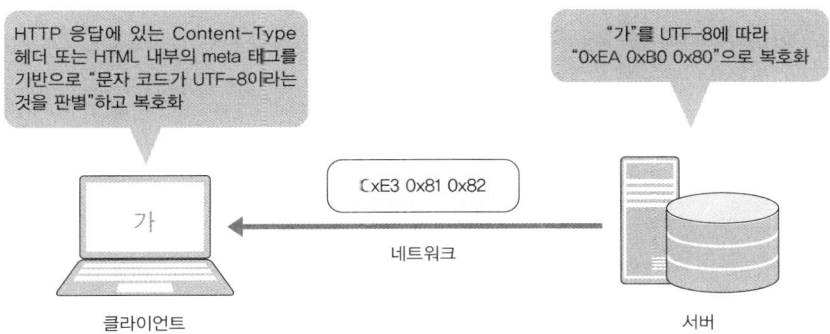

그림 3.5 클라이언트는 HTTP 응답 헤더 또는 HTML에서 문자 코드 정보를 추출

각 경우에 대해 더 자세하게 살펴봅시다.

## Content-Type 헤더에 문자 코드가 지정된 경우

코드 3.1처럼 HTTP 응답의 Content-Type 헤더에 적혀 있는 charset 매개 변수를 보면 문자 코드를 알 수 있습니다. 일반적으로 Content-Type 헤더에 문자 코드 정보를 포함하는 것을 권장하므로[3] 대부분의 사이트는 이를 통해 문자 코드를 알 수 있습니다.

코드 3.1 HTTP 응답의 Content-Type

```
HTTP/1.1 200 OK
Date: Sun, 23 Oct 2016 09:00:00 GMT
Server: Apache
Accept-Ranges: bytes
Vary: Accept-Encoding,User-Agent
Content-Encoding: gzip
Content-Length: 4051
Connection: close
Content-Type: text/html; charset=euc_kr
```

## meta 태그에 문자 코드가 지정된 경우

코드 3.2처럼 HTML 내부의 meta 태그에 문자 코드 정보가 있는 경우도 있습니다.

---

[3]  https://www.w3.org/International/questions/qa-html-encoding-declarations.en.html#httphead

코드 3.2 meta 태그에 문자 코드 정보가 지정된 경우

```
<head>
    ...
    <meta http-equiv="Content-Type" content="text/html;charset=euc_kr">   ← ① HTML4 이전의 작성 방식
    <meta charset="euc_kr">   ← ② HTML5 이후의 작성 방식
    ...
</head>
```

①은 HTML4 이전에 문자 코드 정보를 쓰던 방법입니다. `http-equiv` 속성은 HTTP 응답 헤더의 정보를 보충하기 위한 목적으로 사용되는 속성입니다. 따라서 이 속성이 지정된 `meta` 태그를 "프래그마 디렉티브(pragma directive)"라고 부릅니다.

②는 HTML5에서 사용할 수 있는 새로운 작성 방식입니다. `charset` 속성을 사용하면 문자 코드 정보를 더욱 간편하게 지정할 수 있습니다.

일반적으로 Content-Type 헤더 또는 `meta` 태그에 문자 코드 이름이 정상적으로 적혀 있는 경우 해당 문자 코드 이름을 활용하면 문자 깨짐이 발생하지 않습니다.[4] 크롤러를 구현할 때 이러한 정보를 기반으로 문자 코드를 확인하기 바랍니다.

> **memo** Content-Type과 meta 태그에 적힌 문자 코드가 다른 경우
>
> HTML4의 사양[5]에서는 클라이언트가 문자 코드를 결정할 때 사용하는 정보의 우선순위가 다음과 같습니다.
>
> 1. `Content-Type` 헤더 내부의 `charset` 매개 변수
> 2. `http-equiv` 속성이 `Content-Type`일 경우, `charset` 속성이 설정된 `meta` 태그
> 3. 외부 리소스를 지정한 요소에 설정된 `charset` 속성
>
> 크롤러를 만들 때도 이 우선순위에 따라 만들면 됩니다.
>
> 추가로 사양을 보면 이러한 우선순위를 떠나서 클라이언트가 휴리스틱[6]적인 방법을 사용해 문자 코드를 설정해도 좋다고 규정하고 있습니다. 예를 들어 HTML 앞부분에 UTF-8의 BOM이 포함돼 있으면 대부분의 현대 웹 브라우저는 문자 코드를 UTF-8로 간주합니다. 크롤링할 때도 이렇게 나름의 결정 방법을 채용해도 괜찮습니다.

---

[4] 물론 그렇지 않은 특수한 경우도 있습니다. 이와 관련된 내용은 3-6 "문자 코드와 관련해 발생할 수 있는 함정"의 "대책"(98쪽)에서 설명합니다.
[5] "5.2.2 Specifying the character encoding"
https://www.w3.org/TR/1999/REC-html401-19991224/charset.html#h-5.2.2
[6] (역) 휴리스틱이란 "어림짐작하는 것"이라고 생각하면 됩니다. 사양에 적혀 있는 우선순위를 보지 않아도 "대충 이건 이럴 것 같은데?"라는 생각이 들면 해당 방법을 사용해도 괜찮다는 뜻입니다.

> **memo** BOM
>
> BOM[7]은 Unicode 인코딩에서 사용되는 멀티 바이트 정렬 순서 규칙을 나타내는 바이트 정보를 의미합니다. 예를 들어 BOM이 추가된 UTF-8은 앞에 0xEF 0xBB 0xBF가 포함됩니다.

##  애플리케이션과 데이터베이스

애플리케이션에서 데이터베이스를 조작하는 경우에도 주의할 사항이 몇 가지 있습니다. MySQL을 기준으로 설명하겠습니다.

MySQL에서 사용할 수 있는 문자 코드는 `SHOW CHARSET;`으로 확인할 수 있습니다. 그중에서 ASCII 문자와 한국어 문자를 모두 다룰 수 있는 문자 코드를 정리하면 표 3.2와 같습니다.

표 3.2 MySQL에서 ASCII 문자와 한국어 문자를 모두 다룰 수 있는 문자 코드

| 문자 코드 이름 | 설명 |
| --- | --- |
| utf88 | UTF-8의 서브셋(최대 3바이트까지의 문자만 포함) |
| utf8mb4 | UTF-8 |
| euckr | EUC-KR |

MySQL은 데이터베이스와 테이블에 각각 문자 코드를 지정할 수도 있습니다. 문자 코드를 지정할 수 있는 단위를 정리하면 표 3.3과 같습니다.

표 3.3 MySQL에서 문자 코드를 지정할 수 있는 단위

| 지정할 수 있는 위치 | 지정 방법 |
| --- | --- |
| MySQL 서버 | /etc/my.cnf 등 설정 파일의 [mysqld]에 character-set-server를 지정합니다. 디폴트는 latin1이라는 문자 코드입니다. |
| 서버와 클라이언트 사이의 연결 | 클라이언트에 따라 다릅니다. |

---

7   역) 웹 개발 경험이 있는 독자라면 Browser Object Model부터 떠올리는 경우가 많은데, 여기서 BOM은 Byte Order Mark의 약자이며 "바이트 순서 표식"이라고도 부릅니다.

| 지정할 수 있는 위치 | 지정 방법 |
|---|---|
| 데이터베이스 | [생성] CREATE DATABASE dbname CHARSET utf8mb4; |
| | [변경] ALTER DATABASE dbname CHARSET utfmb4; |
| | 기존 테이블은 변경되지 않습니다. 따로 지정하지 않으면 서버의 문자 코드가 디폴트로 사용됩니다. |
| 테이블 | [생성] CREATE TABLE tablename CHARSET utf8mb4; |
| | [변경] ALTER TABLE tablename CHARSET utf8mb4; |
| | 기존 컬럼은 변경되지 않습니다. 따로 지정하지 않으면 테이블의 문자 코드가 디폴트로 사용됩니다. |
| 컬럼 | [변경] ALTER TABLE tablename MODIFY column varchar(10) CHARSET utf8mb4; |
| | 기존 데이터는 변경되지 않습니다. 따로 지정하지 않으면 컬럼의 문자 코드가 디폴트로 사용됩니다. |

당연한 이야기지만 "애플리케이션의 MySQL 클라이언트"와 "MySQL 서버"가 서로 다른 문자 코드를 사용하면 오류 또는 문자 깨짐이 발생합니다. 특별한 이유가 없다면 사용할 문자 코드를 통일하기 바랍니다.

데이터베이스에 저장한 데이터에 문자 깨짐이 발생하면 표 3.3의 명령어를 입력해 수정하면 됩니다.

## 텍스트 파일 읽고 쓰기

크롤링한 데이터를 임시 파일 등으로 출력할 때도 처리 방법에 따라 문자 깨짐이 발생할 수 있습니다.

일반적으로 프로그래밍 언어의 처리는 내부적으로 특정 문자 코드를 사용합니다. 예를 들어 자바의 경우 내부적으로 UTF-16을 사용합니다. 따라서 UTF-16이 아닌 파일을 읽고 쓸 때 내부적으로 변환이 발생합니다(그림 3.6). 그런데 이 변환 시 문제가 생기면 문자 깨짐이 발생할 수 있습니다.

그림 3.6 파일을 읽고 쓸 때 발생하는 내부 코드 변환

특히 주의할 것은 **java.io.FileReader/java.io.FileWriter** 클래스입니다. 이것들은 파일을 읽고 쓸 때 사용하는 굉장히 기본적인 API인데, 읽고 쓸 때 문자 코드로 실행 환경의 디폴트 문자 코드를 사용하기 때문입니다(코드 3.3). 따라서 윈도우에서는 문제가 없던 코드도 리눅스로 넘어가면 문자 깨짐이 발생합니다.

**코드 3.3** 텍스트 파일을 읽고 쓸 때 문자 깨짐이 일어나지 않게 하기

```
int ch;
File file = new File("./hello.txt");

// 문자 깨짐을 일으킬 가능성이 있는 처리 예
// FileReader는 파일이 디폴트 문자 코드로 복호화됐다는 전제하에 파일을 읽어 들입니다.
// 따라서 파일의 문자 코드와 실제 환경의 디폴트 문자 코드가 다르면
// 문자 깨짐이 일어납니다.
FileReader fr = new FileReader(file);
while ((ch = fr.read()) != -1) {
  System.out.println((char)ch);
}
fr.close();

// InputStreamReader에 문자 코드를 명시적으로 지정해
// 디폴트 문자 코드에 의존하지 않게 만듭니다.
InputStream is = new FileInputStream(file);
InputStreamReader isr = new InputStreamReader(is, "EUC-KR");
while ((ch = isr.read()) != -1) {
  System.out.println((char)ch);
}
isr.close();
```

예제 코드에서 사용한 `InputStreamReader`도 두 번째 매개 변수의 문자 코드 이름을 생략한 경우 디폴트 문자 코드가 사용되므로 주의하기 바랍니다.

이 외에 바이트열을 기반으로 문자열을 생성하는 `new String()`과 문자열을 기반으로 바이트열을 생성하는 `String.getBytes()` 메서드도 매개 변수를 생략할 수 있지만, 특별한 이유가 없는 한 문자 코드를 명시적으로 입력해주는 것이 좋습니다.

> **memo** 문자 코드를 나타내는 자바 클래스
>
> 자바에서 문자 코드를 나타내는 클래스는 `java.nio.charset.Charset`입니다. `Charset` 클래스의 `forName()` 메서드는 매개 변수로 문자 코드를 지정하면 `Charset` 클래스의 인스턴스를 리턴합니다. 예를 들어 UTF-8이라고 지정하면 UTF-8을 나타내는 `Charset` 클래스의 인스턴스를 리턴합니다.
>
> ```
> Charset utf8 = Charset.forName("UTF-8");
> ```
>
> 또한 `java.nio.charset.StandardCharsets` 클래스에는 몇 가지 인코딩이 상수로 정의돼 있습니다. 가능한 여기에 정의된 상수를 사용하는 것이 좋습니다.
>
> ```
> Charset utf8 = StandardCharsets.UTF_8;
> ```
>
> 참고로 `StandardCharsets`에 정의된 문자 코드는 모든 자바 플랫폼 구현체에서 사용할 수 있습니다.

## 3-4 적절하게 문자 코드 다루기

지금까지 문자 코드와 함께 어떤 경우에 문자 깨짐이 일어날 수 있는지 살펴봤습니다. 이어서 크롤링 또는 인덱싱 때 이러한 문자 코드를 어떻게 다뤄야 하는지 구체적인 코드 예제를 통해 알아보겠습니다. 이번 절에서도 자바와 Jsoup 코드를 예로 설명합니다.

> **memo** 인덱싱
>
> 수집한 문장을 가공한 뒤 저장하는 작업을 "인덱싱(indexing)"이라고 부릅니다. 크롤링으로 수집한 문장에서 필요한 부분을 추출/분석하고 필요한 처리를 모두 수행한 뒤에 의미 있는 데이터로 재사용하기 쉬운 형식으로 저장하는 것은 매우 중요한 일입니다.

## 크롤링과 문자 코드

크롤링 시 중요한 것은 "HTTP 응답 또는 HTML에 지정된 문자 코드 정보를 정확하게 결정하는 것"입니다. 크롤링 대상 페이지의 문자 코드는 기본적으로 다음과 같은 순서로 결정하면 됩니다.

1. Content-Type 헤더에 문자 코드 정보가 포함된 경우, 해당 정보 사용하기
2. HTML 내부의 meta 태그에 문자 코드 정보가 포함된 경우, 해당 정보 사용하기

Jsoup는 이와 같은 우선도로 Content-Type 헤더와 meta 태그에 포함된 문자 코드 정보를 추출해 문자 코드를 판정하므로 따로 신경 쓰지 않아도 됩니다. Jsoup가 판정한 문자 코드를 확인하고 싶다면 코드 3.4처럼 합니다.

**코드 3.4** Jsoup가 판정한 문자 코드를 추출하는 예

```
String url = "http://www.example.com";
Response response = Jsoup.connect(url).execute();
System.out.println("HTTP 응답을 받았습니다.");

// HTTP 응답 헤더에 문자 코드가 포함된 경우
// Connection.execute() 메서드 실행 후에 문자 코드 이름을 추출할 수 있습니다.
System.out.println("문자 코드는 " + response.charset() + "입니다.");

// HTTP 응답 헤더에 문자 코드가 포함돼 있지 않고,
// HTML 내부의 meta 태그에 문자 코드 정보가 포함된 경우
// Response.parse() 메서드 실행 후에 문자 코드 이름을 추출할 수 있습니다.
response.parse();
System.out.println("응답을 파싱했습니다.");
System.out.println("문자 코드는 " + response.charset() + "입니다.");
```

예를 들어 HTTP 응답의 Content-Type 헤더에 문자 코드 정보가 포함돼 있지 않고 HTML에 `<meta charset="utf-8">`라는 태그가 있는 사이트라면 코드 3.4를 실행했을 때 다음과 같은 결과가 나옵니다.

[실행 결과]
```
HTTP 응답을 받았습니다.
문자 코드는 null입니다.
```

응답을 파싱했습니다.
문자 코드는 UTF-8입니다.

HTTP 응답 헤더에 문자 코드가 포함돼 있다면 Jsoup는 이를 우선시합니다. 따라서 `meta` 태그의 문자 코드 정보는 무시됩니다. 더불어 HTTP 응답 헤더에 문자 코드 정보가 포함돼 있지 않다면 `Response.parse()` 메서드를 사용해 문자 코드 이름을 추출하는 것이 안전합니다.

이번에는 조금 의문이 드는 부분을 고민해 보겠습니다.

HTML은 응답 바디의 내용입니다. 응답 바디는 복호화 대상인데, 여기에 복호화할 수 있는 코드를 넣는다는 것이 말이 될까요? 마치 열쇠를 안에 넣고 잠근 금고문을 열어야 하는 상황입니다. 어떻게 이런 것이 가능한 것일까요?

이는 "ASCII와의 호환성" 때문입니다. UTF-8과 EUC-KR 등의 문자 코드는 대부분 알파벳, 숫자, 기본 기호에 ASCII와 같은 코드를 할당합니다. 따라서 알파벳, 숫자, 기본 기호가 ASCII와 호환되는 것입니다. 그래서 ASCII로 복호화해도 원래 문자 코드를 찾아 읽을 수 있습니다. 반대로 ASCII와 호환성이 없는 문자 코드는 당연히 `meta` 태그를 사용해 문자 코드 정보를 전달할 수 없습니다.

HTTP 응답 헤더에도, `meta` 태그에도 문자 정보가 포함돼 있지 않다면 Jsoup는 기본적으로 UTF-8로 읽어 들입니다.[8]

HTTP 요청 또는 응답을 직접 다루는 라이브러리와 API를 사용하는 경우, `Content-Type` 헤더와 `meta` 태그를 기반으로 문자 코드 정보를 추출하는 처리를 직접 만들어야 합니다. 예를 들어 코드 3.5는 `java.net` 패키지의 API를 사용해 HTTP 통신하고 정규 표현식으로 문자 코드를 추출하는 예제입니다.

**코드 3.5** HTTP 통신 이후 정규 표현식으로 문자 코드 정보 추출하기

```
// Content-Type 또는 meta 태그에서 문자 코드 이름을 추출하는 정규 표현식
Pattern charsetPattern = Pattern.compile("(?i) bcharset= s*(?: "¦')? ([^ s,; "']*)");

URL url = new URL("http://example.com");
```

---

8  HTTP 응답 바이트열만으로 문자 코드를 추측하는 방법은 3-7 "문자 코드 추정하기"(108쪽)에서 설명합니다.

```
HttpURLConnection connection = (HttpURLConnection) url.openConnection();
connection.setRequestMethod("GET");
connection.connect();

// Content-Type 헤더에서 문자 코드 추출하기
// "text/html; charset=euc_kr" 등의 문자열 리턴
String contentType = connection.getContentType();
Matcher contentTypeMatcher = charsetPattern.matcher(contentType);
if (contentTypeMatcher.find()) {
  String charsetName = contentTypeMatcher.group(1).trim();
  // Content-Type에 있는 문자 코드 출력하기
  System.out.println("Charset in Content-Type: " + charsetName);
}

// meta 태그에서 문자 코드 정보 추출하기
// W3C 문서에 따르면 문자 코드 정보는
// 파일 앞부터 1024바이트까지 내부에 포함돼 있어야 하므로
byte[] first1k = new byte[1024];

BufferedInputStream in = new BufferedInputStream(connection.getInputStream());
in.read(first1k);
in.close();

Matcher metaMatcher = charsetPattern.matcher(new String(first1k, "UTF-8"));
if(metaMatcher.find()) {
  String charsetName = metaMatcher.group(1).trim();
  // meta charset에 있는 문자 코드 출력하기
  System.out.println("Charset in HTML: " + charsetName);
}

connection.disconnect();
```

 **인덱싱과 문자 코드**

일반적으로 크롤링과 인덱싱을 사용해 수집/저장한 데이터를 이후 검색에 활용합니다. 이때 중요한 것이 바로 "정규화(normalize)"입니다. 정규화를 제대로 하지 않으면 데이터의 신뢰성이 크게 떨어집니다.

아울러 데이터를 적절하게 "새니타이즈"하지 않고 저장하면 보안상 문제가 발생할 수 있습니다. 그리고 새니타이즈와 정규화의 순서도 중요합니다.

적절하게 정규화와 새니타이즈를 하기 위해서는 문자 코드 레벨에서 어떤 일이 일어나는지 제대로 파악하고 있어야 합니다. 이번 절에서는 인덱싱할 때 발생할 수 있는 문제와 대처 방법을 설명합니다.

> **memo 정규화와 새니타이즈**
>
> 정규화와 새니타이즈 모두 문자를 변환하는 작업을 의미하지만, 목적이 약간 다릅니다.
>
> 정규화는 의미는 같지만 시각적으로 다르게 작성된 문자(예: ①과 1)를 하나의 문자로 통일하는 것입니다. 정규화를 제대로 해야 데이터를 쉽게 재사용할 수 있습니다.
>
> 반면 "새니타이즈(sanitize)"는 위험한 데이터를 위험하지 않게 변환하는 작업을 의미합니다. 일반적으로 정규화 후에 새니타이즈하는 것이 정석입니다.

## 정규화

Unicode 문자 중에는 겉으로 보기에는 거의 같지만 내부적으로는 조금 다른 경우가 있습니다.

예를 들어 macOS에서 폴더를 만들면 디폴트로 "무제 폴더"라는 이름으로 폴더가 생성됩니다. 이때 "무"는 "ㅁ(U+4358)"와 "ㅜ(U+4462)"의 결합 문자열입니다.[9] 따라서 이러한 문자열을 문자 코드 레벨에서 단순하게 "무"로 검색하면 아무것도 검색되지 않습니다. 외관상 크게 차이가 없어 보이므로 인지하기 힘든 문제라고 할 수 있습니다.

이 외에도 "d"와 "d(U+FF44)"는 외관상 같아 보일 수 있지만, 각각 반자(반각) 문자와 전자(전각) 문자로 다른 문자입니다.[10] 이러한 문제를 제대로 해결하지 않으면 데이터를 아무리 수집해도 제대로 검색되지 않습니다.

자바는 `java.text.Normalizer`라는 클래스를 사용해 이러한 차이를 흡수할 수 있습니다(코드 3.6).

---

9 역) 맥에서 만든 파일을 윈도우에서 열면 "ㅁㅜㅈㅔ ㅍㅗㄹㄷㅓ"처럼 되는데, 바로 이것이 그 원인입니다.
10 역) 전자(전각)는 정사각형 안에 딱 맞게 들어가는 글자, 반자(반각)는 정사각형 반 만한 크기에 딱 맞게 들어가는 글자를 의미합니다. 한글은 모두 정사각형 안에 딱 맞게 들어가는 전자(전각) 글자라서 크게 신경 쓰지 않아도 됩니다.

코드 3.6 일반 문자열을 결합 문자열로 변환하고 다시 결합 문자열을 일반 문자열로 변환하기

```
// 원본 문자열
String combined = "무제 폴더"; // NFD 형식으로 변환합니다.
String nfdNormalized = java.text.Normalizer.normalize(combined, java.text.Normalizer.Form.NFD);
System.out.println(nfdNormalized); // NFC 형식으로 변환합니다.
String nfcNormalized = java.text.Normalizer.normalize(nfdNormalized, java.text.Normalizer.Form.NFC);
System.out.println(nfcNormalized);
```

`java.text.Normalizer`는 이러한 정규화 외에도 다양한 정규화 방식을 지원합니다. 데이터를 수집한 뒤 정규화해야 할 글자가 있다면 관련 문서를 살펴보기 바랍니다.

## 위험한 데이터는 새니타이즈 처리하기

새니타이즈하면 그림 3.7처럼 HTML에서 의미를 가지는 특수한 문자가 이름 문자 참조 처리로 다른 문자로 변환됩니다. 이는 XSS(크로스 사이트 스크립팅)라는 크래킹 방법을 방지하고자 할 때 사용합니다.

그림 3.7 새니타이즈

---

**memo ▶ XSS**

"XSS"란 다른 사람의 웹 사이트와 애플리케이션에 악의적인 자바스크립트 코드를 넣는 행위를 나타냅니다.

예를 들어 크롤링한 데이터를 그대로 화면에 출력하는 애플리케이션이 있다고 합시다. 이럴 때 크롤러가 `<script>alert('XSS!')</script>` 같은 문자열(스크립트)을 크롤링했다면 이러한 내용이 그대로 사용자의 브라우저에 출력돼 스크립트 내부의 코드가 실행됩니다.

일반적으로 새니타이즈는 사용자로부터 입력받는 부분에 많이 처리하지만, 크롤링할 때도 데이터가 무조건 안정적이라고는 할 수는 없으므로 처리해주는 것이 좋습니다. 데이터 저장소에 저장하기 전에 새니타이즈하지 않으면 XSS 등의 생각하지 못한 보안 문제와 마주칠 수 있습니다. 새니타이즈를 지원하는 라이브러리가 많으니 그것들을 활용하면 좋습니다.

Jsoup에도 새니타이즈를 위한 API가 있습니다(코드 3.7).

**코드 3.7** 새니타이즈

```
String unsafeHtml =
  "<a href='javascript:alert(\"Oops!\")'>Hello!</a>" +
  "<script>alert(\"Ouch!\");</script>";

String sanitizedHtml = Jsoup.clean(unsafeHtml, Whitelist.basic());
// 화이트 리스트 방식으로 새니타이즈
System.out.println(sanitizedHtml); // <a rel="nofollow">Hello!</a>
```

`Jsoup.clean()`은 두 번째 매개 변수에 전달된 화이트 리스트(허가할 조건)에 따라 위험한 HTML 태그와 속성을 제거합니다. 위 예제 코드에서 사용하는 `Whitelist.basic()`는 b, em, i, strong, u와 같은 텍스트 계열 태그만 허가할 때 사용하는 함수입니다. 그 외의 화이트 리스트에 대해서는 표 3.4를 참고하세요.

표 3.4 Jsoup.clean()의 두 번째 매개 변수에 지정하는 화이트 리스트

| 화이트 리스트 | 설명 |
| --- | --- |
| none() | 텍스트 노드만 허가합니다. |
| simpleTest() | 텍스트 노드와 b, em, I, strong, u 태그만 허가합니다. |
| basic() | a, b, blockquote, br, cite, code, dd, dl, dt, em, i, li, ol, p, pre, q, small, span, strike, strong, sub, sup, u, ul 태그와 안전한 속성만 허가합니다. |
| basicWithImages() | basic()에 추가로 img 태그와 안전한 속성만 허가합니다. |
| relax() | HTML의 body 내부에서 사용할 수 있는 일반적인 태그와 안전한 속성만 허가합니다. |

아울러 새니타이즈할 때 정규화의 순서도 반드시 고려해야 합니다. 예를 들어 전자 문자를 포함하는 ＜script＞alert("hello");＜/script＞라는 문자열이 입력된 경우[11], 새니타이즈 후에 정규화하면 〈script〉alert("hello");〈/script〉가 돼 XSS가 발생할 가능성이 있습니다(코드 3.8).

**코드 3.8** 새니타이즈 후에 정규화하면 위험!

```
String unsafeHtml = "＜script＞alert("hello");＜/script＞";
// "＜"와 "＞"라서 HTML 태그로 인식하지 않음
String sanitizedHtml = Jsoup.clean(unsafeHtml, Whitelist.basic());
// 정규화 하면 "＜"와 "＞"가 "<"와 '>'로 변환
String normalizedHtml = Normalizer.normalize(sanitizedHtml, Form.NFKD);
// 결과적으로 "<script>alert("hello")</script>"라고 변경돼 위험한 문자열이 됨
System.out.println(normalizedHtml);
```

정규화 후에 새니타이즈를 하면 크게 문제가 없습니다. 따라서 이 순서도 반드시 기억하기 바랍니다.

## 3-5 대표적인 문자 코드

문자 코드를 적절하게 다루려면 문자 코드 자체를 잘 이해해야 합니다. 이번 절에서는 한국 웹 사이트를 크롤링할 때 마주칠 수 있는 문자 코드에 대해 간단하게 설명하겠습니다. 참고로 동아시아의 문자 코드는 전 세계적으로 다양한 수난을 겪었지만, 한국의 경우는 중국과 일본에 비해서는 수난이 적은 편입니다. EUC-KR과 UTF-8을 적절하게 변환하는 방법만 알면 큰 문제없이 사용할 수 있으니 두 가지가 무엇인지 간단하게 살펴봅시다.

---

[11] 역) 전자와 반자를 구분하지 못하면 현재 어떤 문제가 있는지 구분하기 힘든데, 여기서는 꺾은 괄호가 전자 문자입니다. 코드 3.8에서 글자의 너비를 확인해 보면 쉽게 이해할 수 있을 것입니다.

# UTF-8

현재 가장 많이 사용되는 문자 코드는 UTF-8입니다. 구글의 조사에 따르면 2012년을 기준으로 구글이 크롤링하고 있는 사이트의 60% 이상이 UTF-8로 작성돼 있다고 합니다.[12]

UTF-8은 Unicode라고 부르는 부호화된 문자 집합을 다루는 방법의 하나입니다. 이 외에도 프로그래밍 언어에서 내부적으로 많이 사용하는 UTF-16, 하나의 문자를 4바이트 고정으로 사용하는 UTF-32 등이 있습니다. 참고로 윈도우의 경우 UTF-16을 Unicode라고 부릅니다.

UTF-8은 하나의 문자를 1~4바이트로 표현하는 가변 길이 부호화 방식입니다. UTF-8은 한글을 기본적으로 3바이트로 표현합니다.[13] 1바이트 문자는 모두 ASCII 문자입니다. 따라서 ASCII로 작성된 파일은 모두 UTF-8로 다룰 수 있으므로 ASCII의 상위 호환으로 널리 사용됩니다.

# EUC-KR

EUC는 Extended Unix Code의 줄임말로, 미국의 통신 회사 AT&T에서 1980년대에 책정한 문자 기호화 방식입니다. 이름 그대로 UNIX에서 널리 사용됩니다. 그 한국어 버전이 바로 EUC-KR입니다.

일반적으로 이를 "완성형 한국어 멀티바이트 인코딩"이라고 부릅니다. 관련 내용은 RFC 1557에 공개돼 있습니다.

한국어 버전인 EUC-KR 외에도 일본어 버전인 EUC-JP, 중국어 버전인 EUC-TW 등이 있습니다. 현재도 PHP로 만들어진 웹 사이트를 크롤링할 때는 자주 볼 수 있습니다.

---

12 Google Official Blog "Unicode over 60 percent of the web" https://googleblog.blogspot.com/2012/02/unicode-over-60-percent-of-web.html
13 역) 바로 뒤에서 설명하는 EUC-KR은 2바이트로 한글을 다룹니다. 헥스 코드 분석을 할 때 가장 쉽게 한국어 인코딩 방식을 확인할 수 있는 방법이므로 기억해두는 게 좋습니다.

# 3-6 문자 코드와 관련해 발생할 수 있는 함정

지금까지 문자 코드의 개념과 크롤링할 때 문자 코드를 다루는 방법, 자주 만나게 되는 문자 코드 등의 기초 지식을 살펴봤습니다. 하지만 실제로 여러 웹 사이트를 크롤링하다 보면 생각지 못한 문제를 마주하게 되는 경우가 있습니다.

이번 절에서는 실제로 겪은 사례를 기반으로 문자 코드와 관련해 발생할 수 있는 예상치 못한 문제를 살펴보겠습니다. 간단하게 "문자 코드와 관련된 함정"이라고 생각하면 됩니다.

 **문자 코드 믿지 말기**

어떤 지역의 아르바이트 정보 사이트를 크롤링했던 적이 있습니다. 자바를 사용해 만든 크롤러로 1일 1회 크롤링하게 했습니다. 그리고 이때 웹 사이트의 문자 코드를 응답 `Content-Type` 헤더를 사용해 추출했습니다.

그런데 어느 날부터 문자 코드 이름 문자열을 기반으로 `java.nio.charset.Charset` 객체를 만드는 과정에서 예외가 발생하기 시작했습니다. 예외가 발생했을 때 크롤러가 크롤링하던 페이지의 `Content-Type` 헤더를 확인해 보니 `Content-Type: text/html;charset=%BB%38%C7%...`처럼 퍼센트 인코딩된 알 수 없는 문자열이 포함돼 있었습니다. 이 문자열이 무엇인지 확인해 보니 충격적이게도 `Content-Type: text/html;charset=문자 코드`라고 "문자 코드"라는 글자가 그대로 적혀 있는 것이었습니다.

### 원인

자바에서는 문자 코드를 `Charset` 객체로 표현합니다. 그리고 문자 코드 이름 문자열을 기반으로 `Charset` 객체를 만들 때는 `Charset.forName()` 메서드를 사용합니다(코드 3.9).

**코드 3.9** 문자 코드에서 Charset 객체를 추출할 때 실패하는 경우

```
String charsetName = ...
Charset charset = Charset.forName(charsetName); // 문자 코드 이름으로
                                                // 객체 생성하기
```

```
byte[] responseBody = ... // 응답 바디의 바이트
String decodedBody = new String(responseBody, charset); // 디코드된 문자열
```

문제는 `forName()` 메서드에 전달된 문자열이 문자 코드 이름으로 사용할 수 없는 문자열일 경우입니다. 이러한 경우에는 `java.nio.charset.UnsupportedCharsetException` 또는 `java.nio.charset.IllegalCharsetNameException` 등의 예외가 발생합니다.

`Content-Type` 헤더 또는 `meta` 태그에 항상 제대로 된 문자 코드 이름이 들어 있는 것은 아닙니다. 버그 등으로 문자 코드 이름으로 잘못된 문자열이 들어 있을 수 있습니다.

### 대책

일반적으로 웹 페이지의 문자 코드를 확인할 때는 `Content-Type` 헤더의 `charset` 매개 변수를 확인하거나 HTML 내부의 `meta` 태그를 확인합니다. 이러한 값은 결국 외부에서 들어온 입력이라는 것을 인식해야 합니다. 이러한 외부로부터의 입력은 언제나 예외 처리를 고려해야 합니다.

`Charset` 클래스에는 전달된 문자 코드 이름이 지원되는지 확인하는 `isSupported()`라는 메서드가 있습니다. 그런데 이 메서드는 + 또는 . 등의 기호로 시작하는 문자열이 전달될 경우 곧바로 `IllegalCharsetNameException`을 발생시키므로 주의해야 합니다.

코드 3.10은 이러한 문제에 대응하는 예입니다.

**코드 3.10** 문자 코드 이름을 기반으로 Charset 객체 생성하기

```
// 문자 코드 이름으로 유효한 문자열을 나타내는 정규 표현식
static Pattern charsetNamePattern = Pattern.compile("^[a-zA-Z0-9[^ -+:_.]][a-zA-Z0-9 -+:_.]+$");

public Charset getCharset(String charsetName) {
  Charset charset;
  if (charsetName != null) {
    // 전달된 문자열에서 문자 코드 이름이 유효한지,
    // 지원하는 문자 코드인지 확인하기
    Matcher matcher = charsetNamePattern.matcher(charsetName);
    if (matcher.matches() && Charset.isSupported(charsetName)) {
      charset = Charset.forName(charsetName);
    } else {
      // 유효하지 않거나 지원하지 않는 경우는
```

```
      // 디폴트 문자 코드로 UTF-8 사용하기
      charset = StandardCharsets.UTF_8;
    }
  } else {
    // 문자 코드 이름이 null이라면 UTF-8 사용하기
    charset = StandardCharsets.UTF_8;
  }
  return charset;
}
...
// HTTP 헤더의 Content-Type에서 추출한 문자 코드 이름
String charsetNameFromContentType = ...

// Charset 객체 생성하기
Charset charset = getCharset(charsetNameFromContentType);
```

##  데이터베이스와 초밥① – 사라진 초밥 문제

크롤링/스크레이핑한 데이터를 저장소에 저장할 때도 문자 코드와 관련된 함정에 빠질 수 있습니다. 이번에는 MySQL을 사용할 때 빠질 수 있는 함정 두 가지를 살펴보겠습니다.

일단 첫 번째입니다. 그림 문자를 포함한 웹 사이트를 크롤링/스크레이핑하고 추출한 데이터를 데이터베이스(MySQL)에 넣으면 그림 문자 이후 부분의 텍스트가 모두 사라져버리는 현상이 있습니다. 예를 들어 "오늘 저녁은 🍣 먹으러 왔다!"라는 텍스트를 삽입하면 "오늘 저녁은"만 남고 이후 부분이 사라져 버립니다(코드 3.12).[14]

**코드 3.12** MySQL 5.6에서 텍스트를 삽입할 때 실패하는 예

```
mysql> CREATE TABLE text_with_emoji (text varchar(255)) CHARSET utf8;
Query OK, 0 rows affected (0.03 sec)

mysql> INSERT INTO text_with_emoji VALUES ('오늘 저녁은 🍣 먹으러 왔다!');
Query OK, 1 row affected, 2 warnings (0.01 sec)
```

---

14 역) 누가 글을 저렇게 쓰냐고 생각할 수 있겠지만 인스타그램 등의 SNS에서는 그림 문자가 굉장히 많이 사용됩니다. 특히 태그에 그림 문자가 많이 포함되기 때문에 머신러닝 등을 위한 키워드 추출 대 그림 문자를 제대로 다루지 못하면 다양한 문제가 발생합니다.

```
mysql> SELECT * FROM text_with_emoji;
+---------------+
| text          |
+---------------+
| 오늘 저녁은   |
+---------------+
1 row in set (0.00 sec)
```

## 원인

원인은 Charset이 utf8이기 때문입니다.

"UTF-8이라면 Unicode에 포함된 모든 문자를 다룰 수 있는 것 아닌가?"라고 생각하는 사람이 있을 것입니다. 하지만 MySQL의 utf8은 완전한 UTF-8이 아닙니다. 4바이트가 되는 U+10000 이후의 문자를 포함하고 있지 않으므로 🍣(U+1F363) 등의 그림 문자를 완전히 제대로 인식하지 못하며 이로 인해 이후의 문자도 제대로 인식하지 못하는 것입니다.

## 대책

완전한 UTF-8에 대응하는 Charset은 utf8mb4입니다. utf8mb4는 특이한 한자까지 포함하고 있어 한자를 많이 포함하는 고문서 또는 정치 서적 등을 저장할 때는 utf8mb4를 사용하는 것이 좋습니다.

데이터베이스, 테이블, 컬럼의 Charset뿐만 아니라 클라이언트와 MySQL 서버 사이를 연결할 때 사용하는 Charset도 주의해야 합니다. 데이터베이스의 Charset과 연결에 사용하는 Charset이 각각 utf8과 utf8mb4라면 표 3.5와 같은 문제가 발생합니다.

표 3.5 클라이언트와 MySQL 서버 사이의 연결에서 발생할 수 있는 문제

| 연결에 사용되는 Charset | 데이터베이스, 테이블, 컬럼에 사용되는 Charset | 일어나는 문제 |
| --- | --- | --- |
| utf8 | utf8mb4 | 4바이트 문자(UTF-10000 이후)가 모두 "????"로 변환됨 |
| utf8mb4 | utf8 | 4바이트 문자가 "?"로 인식됨 |

참고로 MySQL 5.7부터는 위와 같이 문자 변환에 실패할 때 오류가 발생합니다. MySQL 5.6에서도 이러한 오류를 발생시키고 싶다면 설정 파일 내부의 **sql_mode**를 STRICT_ALL_TABLES라고 설정하면 됩니다(코드 3.13).

**코드 3.13** MySQL 5.6에서 문자 변환에 실패할 경우 오류로 처리하기(my.conf)

```
[mysqld]
sql_mode='NO_ENGINE_SUBSTITUTION,STRICT_ALL_TABLES'
```

##  데이터베이스와 초밥② – 그림 문자 검색 문제

Charset이 utf8mb4로 설정된 테이블에 그림 문자를 넣은 경우를 생각해 봅시다. SELECT를 할 때 WHERE 구문으로 조건을 걸어도 그림 문자를 제대로 다루지 못하므로 🍣==🍺가 되는 문제가 발생합니다(코드 3.14).

**코드 3.14** Charset이 utf8mb4로 설정된 테이블에 그림 문자를 넣은 경우의 문제

```
mysql> SET NAMES utf8mb4;
Query OK, 0 rows affected (0.00 sec)

mysql> CREATE TABLE emoji_list (emoji varchar(1), name varchar(5))
CHARSET utf8mb4;
Query OK, 0 rows affected (0.02 sec)

mysql> INSERT INTO emoji_list VALUES ('🍣', '초밥'), ('🍺', '맥주');
Query OK, 2 rows affected (0.00 sec)
Records: 2  Duplicates: 0  Warnings: 0

mysql> select * from emoji_list where emoji = '🍣';
+-------+--------+
| emoji | name   |
+-------+--------+
| 🍣    | 초밥   |
| 🍺    | 맥주   |
+-------+--------+
2 rows in set (0.00 sec)
```

## 원인

이는 "초밥 맥주 문제"라고 알려진 문제로, MySQL의 대조 확인(collation) 순서가 그 원인입니다.

대조 확인 순서란 특정 언어(영어 또는 한국어 등)의 문자 정렬 비교와 관련된 규칙을 나타냅니다. 예를 들어 ORDER BY 구문으로 오름차순 정렬한 경우, 영어의 경우 "Apple"이 "Banana"보다 앞에, 한국어의 경우 "가방"이 "하마"보다 앞에 옵니다. 하지만 이런 규칙은 예측하기 힘든 경우가 꽤 많습니다. 예를 들어 "Ch"로 시작하는 단어가 "C"로 시작하는 단어 뒤에 오는 경우[15]도 있고 "A"와 "a"를 다르게 취급하는 경우도 있습니다.

utf8mb4의 경우 디폴트 대조 확인 순서가 utf8mb4_general_ci로 돼 있습니다. 이때 "ci"는 "Case Insensitive"의 약자이며 대소문자를 구분하지 않는다는 의미입니다. 그런데 utf8mb4_general_ci는 대소문자뿐만 아니라 U+10000 이후의 문자(4바이트 문자)도 구별하지 않습니다. 내부적으로 U+10000 이후의 문자를 모두 "�"라는 문자로 처리하기 때문입니다.

## 대책

U+10000 이후의 문자를 구별하고 싶다면 utf8mb4_bin을 사용해야 합니다. 다만 끝에 "ci"가 없는 것으로 알 수 있듯이 대소문자를 구별하므로 주의해야 합니다. 코드 3.15는 특정 컬럼의 조합 순서를 utf8mb4_bin으로 지정하는 예입니다.

**코드 3.15** 특정 컬럼의 대조 확인 순서를 utf8mb4_bin으로 지정하기

```
mysql> CREATE TABLE emoji_list_bin (emoji varchar(1) COLLATE utf8mb4_bin, name varchar(5))
CHARSET utf8mb4;
Query OK, 0 rows affected (0.02 sec)

mysql> INSERT INTO emoji_list_bin VALUES ('🍣', '초밥'), ('🍺', '맥주');
Query OK, 2 rows affected (0.00 sec)

Records: 2  Duplicates: 0  Warnings: 0
mysql> SELECT * FROM emoji_list_bin WHERE emoji = '🍣';
+-------+--------+
| emoji | name   |
```

---

15 역) 발음 기호상 Ch가 한 가지로 발음되고 C와 완전히 다르다고 판단하는 경우 발생하는 문제입니다. 이러한 경우 "Car" 〈 "Cut" 〈 "China"가 됩니다.

대조 확인 순서를 지정하는 **COLLATE** 구문은 SQL 문장에 넣을 수 있습니다. 따라서 SELECT를 할 때 다음과 같이 utf8mb4_bin을 지정할 수도 있습니다(코드 3.16).

**코드 3.16** SELECT 시 COLLATE 구문으로 utf8mb4_bin 지정하기

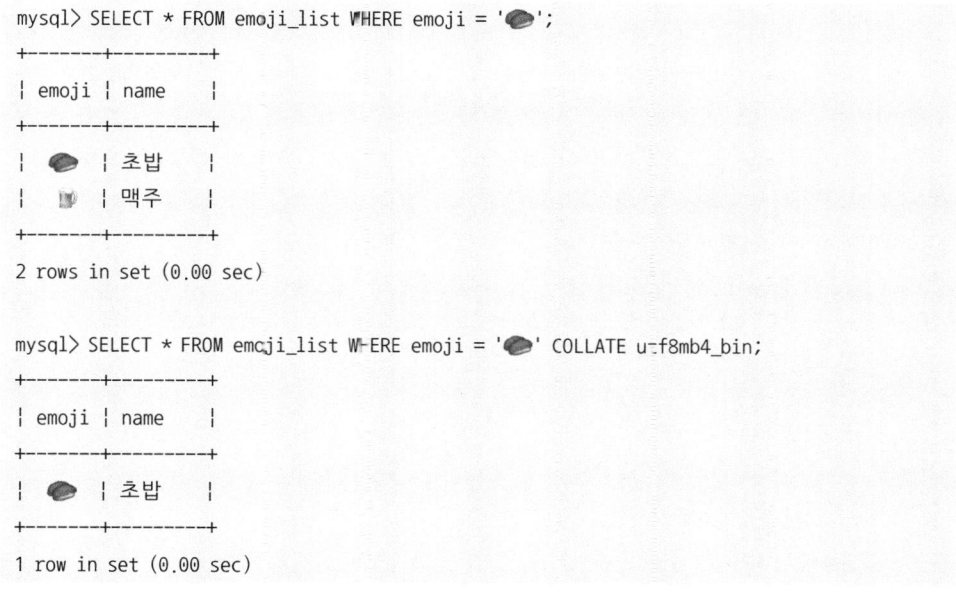

> ### Column 그림 문자는 "문자"일까?
>
> 최근 스마트폰 키보드에는 그림 문자 키보드가 기본으로 장착돼 있으며 GitHub 등의 웹 서비스에서도 쉽게 그림 문자를 입력할 수 있습니다. 인스타그램의 경우 최근 올라오는 글의 절반 이상이 그림 문자를 포함하고 있다고 합니다. 따라서 크롤링할 때 이러한 그림 문자를 어떻게 처리해야 할지 신중하게 생각해 봐야 합니다.
>
> 현재 사용되는 대부분 그림 문자는 "휴대폰 이모티콘"이 그 뿌리라고 할 수 있습니다.
>
> 지금은 다양한 플랫폼에서 그림 문자를 처리할 수 있지만, 초기에는 휴대 전호끼리 문자(SMS)를 보내는 것만 가정했습니다. SMS는 이미지를 포함할 수 없으며 회선 등의 문제로 그림을 제대로 보낼 수 없어 일반 텍스트를 그림처럼 다루던 것입니다. 그런데 제조사와 통신사 사이에 이 규칙이 달라 전 세계적으로 매우 큰 파편화가 발생했습니다.

그러다가 2011년 Unicode 6.0에 그림 문자가 추가됐습니다. Unicode 컨소시엄은 그림 문자를 Unicode에 포함시켜 문자 코드 체계를 통일해서 이러한 문제를 해결하려고 했습니다. 여러 문제가 있었지만 2011년 2월에 약 750개의 그림 문자가 실제로 추가됐습니다. 그리고 2016년에 발표된 Unicode 9.0은 약 1,100개의 그림 문자를 사용할 수 있습니다.

그림 문자 체계를 통일하기는 했지만, 다양한 시각적 표현을 모두 "문자"로 다루려고 한다는 점에서 문자 체계가 너무 복잡해졌다는 비판도 있습니다. 예를 들어 Unicode의 그림 문자에는 ZERO WIDTH JOINER라는 특수 문자를 사용한 결합 문자나 Emoji Modifiers라는 특수 문자를 사용해 피부색을 변화시키는 구조가 있습니다. 이러한 것들이 문자 체계를 굉장히 복잡하게 만들었습니다.

Unicode 그림 문자의 복잡성이라는 비판 속에는 "현재 이메일과 스마트폰 메시지는 플레인 텍스트(Plain Text)를 사용하지 않으므로 이미지를 인라인으로 넣어야 한다"라는 주장도 있습니다. 카카오톡의 이모티콘, 라인의 스탬프, 페이스북의 스티커 등이 대표적인 예입니다. 사실 Unicode 이모티콘 사용을 정의하는 기술 문자 UTR#51을 보면 "장기적인 목표는 인라인 그림 문자를 지원하는 것"[16]이라고 적혀 있습니다.

반대로 "문자"로서의 특징을 잘 살린 그림 문자 활용 방법도 나타나고 있습니다. 예를 들어 재해 정보에 "# " 등의 그림 문자 해시 태그를 붙이면 언어와 상관없이 태풍과 관련된 정보를 확산시킬 수 있습니다. 이러한 기능은 이미지로는 처리하기 힘든 과제입니다.

2015년 옥스퍼드 사전에 "올해의 단어"로 가 선정되기도 했고, 2016년 11월에는 세계 최초의 그림 문자 컨퍼런스인 "emojicon"도 샌프란시스코에서 개최됐습니다. 그림 문자가 계속해서 주목받고 있으니 향후 동향을 잘 살피기 바랍니다.

## 트러블 슈팅을 위한 팁

지금까지 본 것처럼 크롤링할 때는 예상하지 못한 곳에서 문자 코드와 관련된 문제가 발생합니다. 문제를 확인하고 원인을 찾고 적절하게 대응하려면 다양한 문자 코드 관련 도구를 활용해야 합니다.

이번 절에서는 문자 코드와 관련된 트러블 슈팅을 할 때 도움을 주는 도구를 살펴보고 그러한 도구를 사용할 때 도움이 되는 팁을 설명합니다.

### 텍스트 인코딩 – 구글 크롬의 인코딩 변환 확장 기능

크롤링할 때 문자 깨짐이 발생하면 브라우저를 활용해 문자 코드 표시를 전환해 보세요. 이를 활용하면 크롤러가 어떤 형태로 문자 코드를 출력해서 문제가 발생하는지 쉽게 알 수 있습니다.

---

16 http://unicode.org/reports/tr51/#Longer_Term

그런데 구글 크롬은 2016년 말에 업데이트하면서 문자 코드 표시 전환 기능을 없앴습니다. 이는 구글 크롬의 문자 코드 자동 판별 처리가 굉장히 빨라지고 정확도가 매우 높아져 더 이상 표시 전환 기능이 필요 없어졌기 때문입니다. 하지만 디버깅 목적으로 문자 코드를 확인하고 싶을 때는 기능이 없어진 것이 약간 아쉬울 수밖에 없습니다. 이때는 다음의 구글 크롬 확장 기능을 사용합니다.

- Set Character Encoding
  https://chrome.google.com/webstore/detail/set-character-encoding/bpojelgakakmcfmjfilgdlmhefphglae

이 확장 기능은 화면 오른쪽 위에 생성되는 확장 기능 아이콘을 활용해 문자 코드 출력을 변환하며 페이지를 살펴볼 수 있습니다(그림 3.10).

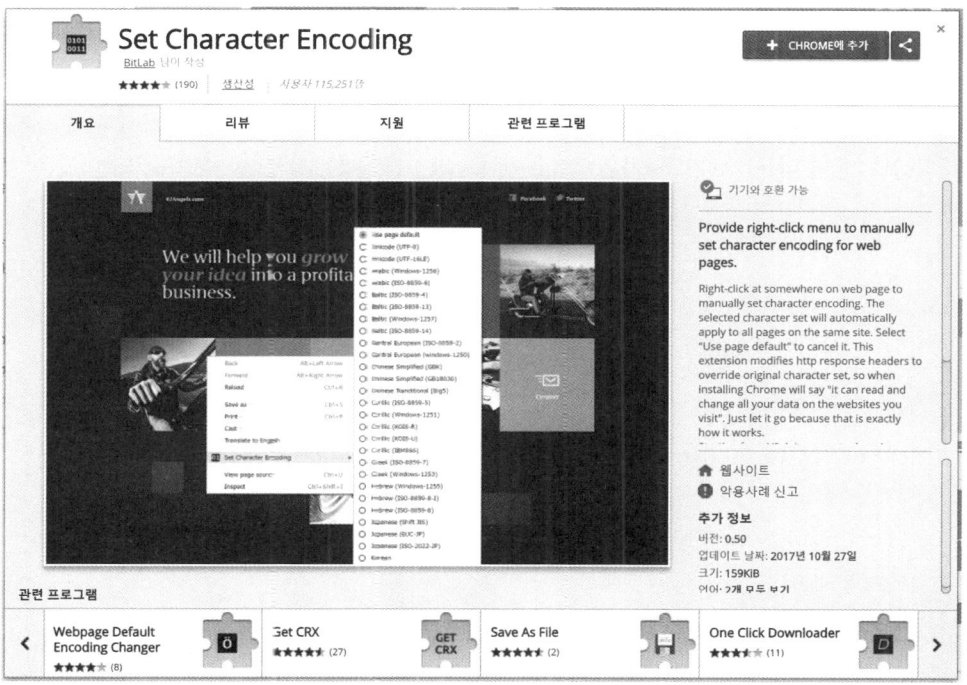

그림 3.10 구글 크롬 확장 프로그램 "Set Character Encoding"

## hexdump – 16진수 바이트열 확인하기

브라우저처럼 클라이언트에서 출력되는 문자열은 "바이트열을 특정 문자 코드로 복호화한 결과"라고 할 수 있습니다. 하지만 문제의 원인을 찾기 위해 원래 바이트열을 확인하고 싶은 경우가 있습니다. 바이트열의 내용을 출력해 보고 싶을 때는 16진수 덤프 도구를 사용합니다. 이번 절에서는 Unix 환경에서 기본으로 사용할 수 있는 `hexdump` 명령어를 살펴보겠습니다.

`hexdump`는 이름 그대로 파일 또는 표준 출력의 데이터를 16진수로 덤프하는 도구입니다(코드 3.19). -C 옵션을 붙이면 바이트열과 대응되는 ASCII 문자를 오른쪽에 출력합니다. 다만 한국어 등의 아시아 계열 문자, 그림 문자 등의 멀티 바이트 문자열은 제대로 출력되지 않습니다.

코드 3.19 -C 옵션을 붙여 바이트열에 해당하는 ASCII 문자 출력하기

```
$ echo 안녕하세요, hexdump😀! | hexdump -C
00000000  e3 81 93 e3 82 93 e3 81  ab e3 81 a1 e3 81 af e3  |................|
00000010  80 81 20 68 65 78 64 75  6d 70 f0 9f 98 80 21 0a  |.. hexdump....!.|
00000020
```

결과를 보면 😀라는 그림 문자가 "0xf0 0x9f 0x98 0x80"라는 바이트열로 표현되는 것을 알 수 있습니다.

문자 깨짐이 일어나는 웹 사이트를 조사하려면 `curl` 명령어와 함께 조합해 사용하면 됩니다(코드 3.20).

코드 3.20 문자 깨짐이 일어나는 웹 사이트 조사하기

```
$ curl http://example.com | hexdump -C
```

[실행 결과]

```
...
000003c0  3c 68 31 3e 45 78 61 6d  70 6c 65 20 44 6f 6d 61  |<h1>Example Doma|
000003d0  69 6e 3c 2f 68 31 3e 0a  20 20 20 20 3c 70 3e 54  |in</h1>.    <p>T|
000003e0  68 69 73 20 64 6f 6d 61  69 6e 20 69 73 20 65 73  |his domain is es|
000003f0  74 61 62 6c 69 73 68 65  64 20 74 6f 20 62 65 20  |tablished to be |
00000400  75 73 65 64 20 66 6f 72  20 69 6c 6c 75 73 74 72  |used for illustr|
00000410  61 74 69 76 65 20 65 78  61 6d 70 6c 65 73 20 69  |ative examples i|
00000420  6e 20 64 6f 63 75 6d 65  6e 74 73 2e 20 59 6f 75  |n documents. You|
```

```
00000430  20 6d 61 79 20 75 73 65  20 74 68 69 73 0a 20 20  | may use this.  |
00000440  20 20 64 6f 6d 61 69 6e  20 69 6e 20 65 78 61 6d  |  domain in exam|
00000450  70 6c 65 73 20 77 69 74  68 6f 75 74 20 70 72 69  |ples without pri|
00000460  6f 72 20 63 6f 6f 72 64  69 6e 61 74 69 6f 6e 20  |or coordination |
00000470  6f 72 20 61 73 6b 69 6e  67 20 66 6f 72 20 70 65  |or asking for pe|
00000480  72 6d 69 73 73 69 6f 6e  2e 3c 2f 70 3e 0a 20 20  |rmission.</p>.  |
...
```

아시아 계열의 글자와 같은 멀티 바이트 문자열을 사용한 경우, 해당 부분을 찾을 때 약간의 노력이 필요할 수 있습니다. 만약의 경우를 대비해 알아두면 좋을 것입니다.

## 바이너리 에디터 – 파일을 16진수로 덤프하기

`hexdump`는 터미널에서 결과를 확인하기 좋지만, 내부에서 추가 검색을 하기에는 편리한 도구가 아닙니다. 복잡한 조사를 할 때는 대상 HTML을 파일로 저장하고 이를 바이너리 에디터에서 열어 확인하는 것이 좋습니다. 이번 절에서는 macOS에서 사용할 수 있는 "0xed"를 사용해 보겠습니다.

- 0xed
  http://www.suavetech.com/0xed/

일단 `curl` 명령어를 사용해 웹 페이지를 파일로 저장합니다(코드 3.21).

**코드 3.21** curl 명령어로 출력 결과를 파일로 저장하기

```
$ curl http://example.com > index.html
```

이어서 0xed를 사용해 저장한 파일을 엽니다. 왼쪽에 파일 앞에서부터의 위치, 중간에 바이트열, 오른쪽에 ASCII 프리뷰가 출력되는 것은 `hexdump` 명령어와 같습니다(그림 3.11).

바이트열 또는 ASCII 프리뷰의 일부를 드래그해서 선택하면 선택한 부분의 정보가 화면 아래에 출력됩니다. 예로 그림 3.11의 스크린샷을 보면 줄 바꿈 문자로 LF(0x0A)가 사용됐음을 알 수 있습니다.

0xed는 이 외에도 문자열 또는 바이트열 검색 기능을 가지고 있습니다. 잘 사용하면 문자 코드와 관련된 문제가 발생했을 때 문제를 쉽게 해결할 수 있습니다.

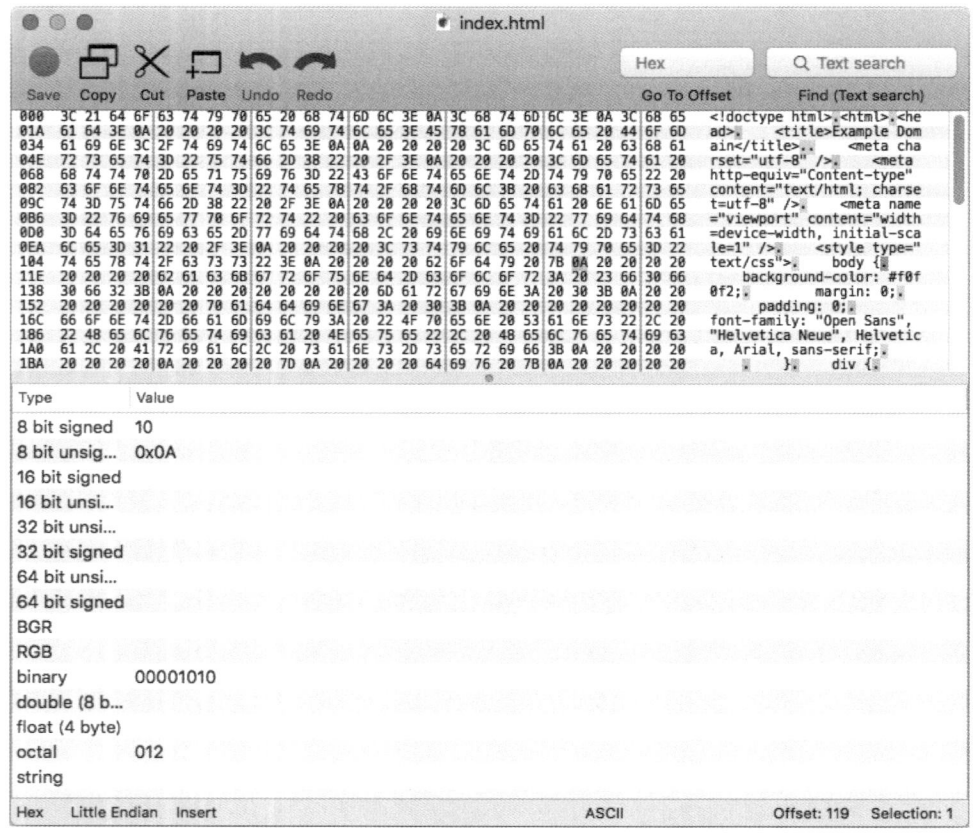

그림 3.11 0xed에서 파일 내부의 문자를 선택한 상태

## 3-7 문자 코드 추정하기

지금까지 문자 코드가 무엇이고 HTTP와 HTML로 문자 코드를 전달하는 방법 및 문자 코드와 관련된 문제를 살펴봤습니다. 크롤링 대상 웹 사이트가 적절한 문자 코드를 제공한다면 이러한 지식이 따로 없어도 아무 문제없이 크롤링/스크레이핑할 수 있습니다.

하지만 현실에는 적절하게 문자 코드를 제공하지 않는 웹 사이트가 꽤 많습니다. 웹 브라우저는 문자 코드 추정 기능을 탑재하고 있으므로 웹 사이트에서 적절한 문자 코드를 제공해주지 않아도 웹 페이지를 적절하게 출력합니다. 웹 브라우저에서는 웹 페이지를 정상적으로 출력하므로 크롤러를 만드는 동안 문자 깨짐이 발생했을 때 이러한 문제가 웹 사이트 쪽의 문제라는 것을 인지하기는 약간 힘들 수 있습니다.

특정 웹 사이트를 크롤링한다면 웹 사이트를 분석해서 알맞은 문자 코드를 설정하면 되겠지만, 불특정 다수의 웹 사이트를 크롤링한다면 각각 대응하기가 어렵습니다. 따라서 이번 절에서는 문자 코드 정보를 적절하게 제공받지 못한 경우, 문자 코드를 추정하는 방법을 살펴보겠습니다.

지금까지 본 것처럼 일반적으로 웹 콘텐츠를 제공하는 쪽에서 `Content-Type` 헤더 또는 `meta` 태그를 사용해 문자 코드를 제대로 명시해야 사용자 쪽에서 적절하게 콘텐츠를 볼 수 있습니다. 하지만 크롤링 대상 사이트에서 프로그램에 버그가 발생하거나 개발자의 실수로 적절한 문자 코드를 제공하지 못하는 경우도 꽤 있습니다. 코드 3.22와 코드 3.23은 실제로 접했던 대표적인 예입니다.

**코드 3.22** HTTP 응답

```
// HTTP 헤더에 부적절한 문자 코드 이름이 지정돼 있는 예
// 샘플 코드를 붙여넣어 만들었는지 '문자 코드"라는 문자열이
// URL 인코드된 charset 매개 변수에 지정돼 있음
Content-Type: text/html;charset=%3B%38%C7%90%20%CF%54%B4%DC
```

**코드 3.23** HTML 내부의 meta 태그

```
<!--
HTML에 부적절한 문자 코드 이름이 지정된 예
프로그램 실수인지 None이라는 문자열이 들어 있음
-->
<meta charset="None">
```

HTTP 응답의 `Content-Type` 헤더 또는 HTML 내부의 `meta` 태그를 기반으로 문자 코드를 추출할 수 없는 경우와 문자 코드가 제대로 지정돼 있지 않은 경우에는 응답 바디의 바이트열을 기반으로 문자 코드를 판별해야 합니다.

자바에서 문자 코드를 판별할 때 사용하는 대표적인 라이브러리로는 juniversalchardet와 ICU4J가 있습니다.

## juniversalchardet

https://code.google.com/archive/p/juniversalchardet/

juniversalchardet는 모질라에서 만든 문자 코드 판별 라이브러리인 universalchardet를 자바에 이식한 것으로, 굉장히 사용하기 쉬운 API를 가지고 있는 것이 특징입니다. UTF-8은 물론이고 EUC-KR 등의 한국어 문자 코드도 판별해줍니다.

코드 3.24는 juniversalchardet를 사용해 문자 코드를 판별하는 예제입니다.

**코드 3.24** juniversalchardet를 사용해 문자 코드 판별하기

```
/**
 * InputStream 바이트열을 기반으로 문자 코드를 추출하는 메서드
 * @param in 문자 코드 추정에 사용할 InputStream
 * @return 추정된 문자 코드 이름
 * @throws IOException
 */
public static String detectCharsetName(InputStream in) throws IOException {
    UniversalDetector detector = new UniversalDetector(null);

    int mark;
    byte[] buf = new byte[1024];
    while ((mark = in.read(buf)) > 0 && !detector.isDone()) {
        detector.handleData(buf, 0, mark);
    }
    detector.dataEnd();

    return detector.getDetectedCharset();
}
```

이러한 메서드와 Jsoup를 조합하면 코드 3.25처럼 됩니다.

**코드 3.25** Jsoup와 조합해 사용하기

```
static Pattern charsetAttrPattern = Pattern.compile("(?i)\\bcharset=\\s*(?:\"|')?([^\\s,;\"']*)");
static Pattern charsetNamePattern = Pattern.compile("^[a-zA-Z0-9[^\\-+:_.]][a-zA-Z0-9\\-+:_.]+$");
```

```java
/**
 * 바이트열을 기반으로 문자 코드 이름 추정하기
 */
public static String detectCharsetName(byte[] bytes) throws IOException {
  InputStream in = new ByteArrayInputStream(bytes);
  UniversalDetector detector = new UniversalDetector(null);
  int mark;
  byte[] buf = new byte[1024];
  while ((mark = in.read(buf)) > 0 && !detector.isDone()) {
    detector.handleData(buf, 0, mark);
  }
  detector.dataEnd();
  return detector.getDetectedCharset();
}

/**
 * 전달된 문자 코드 이름이 문자 코드 이름으로 유효한지 확인하기
 */
public static Charset validateCharset(String charsetName) {
  Charset charset;
  if (charsetName != null) {
    // 전달된 문자열이 문자 코드 이름으로 유효한지,
    // 지원하는 문자 코드 이름인지 단정하기
    Matcher matcher = charsetNamePattern.matcher(charsetName);
    if (matcher.matches() && Charset.isSupported(charsetName)) {
      charset = Charset.forName(charsetName);
    } else {
      // 유효하지 않거나 지원하지 않는 경우는
      // 디폴트 문자 코드로 UTF-8 사용하기
      charset = StandardCharsets.UTF_8;
    }
  } else {
    // 문자 코드 이름이 null이라면 UTF-8 사용하기
    charset = StandardCharsets.UTF_8;
  }
  return charset;
}
```

```java
public static void main(String args[]) throws IOException {
  String url = "http://example.com";
  Connection.Response response = Jsoup.connect(url).execute();

  Document doc;
  String foundCharsetName = response.charset();

  if (foundCharsetName != null) {
    doc = response.parse();
  } else {
    Document tmpDoc = response.parse();
    Element meta = tmpDoc.select("meta[http-equiv=content-type], meta[charset]").first();
    if (meta != null) { // 문자 코드 정보를 포함한 요소가 있는 경우
                       // 해당 요소를 기반으로 문자 코드 추출하기
      if (meta.hasAttr("charset")) {
        foundCharsetName = meta.attr("charset");
      } else if (meta.hasAttr("http-equiv")) {
        Matcher m = charsetAttrPattern.matcher(meta.attr("content"));
        if (m.find()) {
          foundCharsetName = m.group(1).trim().replace("charset=", "");
        }
      }
    } else { // 문자 코드 정보를 포함한 요소가 없는 경우
            // 바이트열을 기반으로 문자 코드 추정하기
      foundCharsetName = detectCharsetName(response.bodyAsBytes());
    }
    Charset foundCharset = validateCharset(foundCharsetName);
    response.charset(foundCharset.name());
    doc = response.parse();
  }

  System.out.println(doc.body());
}
```

## ICU4J

http://site.icu-project.org/repository

IBM을 중심으로 개발된 국제화 대응 자바 라이브러리가 ICU4J입니다. ICU4J의 C/C++로 구현된 ICU4C는 2016년 구글 크롬의 문자 코드 판정 기능으로 사용되는 등 굉장히 널리 사용되고 있습니다. 문자 코드 판별 기능 이외에도 날짜, 시간, 화폐 단위의 형식을 읽어 들이는 등 다양한 기능을 제공합니다.

코드 3.26은 ICU4J를 사용해 문자 코드를 판정하는 예입니다.

**코드 3.26** ICU4J로 문자 코드를 판정하는 메서드

```java
/**
 * 바이트열을 기반으로 문자 코드 추정합니다. 추정 정밀도 점수가 50점 이상인 경우
 * 추정한 문자 코드 결과를 리턴합니다.
 * 추정할 수 없는 경우, 또는 정밀도 점수 50점 이상이 없는 경우는
 * 디폴트 문자 코드로 UTF-8을 리턴합니다.
 * @param in 문자 코드 추정에 사용할 바이트열
 * @return 추정한 문자 코드에 해당하는 Charset 객체
 */
public static Charset detectCharset(byte[] in) {
  CharsetDetector detector = new CharsetDetector();
  detector.setText(in);
  CharsetMatch result = detector.detect();

  if (result != null) {
    int confidence = result.getConfidence(); // 추정 정밀도(0~100) 추출하기
    String detectedCharsetName = result.getName();
    return (confidence >= 50) ? Charset.forName(detectedCharsetName) : StandardCharsets.UTF_8;
  } else {
    return StandardCharsets.UTF_8;
  }
}
```

## 자바 외 언어의 라이브러리

juniversalchardet과 ICU4J는 자바를 위한 라이브러리입니다. 그 외의 언어에는 표 3.7과 같은 라이브러리가 있습니다.

표 3.7 다른 언어의 juniversalchardet과 ICU4J 구현

|  | 이름(언어) | 링크 |
| --- | --- | --- |
| juniversalchardet 계열 | rchardet(루비) | https://github.com/jmhodges/rchardet |
|  | chardet(파이썬) | https://github.com/chardet/chardet |
|  | JsChardet(Node.js) | https://github.com/aadsm/jschardet |
| ICU 계열 | ICU4R(루비) | https://github.com/jchris/icu4r |
|  | pyICU(파이썬) | https://github.com/ovalhub/pyicu |
|  | chardet(Node.js) | https://github.com/runk/node-chardet |

juniversalchardet과 ICU4J처럼 바이트열의 특징을 기반으로 문자 코드를 추정하는 라이브러리는 주어진 바이트열의 길이에 따라 판정 정밀도가 변하기도 합니다. 주어진 바이트열이 너무 짧으면 정밀도가 낮게 나올 수밖에 없으므로 충분한 양의 바이트열을 전달해 문자 코드를 판정하게 합니다.

또한 이러한 문자 코드 추정 라이브러리는 라이브러리가 지원하지 않는 문자 코드는 판정하지 못합니다. 예를 들어 juniversalchardet은 다음과 같은 알고리즘을 사용해 문자 코드를 판정합니다.

- 앞의 4바이트에 BOM이 있는지 확인하고 이를 통해 확정할 수 있는 문자 코드가 있다면 곧바로 판정을 종료한다.
- BOM으로 판정되지 않으면 앞부터 차근차근 바이트열을 읽고 여러 문자 코드 판정기를 사용해 문자 코드를 판정한다.
- 95% 이상의 정확도에 해당하는 문자 코드가 있다면 해당 문자 코드로 판정한다.
- 바이트열을 끝까지 확인했을 때 정확도 20% 이상의 문자 코드가 있다면 그중에서 가장 정확도가 높은 문자 코드로 판정한다.
- 20% 이상의 정확도를 내는 문자 코드가 없다면 null을 리턴한다.

이전에 언급했던 것처럼 라이브러리가 지원하지 않는 문자 코드는 판정할 수 없으므로 라이브러리의 문서를 확인해서 어떤 문자 코드를 지원하는지 꼭 살펴보기 바랍니다.

또한 특이한 문자 코드를 지원하더라도 문서에 해당 문자 코드의 출현 비율이 적다면 다른 문자 코드로 판별될 가능성이 높습니다.

> memo ▶ **크롤러, 문자 코드, 프로그래밍 언어**
>
> 크롤러는 어떤 프로그래밍 언어로 작성해야 좋을까요? 개인적으로 "해당 프로그래밍 언어가 크롤링 대상 사이트의 문자 코드를 지원하는가"가 꽤 중요한 문제라고 생각합니다.
>
> 크롤링 대상 사이트가 영어권 사이트라면 어떤 프로그래밍 언어를 사용해도 문제가 없습니다. 하지만 유럽, 아시아와 같은 비영어권 사이트이거나 굉장히 오래전에 만들어진 사이트라면 프로그래밍 언어가 해당 문자 코드를 지원하지 않을 수도 있습니다. 예를 들어 비교적 최근 프로그래밍 언어(플랫폼)라고 할 수 있는 Node.js는 EUC-KR을 지원하지 않습니다. 따라서 EJC-KR로 작성된 사이트를 크롤링하려면 외부 라이브러리를 따로 사용해 문자 코드를 변환해야 합니다.
>
> 다양한 프로그래밍 언어가 어떤 문자 코드를 지원하는지는 표 3.A의 문서를 참고하세요.
>
> 표 3.A 주요 프로그래밍 언어의 문자 코드 지원
>
> | 언어 | 문서 항목 | 참고 |
> |---|---|---|
> | 자바 | Supported Encodings | https://docs.oracle.com/javase/8/docs/technotes/guides/intl/encoding.doc.html |
> | 파이썬 | 7.2.3. Standard Encodings | https://docs.python.org/3/library/codecs.html |
> | 고 | package encoding | https://godoc.org/golang.org/x/text/encoding#pkg-subdirectories |
> | PHP | Supported Character Encodings | http://php.net/manual/en/mbstring.supported-encodings.php |
> | Node.js | Buffers and Character Encodings | https://nodes.org/api/buffer.html#buffer_buffer |

## 3-8 정리

이번 장에서는 문자 코드와 관련된 기본적인 내용과 크롤링/인덱싱 시 문자 코드와 관련해 일어날 수 있는 문제를 피하려면 어떻게 해야 하는지를 살펴봤습니다.

문자 깨짐은 텍스트와 바이트열 변환이 일어나는 위치, 클라이언트와 서버 사이에서 발생하는 통신, 파일 읽기, 데이터베이스와 프로그램 사이의 입출력처럼 모든 "경계" 부분에서 발생할 수 있는 문제입니다. 이러한 경계에서 어떤 형태로 변환이 일어나는지를 인식해야 문자 깨짐을 막을 수 있습니다.

또한 "함정"으로 소개했던 것처럼 문자 코드와 관련해 예상치 못한 문제와 만나게 될 수도 있습니다. 그 내용을 조금이라도 기억해두면 이후 만났을 때 쉽게 해결할 수 있을 것입니다.

문자 깨짐은 다루기가 굉장히 귀찮고 역사적으로 복잡한 사양을 가지고 있어 피하기 힘든 주제입니다. 하지만 한국과 같은 멀티 바이트 문자 권에서 태어나 일하는 개발자라면 어쩔 수 없이 부딪쳐야 합니다. 두려워하지 말고 차근차근 해결할 수 있게 노력합시다.

# CHAPTER 4

# 스크레이핑 테크닉

**4-1** HTML에서 데이터 추출하기
**4-2** CSS 선택자 사용하기
**4-3** 스크레이핑한 데이터 가공하기
**4-4** 메타 데이터 활용하기
**4-5** 정리

크롤링한 HTML로부터 필요한 정보를 추출하는 것을 "스크레이핑"이라고 합니다.

예를 들어 온라인 쇼핑 사이트를 크롤링해서 상품 정보를 수집하는 크롤러의 경우, 상품 페이지의 HTML로부터 상품 이름, 가격 등의 정보를 추출해야 합니다. 웹 사이트는 구조가 변경되는 경우도 있어 어느 날 갑자기 데이터를 추출할 수 없게 되는 경우도 있습니다. 따라서 특정 웹 사이트에서 정보를 지속해서 추출한다면 웹 사이트의 구조 변경에 어느 정도 유연하게 대응할 수 있게 스크레이핑해야 합니다.

한편 추출한 정보를 그대로 활용할 수 있는 경우는 거의 없습니다. 추출한 정보에서 필요 없는 부분을 제거하고 사용하기 쉬운 형태로 가공하는 작업이 필요합니다.

이번 장에서는 HTML에서 필요한 정보를 스크레이핑할 때 사용할 수 있는 테크닉을 설명합니다.

## 4-1 HTML에서 데이터 추출하기

HTML에서 데이터를 추출하는 방법은 굉장히 많습니다. 이번 절에서는 대표적인 몇 가지 방법을 소개합니다.

 **정규 표현식**

HTML도 단순한 문자열이므로 특정 위치를 추출할 때 정규 표현을 사용할 수 있습니다. 예를 들어 다음과 같은 정규 표현을 사용하면 HTML 내부에 있는 모든 a 태그를 추출할 수 있습니다.

```
<a.*>.*?</a>
```

자바는 `java.util.regex.Pattern` 클래스로 정규 표현식을 사용할 수 있습니다(코드 4.1).

**코드 4.1** 정규 표현식으로 HTML 내부의 모든 a 태그 추출하기

```
String html = ...

// a 태그를 추출하기 위한 정규 표현
Pattern regex = Pattern.compile("<a.*>.*?</a>");
// Matcher 객체 생성하기
Matcher matcher = regex.matcher(html);
// 정규 표현식에 일치하는 부분은 콘솔에 출력하기
while(matcher.find()){
  System.out.println(matcher.group());
}
```

다만 HTML에서 특정 요소를 추출할 때는 일반적으로 뒤에서 설명하는 XPath와 CSS 선택자를 사용하는 것이 훨씬 쉽습니다.

따라서 HTML에서의 스크레이핑을 정규 표현식만으로 하는 경우는 거의 없습니다. 하지만 XPath와 CSS 선택자를 사용해 추출한 요소 내부에서 원하는 텍스트 부분을 추출하는 경우에는 정규 표현식을 많이 사용하므로 기억하기 바랍니다.[1]

 **XPath**

XPath는 XML의 특정 요소를 추출하기 위한 쿼리를 의미합니다. XML의 계층 구조를 경로로 표현해 추출할 요소를 지정할 때 사용합니다. 예를 들어 다음과 같은 XML이 있다고 합시다.

```
<?xml version="1.0"?>
<books>
  <book>
    <title>크롤링</title>
    <publisher>위키북스</publisher>
  </book>
  ...
</books>
```

---

[1] 이와 관련된 내용은 4-3 "스크레이핑한 데이터 가공하기"(137쪽)에서 자세하게 다룹니다.

이러한 XML에서 타이틀이 "크롤링"인 책을 낸 출판사를 추출한다면 다음과 같은 XPath를 사용합니다.

```
/books/book[title/text()='크롤링']/publisher
```

XPath는 굉장히 많은 XML 처리 전용 라이브러리에서 지원하며 자바의 경우 표준 API로도 지원합니다(코드 4.2).

**코드 4.2** XPath로 스크레이핑하기

```
// XML 파일을 읽어 들입니다.
DocumentBuilderFactory documentBuilderFactory = DocumentBuilderFactory.newInstance();
DocumentBuilder documentBuilder = documentBuilderFactory.newDocumentBuilder();
Document doc = documentBuilder.parse(new File("books.xml"));

// XPath 사용 준비를 합니다.
XPathFactory xpathFactory = XPathFactory.newInstance();
XPath xpath = xpathFactory.newXPath();

// publisher 요소를 추출하기 위한 XPath를 생성합니다.
XPathExpression expr = xpath.compile("/books/book[title/text()='크롤링']/publisher");

// publisher 요소를 추출하고 콘솔에 출력합니다.
Object result = expr.evaluate(doc, XPathConstants.NODE);
Element element = (Element) result;
System.out.println(element.getTextContent());
```

표 4.1에 사용 빈도가 높은 XPath 작성 방법을 정리했습니다.

**표 4.1** 사용 빈도가 높은 XPath

| XPath의 예 | 설명 |
| --- | --- |
| book | 현재 노드 내부의 book 요소 |
| ./book | 현재 노드 바로 아래의 book 요소 |
| /book | 루트 바로 아래의 book 요소 |
| //book | 모든 book 요소 |
| book/* | book 요소 바로 아래의 모든 노드 |
| book/@title | book 요소의 title 속성 |

| XPath의 예 | 설명 |
| --- | --- |
| book[@title='크롤링'] | title 속성이 "크롤링"인 book 요소 |
| book[title/text()='크롤링'] | 바로 아래의 title 요소 텍스트가 "크롤링"인 book 요소 |

> **memo** HTML을 XML로 변환하기
>
> XHTML(XML 구문 형식으로 작성한 HTML)은 앞에서 다룬 XPath를 사용해 쉽게 스크레이핑할 수 있습니다. 하지만 일반적인 HTML은 닫는 태그를 사용하지 않는 태그가 포함돼 있어[2] XPath를 사용해 검색할 수 없습니다. 이러한 경우 HTML을 XML로 변환하는 라이브러리를 사용해 미리 전처리를 해두면 XPath를 사용할 수 있습니다. 그럼 간단하게 TagSoup라는 자바 라이브러리에 대해 살펴봅시다.
>
> TagSoup를 사용하려면 `pom.xml`에 코드 4.3처럼 의존 관계를 추가합니다. 참고로 1장에서 소개한 crawler4j를 사용하는 경우, crawler4j가 TagSoup에 의존 관계를 가지고 있으므로 따로 추가하지 않아도 TagSoup를 사용할 수 있습니다.
>
> **코드 4.3** pom.xml에 TagSoup 의존 관계 추가하기
>
> ```
> <dependency>
>   <groupId>org.ccil.cowan.tagsoup</groupId>
>   <artifactId>tagsoup</artifactId>
>   <version>1.2.1</version>
> </dependency>
> ```
>
> HTML을 XML로 변환하는 프로그램은 코드 4.4와 같습니다. 이러한 XML을 DOM 파서로 파싱하면 `Document` 객체를 생성할 수 있습니다.
>
> **코드 4.4** HTML을 XML로 변환하기
>
> ```
> StringWriter out = new StringWriter();
>
> // HTML 파일을 읽어 들인 뒤 XML로 변환하기
> Parser parser = new Parser();
> parser.setContentHandler(new XMLWriter(out));
> parser.parse(new InputSource(new FileInputStream("test.html")));
>
> // 변환 후의 XML을 문자열로 추출하기
> String xml = out.toString();
> ```

---

[2] 예） ⟨img⟩, ⟨hr⟩, ⟨br⟩ 태그는 닫는 태그를 사용하지 않아도 괜찮습니다.

## CSS 선택자

CSS란 Cascading Style Sheets(캐스케이딩 스타일 시트)의 약자로 HTML, XHTML, XML과 같은 마크업 문서의 외관을 표현할 때 사용하는 형식입니다. HTML은 문서의 구조를 표현할 때 사용하는 것이고 CSS는 그러한 문서의 외관을 표현할 때 사용하는 것이라고 구분하면 좋습니다. 1996년에 W3C에서 CSS1.0이 권고된 이후 현재는 CSS3까지 권고된 상태입니다.

CSS 선택자는 CSS를 작성할 때 외관을 지정할 요소를 선택할 때 사용하는 구문입니다. 다음과 같은 CSS가 있다고 할 때 h1과 div.content 부분이 CSS 선택자입니다.

```
h1 {
  font-size: 180%;
  color: red;
}

div.content {
  padding: 10px;
  color: gray;
}
```

CSS 선택자는 a처럼 단순하게 요소를 선택하는 것도 있고, div > a(div 요소 바로 아래에 있는 a 요소)처럼 부모 자식 관계를 선택하는 것도 있습니다. 굉장히 다양한 선택자가 있는데, 사용 빈도가 높은 CSS 선택자를 정리하면 표 4.2와 같습니다.

표 4.2 사용 빈도가 높은 CSS 선택자

- 기본적인 선택자

| 선택자 | 설명 | 예 |
| --- | --- | --- |
| * | 모든 요소를 선택합니다. 전체 선택자, 유니버설 선택자라고도 합니다. 참고로 #id, *:not(selector)는 :not(selector)와 같은 의미입니다. | *:not(.detail-a) |
| E | 요소를 나타냅니다. | div |
| #id | id 속성을 지정합니다. | #content |
| .class | class 속성을 지정합니다. .contents.detail-a처럼 결합하면 여러 개의 class 속성을 지정할 수 있습니다. | .article |

■ 결합자

| 선택자 | 설명 | 예 |
| --- | --- | --- |
| E F | E의 후손에 있는 F를 나타냅니다. | div.labels span |
| E > F | E의 자식에 있는 F를 나타냅니다. | ul#contents-list > li |
| E + F | E와 이웃한 F를 나타냅니다. | li.active + li |
| E ~ F | E 뒤에 있는 F를 나타냅니다. | h1 ~ div |

■ 속성 선택자

| 선택자 | 설명 | 예 |
| --- | --- | --- |
| E[foo] | foo라는 속성을 가진 요소를 나타냅니다. | div[data-id] |
| E[foo="bar"] | foo의 값이 bar인 요소를 나타냅니다. | div[class="contents"] |
| E[foo~="bar"] | foo의 값 중의 하나가 bar인 것을 나타냅니다. Jsoup에서는 정규 표현식도 지정할 수 있습니다. | div[class~="detail-a"] |
| E[foo^="bar"] | foo의 값이 bar로 시작하는 것을 나타냅니다. | div[class^="detail-"] |
| E[foo$="bar"] | foo의 값이 bar로 끝나는 것을 나타냅니다. | img[src$=".png"] |
| E[foo*="bar"] | foo의 값에 bar라는 문자열이 포함된 요소를 나타냅니다. | a[href*="/contents/"] |
| E[foo\|="en"] | foo의 값을 하이픈으로 구분했을 때 앞의 문자가 en인 요소를 나타냅니다. Jsoup에서는 사용할 수 없습니다. | link[hreflang\|="en"] |

■ 유사 클래스 선택자

| 선택자 | 설명 | 예 |
| --- | --- | --- |
| :not(selector) | 지정한 선택자가 아닌 요소를 나타냅니다. 부정 유사 클래스라고 부릅니다. | li:not(.ad) |

■ Jsoup에서 추가로 사용할 수 있는 유사 클래스 선택자

| 선택자 | 설명 | 예 |
| --- | --- | --- |
| :lt(n) | 형제 관계에 있는 요소 중에 시작 지점으로부터 n번째 요소보다 앞에 있는 요소를 나타냅니다. | li:lt(2) |
| :gt(n) | 형제 관계에 있는 요소 중에 시작 지점으로부터 n번째 요소보다 뒤에 있는 요소를 나타냅니다. | li:gt(2) |
| :eq(n) | 형제 관계에 있는 요소 중에 시작 지점으로부터 n번째에 있는 요소를 나타냅니다. | li:eq(0) |

| 선택자 | 설명 | 예 |
| --- | --- | --- |
| :has(selector) | 특정 선택자를 가지고 있는 요소를 나타냅니다. | li:has(a) |
| :contains(text) | 특정 문자열을 가지고 있는 요소를 나타냅니다. | th:contains(날짜) |
| :matches(regex) | 특정 정규 표현식에 일치하는 문자열을 가진 요소를 나타냅니다. | th:matches(^날짜$) |
| :containsOwn(text) | 특정 문자열을 가지고 있는 요소를 나타냅니다. 이때 문자열이 자기 자신에게 포함돼 있어야 합니다. | :containsOwn(색상) |
| :matchesOwn(regex) | 특정 문자열을 가지고 있는 요소를 나타냅니다. 이때 문자열이 자기 자신에게 포함돼 있어야 합니다. | :matchesOwn(^색상$) |
| :containsData(data) | 특정 데이터를 가지고 있는 요소를 나타냅니다. 특정 데이터를 가진 〈script〉 또는 〈style〉 요소를 검색할 때 사용합니다. | script:contains(jsoup) |
| E[^foo] | foo로 시작하는 속성을 가진 요소를 나타냅니다. HTML의 data 속성을 나타낼 때 사용합니다. | div[^data-] |

> **memo** 유사 클래스 선택자
>
> 유사 클래스 선택자를 사용하면 문서 트리 외부에 의존하는 정보 또는 하나의 선택자로 표현할 수 없는 상태를 표현할 수 있습니다. :(콜론) 뒤에 유사 클래스 이름과 옵션을 붙여 사용합니다.

이 책에서 사용하는 Jsoup를 포함해 스크레이핑 전용 라이브러리 대부분은 CSS 선택자를 사용해 HTML 문서 내부의 특정 요소를 추출하는 기능을 제공합니다. 이것이 스크레이핑할 때 거의 표준으로 사용되는 방법이라고 생각해도 됩니다. 이번 장의 나머지 부분에서는 CSS 선택자를 사용한 스크레이핑 방법을 자세하게 살펴보겠습니다.

> **memo** Jsoup에서 사용할 수 있는 CSS 선택자
>
> Jsoup는 표준 CSS 사양에서 정의하지 않은 독자적인 CSS 선택자도 제공합니다. 일부 선택자는 표준 CSS 사양에서 정의하지 않은 사양을 지원하는 경우도 있습니다. 예를 들어 속성 선택자는 표준 사양에서는 반드시 "(큰따옴표)로 감싸야 하지만 Jsoup는 이와 관계없이 동작합니다.
>
> CSS 표준 사양
> ```
> div[class="contents"]
> ```

Jsoup의 경우 다음과 같은 작성도 허용

```
div[class=contents]
```

또한 jsoup를 사용하면 `E[foc~=bar]`에서 값을 정규 표현식으로 지정할 수도 있습니다.[3]

Jsoup 선택자를 사용할 때 어떤 요소가 추출되는지 간단하게 확인할 수 있게 "Try jsoup"라는 온라인 도구가 제공됩니다(그림 4.1). 이 도구를 사용하면 임의의 HTML을 대상으로 Jsoup의 CSS 선택자가 어떻게 동작하는지 테스트할 수 있습니다. 스크레이핑에 Jsoup를 사용한다면 꼭 활용하기 바랍니다.

- Try jsoup

    https://try.jsoup.org/

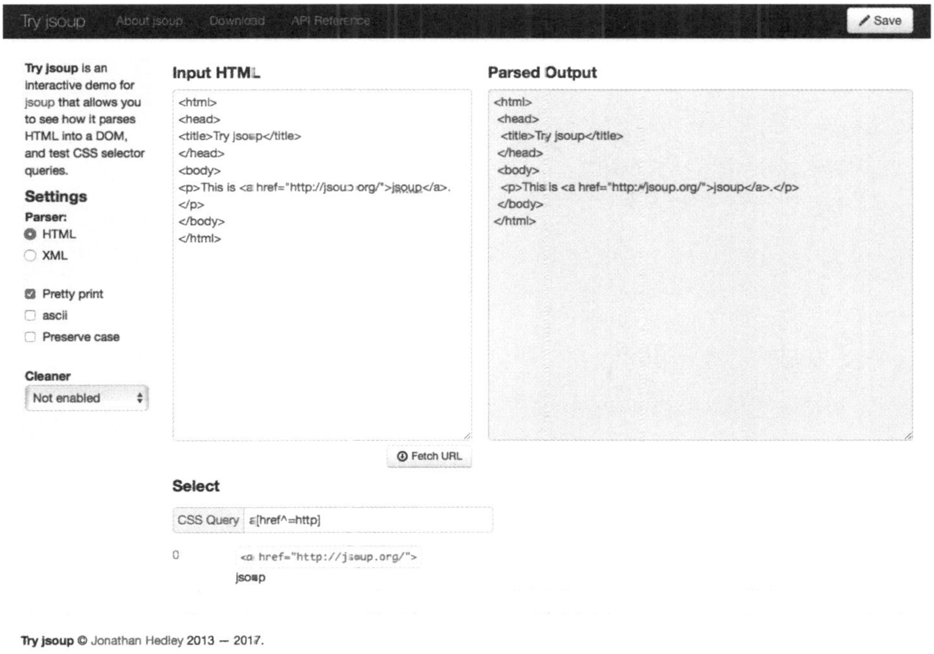

그림 4.1 Try jsoup

---

[3] 122쪽의 표 4.2 "사용 빈도가 높은 CSS 선택자"를 참고하세요.

## HTML 이외의 데이터

지금까지 HTML에서 데이터를 추출하는 방법을 살펴봤습니다. 하지만 인터넷에는 HTML 외에도 다양한 형식의 파일이 공개돼 있으며 크롤러로 이러한 파일에서 텍스트를 추출할 수도 있습니다. 이러한 경우 "Apache Tika"라는 라이브러리를 사용하면 편리합니다. Apache Tika를 사용하면 다양한 파일 형식에서 데이터를 추출할 수 있습니다.

- Apache Tika
  https://tika.apache.org/

Tika를 사용하려면 `pom.xml`에 코드 4.5의 의존 관계를 추가합니다.

**코드 4.5** pom.xml에 Apache Tika의 의존 관계 추가하기

```xml
<dependency>
  <groupId>org.apache.tika</groupId>
  <artifactId>tika-parsers</artifactId>
  <version>1.14</version>
</dependency>
```

코드 4.6은 간단한 사용 예입니다. 이 예에서는 PDF 파일에서 텍스트를 추출했지만, Tika를 사용하면 비슷한 방법으로 PDF 파일 외에서도 텍스트를 추출할 수 있습니다.

**코드 4.6** Apache Tika로 PDF 파일에서 텍스트 추출하기

```java
// Tika 사용 준비하기
Tika tika = new Tika();

// PDF 파일에서 텍스트를 추출해 콘솔에 출력하기
String result = tika.parseToString(new File("sample.pdf"));
System.out.println(result);
```

# 4-2 CSS 선택자 사용하기

HTML을 스크레이핑할 때는 CSS 선택자를 사용하는 경우가 많습니다. 그런데 CSS 선택자도 "좋은 작성 방법"과 "나쁜 작성 방법"이 있습니다. "좋은 작성 방법"으로 작성한 선택자란 목적으로 하는 요소를 추출할 수 있게 하는 것은 물론이고 웹 사이트의 사양이 바뀌어도 영향을 거의 받지 않는 선택자를 의미합니다.

일반적으로 요소를 유일하게 식별할 수 있는 id 속성과 class 속성이 있다면 이를 활용하면 됩니다. 하지만 모든 요소에 이름을 붙여서 만들지는 않습니다. 추출하고 싶은 요소에 id 속성과 class 속성이 붙어있지 않은 경우도 있고 이러한 속성이 제대로 지정되지 않은 경우도 있습니다.

이러한 경우에도 적절하게 스크레이핑할 수 있는 방법을 살펴봅시다.

### 지정한 위치의 요소 추출하기 - nth-child()

CSS 선택자 중에는 몇 번째 요소인지를 나타내는 nth-child()라는 선택자가 있습니다. 특정한 요소를 추출할 때 활용할 수 있는 굉장히 편리한 선택자이지만, 웹 사이트의 사양 변경과 배치 차이에 영향을 받기 쉽다는 단점이 있습니다.

예를 들어 다음과 같은 HTML의 경우,

```
<table>
  <tbody>
    <tr>
      <th>이름</th>
      <td>가방</td>
    </tr>
    <tr>
      <th>가격</th>    ←── 가격이라는 제목이 두 번째에 있음
      <td>98000원</td>
```

```
    </tr>
  </tbody>
</table>
```

"가격"의 값 "98000원"을 다음과 같은 선택자로 추출할 수 있습니다.

```
tr:nth-child(2) th + td
```

하지만 같은 웹 사이트의 다른 페이지에는 "가격"이 다른 위치에 있을 수도 있습니다.

```
<table>
  <tbody>
    <tr>
      <th>이름</th>
      <td>플레어 스커트</td>
    </tr>
    <tr>
      <th>색</th>
      <td>흰색</td>
    </tr>
    <tr>
      <th>가격</th>          ← "가격"이 세 번째에 있습니다.
      <td>30000원</td>
    </tr>
  </tbody>
</table>
```

이러한 경우 **tr:nth-child(2) th + td**라고 설정한 선택자는 "색"의 값 "흰색"을 추출합니다.

이렇게 **nth-child()**와 **nth-of-type()**처럼 요소의 출현 위치에 의존하는 선택자는 HTML의 미세한 구조 차이와 변화에 따라 큰 영향을 받으므로 주의해야 합니다. 따라서 이 방법은 원하는 요소를 추출할 다른 수단이 없을 때 사용할 마지막 무기라고 생각하는 것이 좋습니다.

## 텍스트 노드를 문자열로 검색하기 – contains()

추출하고 싶은 요소에 `id` 속성 또는 `class` 속성이 설정돼 있지 않고 `nth-child()`를 사용하기도 싫다면 선택자를 어떻게 사용하는 것이 좋을까요? Jsoup에는 `contains()` 유사 클래스라는 "텍스트 노드에 포함된 특정 문자열로 요소를 검색하는 기능"이 있습니다.

예를 들어 다음과 같은 HTML이 있을 때

```html
<table>
  <tbody>
    <tr>
      <th>이름</th>
      <td>가방</td>
    </tr>
    <tr>
      <th>가격</th>
      <td>98000원</td>
    </tr>
  </tbody>
</table>
```

"가격"의 값 "98000원"을 다음과 같은 선택자로 추출할 수 있습니다.

```
th:contains(가격) + td
```

W3C의 Selectors Level 3 초안에는 원래 `contains()` 유사 클래스가 있었지만, 실제 권고에는 포함되지 않았습니다. 따라서 이를 지원하는 브라우저는 존재하지 않습니다. 하지만 Jsoup와 파이썬의 Scrapy 같은 스크레이핑 전용 라이브러리에서는 많이 지원합니다. 굉장히 편리한 선택자이므로 라이브러리를 검토할 때 이러한 기능을 지원하는지 확인해 보는 게 좋습니다.

 ## 텍스트 노드를 정규 표현식으로 검색하기 – matched()

Jsoup에서 사용할 수 있는 `matches()` 유사 클래스는 "정규 표현식과 일치하는 문자열을 포함하는 요소"를 추출할 때 사용하는 기능입니다. 정규 표현식을 사용하므로 `contains()` 유사 클래스 선택자보다도 유연하게 원하는 요소를 선택할 수 있습니다.

예를 들어 웹 사이트 내부에서 같은 의미를 나타내는 항목의 제목이 다른 경우가 있습니다.

```
<tr>
    <th>가격</th>        ← 제목이 "가격"
    <td>98000원</td>
</tr>
```

```
<tr>
    <th>판매가</th>       ← 제목이 "판매가"
    <td>98000원</td>
</tr>
```

이처럼 HTML에서 판매 가격을 나타내는 제목으로 "가격"과 "판매가"가 모두 있을 때 `matches()` 유사 클래스를 사용하면 다음과 같이 하나의 선택자로 두 가지를 모두 선택할 수 있습니다.

```
th:matches(가격|판매가) + td
```

`matches()` 유사 클래스를 사용하면 더욱 정확하게 요소를 추출할 수 있습니다.

```
<tr>
    <td>가격</td>
    <td>98000원</td>
    <td><a href="http://example.com">주문하기</a></td>
</tr>
```

가령 이와 같은 HTML이 있을 때 가격의 값("98000원")을 추출하려면 `contains()` 유사 클래스를 사용해 다음과 같은 선택자를 작성합니다.

```
td:contains(가격) + td
```

하지만 다음과 같이 "가격"이라는 문장이 가격의 값을 포함하는 `td` 요소에 포함돼 있을 경우, 위의 선택자로는 "주문하기"라는 요소가 추출됩니다.

```
<tr>
    <td>가격</td>
    <td>88000원(가격 조정 가능)</td>
    <td><a href="http://example.com">주문하기</a></td>
</tr>
```

이러한 경우에는 `matches()` 유사 클래스를 사용해 다음과 같이 작성하면 "가격"과 완전히 일치하는 요소를 추출할 수 있습니다.

```
td:matches(^가격$) + td
```

 ## 자식 요소를 제외하고 검색하기 – containsOwn()과 matchesOwn()

`contains()` 유사 클래스 선택자와 `matches()` 유사 클래스는 지정한 요소의 자식 요소까지 모두 검색 대상으로 합니다. 따라서 다음과 같은 HTML에서 "색"이라는 값을 추출하고자 `td:contains(색) + td`로 선택자를 작성하면 `<td>붉은색<span>※색 견본 있음</span></td>`와 `<td>10000원</td>`가 모두 선택됩니다.

```
<tr>
  <td>색</td>
  <td>붉은색<span>※색 견본 있음</span></td>
  <td>10000원</td>
</tr>
```

이와 다르게 `containsOwn()` 유사 클래스와 `matchesOwn()` 유사 클래스는 자식 요소에 포함된 문자열을 검색 대상으로 삼지 않습니다. 따라서 이러한 HTML에 다음과 같은 선택자를 사용하면 `<td>붉은색<span>※색 견본 있음</span></td>`만 추출할 수 있습니다.

```
td:containsOwn(색) + td
```

 ## 속성으로 검색하기

### 속성의 존재 여부로 검색하기

웹 사이트에 따라 `id` 속성과 `class` 속성이 지정돼 있지 않고 `contains()` 유사 클래스와 `matches()` 유사 클래스를 사용해 지정할 수 있는 제목도 없는 경우가 있습니다. 이러한 때는 조금 귀찮지만 해당 요소를 구분할 때 사용할 수 있는 속성을 찾고 "속성 선택자"를 활용하면 됩니다.

"속성 선택자"는 "특정 속성을 가진 요소"를 선택할 때 사용합니다.

```
<h1>한강 벚꽃 축제</h1>
<div>
  <p>2017년 04월 20일</p>
  <p style="font-size: 12px;">2017년 04월 20일부터 한강에서 벚꽃 축제가 열렸습니다....</p>
</div>
```

가령 이와 같은 HTML에서 "2017년 04월 20일부터 한강에서 벚꽃 축제가 열렸습니다"로 시작하는 기사 문장을 추출한다면 다음과 같이 선택자를 작성합니다.

```
p[style]
```

사실 이 선택자는 잘못된 요소를 선택할 가능성도 높으므로 추천하지 않습니다. 하지만 오래된 웹 사이트는 HTML 마크업이 제대로 돼 있지 않아 이러한 방법으로 스크레이핑할 수밖에 없는 경우도 있습니다.

이러한 웹 사이트와 다르게 Schema.org의 Microdata 등 구조화 데이터를 사용한 SEO 대책을 적용한 웹 사이트라면 속성을 활용해 데이터가 무엇을 의미하는지 확인할 수 있으므로 "속성 선택자"를 적극적으로 사용해 스크레이핑합시다.[4]

Microdata의 사용 예
```
<div itemscope itemtype="http://schema.org/Article" itemprop="mainEntity">
  <h1 itemprop="headline">한강 벚꽃 축제</h1>
  <p itemprop="datePublished">2017/04/10</p>
  <p itemprop="articleBody">2017년 04월 20일부터 한강에서 벚꽃 축제가 열렸습니다....</p>
</div>
```

## 속성값 검색하기

속성 선택자는 속성이 있고 없고는 물론이고, 속성의 값을 지정해 요소를 선택할 수도 있습니다.

```
<h1 itemprop="headline">한강 벚꽃 축제</h1>
```

---

[4] Microdata와 관련된 내용은 4-4 "메타데이터 활용하기"의 "Microdata"(151쪽)에서 자세하게 설명합니다.

```
h1[itemprop="headline"]
```

추가로 여러 개의 속성값을 설정할 수도 있습니다.

```
<h1 class="title" itemprop="headline">한강 벚꽃 축제</h1>
```

```
h1[class="title"][itemprop="headline"]
```

속성값이 여러 개 있는 경우, 다음과 같이 ~=를 사용합니다. 이 예의 선택자는 class 속성을 공백으로 자른 값 중에 main이 있는 경우에 선택합니다.

```
<h1 class="title main" itemprop="headline">한강 벚꽃 축제</h1>
```

```
h1[class ~="main"]
```

> **memo** Jsoup에서 ~= 선택자를 사용하는 경우
>
> Jsoup에서 ~=를 사용할 때는 속성값 부분이 정규 표현식으로 지정됩니다.
>
> ```
> 
>   <img src="img/large-image-1111.png">
>   <img src="img/small-image-1111.png">
>   <img src="img/large-image-1112.png">
>   <img src="img/small-image-1112.png">
>   <img src="img/icon.png">
> 
> ```
>
> 가령 이와 같은 HTML에서 **large-image**, **small-image**로 시작하는 이미지 이름을 가진 **img** 요소를 추출한다면 다음과 같은 선택자를 사용합니다.
>
> ```
> img[src~=img/(large|small)-image-[0-9]+.png]
> ```

### 속성값의 일부로 검색하기

CSS3부터 속성값의 일부로 요소를 선택할 수 있는 "부분 일치 속성 선택자"가 추가됐습니다. 부분 일치 속성 선택자를 사용하면 더 자세하게 조건을 설정할 수 있습니다.

### 전방 일치 검색 – [attr^=val]

속성값이 **val**로 시작하는 요소를 선택합니다.

다음과 같은 HTML에서 채용 정보 페이지로 이동하기 위한 URL만 추출한다면 **href** 속성의 값이 **/job-detail**로 시작하는 요소만 선택하면 됩니다.

```
<a href="/job-detail.html?id=111">채용 정보</a>
<a href="/company-detail.html?id=111">기업 정보</a>
```

```
a[href^=/job-detail]
```

### 후방 일치 검색 – [attr$=val]

속성값이 **val**로 끝나는 요소를 선택합니다.

다음 코드는 **src** 속성의 값이 **.jpeg**로 끝나는 **img** 요소만 선택합니다.

```
<img src="image.png">
<img src="image.jpeg">
```

```
img[src$=.jpeg]
```

### 부분 일치 검색 – [attr*=val]

속성값에 **val**이 포함된 요소를 선택합니다.

다음 코드는 **src** 속성에 **image-A**라는 문자열이 포함된 **img** 요소를 선택합니다.

```
<img src="large-image-A.png">
<img src="large-image-B.png">
<img src="small-image-A.png">
<img src="small-image-B.png">
```

```
img[src*=image-A]
```

## 언어 코드로 검색하기 – [attr|=val]

속성값이 하이픈으로 구분된 값일 때, 하이픈 앞부분이 `val`과 일치하는 요소를 선택합니다. 주로 `hreflang` 속성과 `lang` 속성에 지정한 언어 코드를 찾을 때 사용하지만, 그 외의 속성에도 적용할 수 있습니다.

다음 코드는 `hreflang` 속성이 `en`으로 시작하는 `link` 요소를 선택할 수 있습니다.

```
<link rel="alternate" href="http://example.com/english/index.html" hreflang="en" />
<link rel="alternate" href="http://example.com/english-us/index.html" hreflang="en-us" />
<link rel="alternate" href="http://example.com/english-gb/index.html" hreflang="en-gb" />
```

```
link[hreflang|="en"]
```

참고로 Jsoup는 이 선택자를 지원하지 않습니다.

## 속성값에 특정 문자를 포함하지 않는 경우 검색하기

속성 부분 일치 검색을 부정 유사 클래스와 조합하면 속성값에 특정 문자를 포함하지 않는 요소를 선택할 수 있습니다.

예를 들어 다음과 같이 작성하면 `href` 속성값에 `^`를 포함하지 않는 `a` 요소를 선택합니다.

```
a:not([href*="^"])
```

또한 133쪽 "Jsoup에서 ~= 선택자를 사용하는 경우"에서 설명한 것처럼 Jsoup는 ~=를 사용할 때 속성값을 정규 표현식으로 인식합니다. 이를 사용해 정규 표현식으로 부정을 나타낼 수도 있습니다. 다음과 같이 작성하면 앞의 부정 유사 클래스를 사용하는 경우와 마찬가지로 `href` 속성의 값에 `^`를 포함하지 않는 `a` 요소를 추출할 수 있습니다.

```
a[href~=^(?!.* ^).+$]
```

이처럼 Jsoup는 속성값 검색에 정규 표현식을 사용할 수 있어 굉장히 유연하게 검색할 수 있습니다. 스크레이핑에 Jsoup를 사용하는 경우 반드시 활용하기 바랍니다.

> **memo** 유효성 검사 서비스로 HTML의 문제 찾기

스크레이핑할 때 제대로 CSS 선택자를 작성했는데도 원하는 항목을 추출하지 못하는 경우가 있습니다. 이러한 경우 원인을 찾아보면 대부분 "HTML 태그를 닫지 않아서 스크레이핑 전용 라이브러리가 처리를 제대로 하지 못 하는 경우"가 많습니다. 브라우저는 닫히지 않은 HTML도 어느 정도 보완해 웹 페이지를 출력해줍니다. 그리고 브라우저의 개발자 도구도 이렇게 보완된 웹 페이지를 보여주므로 개발할 때 문제의 원인을 빠르게 잡기 힘듭니다.

이러한 경우 HTML이 제대로 작성됐는지를 확인하기 위한 유효성 검사 서비스를 사용하면 좋습니다.

W3C가 제공하는 "The W3C Markup Validation Service"라는 서비스(그림 4.2)를 사용하면 W3C의 사양대로 마크업했는지를 "웹 페이지의 URL 직접 입력하기", "파일 업로드하기", "HTML을 직접 입력하기"의 방법으로 확인할 수 있습니다.

- The W3C Markup Validation Service
  http://validator.w3.org/

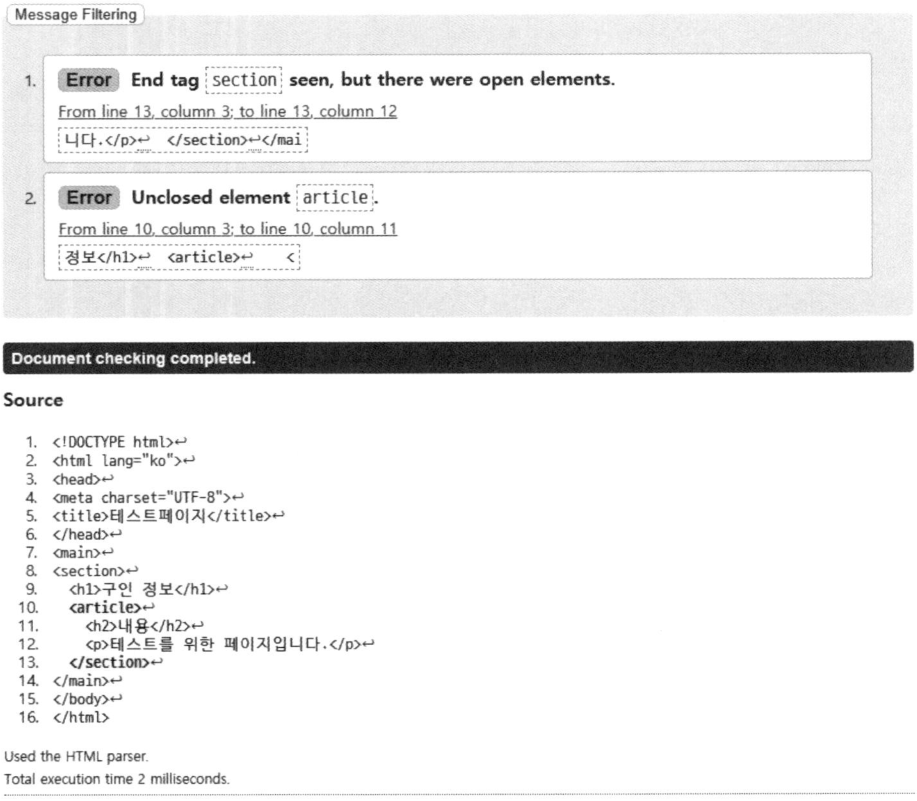

그림 4.2 W3C Markup Validation Service

# 4-3 스크레이핑한 데이터 가공하기

HTML에서 스크레이핑한 텍스트는 그대로 데이터로 사용할 수 없는 경우가 많아 가공이 필요합니다. 예를 들어 다음 경우를 생각해 봅시다.

- 스크레이핑한 문장에서 필요한 데이터를 추출하고 싶은 경우
- 미묘하게 다른 데이터를 같은 것으로 취급할 수 있게 정규화하고 싶은 경우
- 스크레이핑한 데이터를 분류하는 등 더 세부적인 데이터 분석이 필요한 경우

또한 웹 사이트에 들어 있는 정보가 처음부터 잘못된 경우도 있습니다. 스크레이핑한 데이터의 용도에 맞게 이러한 잘못을 제거해 데이터를 보완해야 하는 경우도 많습니다.

이번 절에서는 구체적인 예를 두 가지 살펴보겠습니다.

##  [예1] alt 속성에서 데이터 추출하기

```
<img src="img/size-s.jpeg" class='icon-size' alt="S 사이즈">
<img src="img/size-m.jpeg" class='icon-size' alt="M 사이즈">
<img src="img/size-l.jpeg" class='icon-size' alt="L 사이즈">
```

Jsoup에서의 코드 예는 코드 4.7과 같습니다.

**코드 4.7** Jsoup에서 alt 속성의 데이터를 추출한 뒤 구분하는 예

```
// alt 속성을 가진 img 요소 추출하기
Elements elements = doc.select("img.size-icon[alt]");
for(Element e: elements){
  String size = null;

  // alt 속성의 값을 추출하고 적절한 구분 값으로 변환하기
  String alt = e.attr("alt");
  switch(alt){
    case "S 사이즈": size = "S"; break;
```

CHAPTER 04 _ 스크레이핑 테크닉 | 137

```
    case "M 사이즈": size = "M"; break;
    case "L 사이즈": size = "L"; break;
    default: size = "N";
}

// 변환 결과를 콘솔에 출력하기
System.out.println(size);
}
```

이처럼 구분을 나타내는 아이콘뿐만 아니라 캐치프레이즈 이미지[5]와 썸네일 이미지에도 **alt** 속성이 설정돼 있는 경우가 많습니다. **alt** 속성에는 사람이 읽고 알기 쉬운 텍스트가 설정돼 있으므로 이를 스크레이핑 대상으로 활용하면 편리합니다.

##  [예2] 주소 추출하기

추가로 주소의 예를 살펴봅시다. 예를 들어 스크레이핑한 주소가 다음과 같다고 합시다.

[실행 결과]

경기도 파주시 문발로 115 세종출판벤처타운 311호1

단순하게 문자열 데이터로 저장해도 큰 상관은 없지만, 다음과 같은 표 형태로 정보를 분해하고 위도와 경도의 정보를 추가로 저장하면 검색과 분석 등 다양한 용도로 데이터를 활용할 수 있을 것입니다.

| 항목 | 정보 |
|---|---|
| 도 | 경기도 |
| 시 | 파주시 |
| 동 | 문발동 |
| 번지 | 535-7 |
| 이름 | 위키북스 |

---

5 역) 캐치프레이즈 이미지는 "주의를 끌기 위해 사용하는 문장"을 이미지로 만든 것입니다. 쇼핑 사이트를 보면 "○● 기획전" 등을 큰 이미지로 넣는 경우가 많은데, 이런 것을 캐치프레이즈 이미지라고 합니다.

다만 주소 분해는 막대한 주소 데이터가 필요하고 쉽게 구현할 수 없는 기능입니다. 그래서 구글 지도가 제공하는 웹 API를 사용해 주소를 분해하는 방법을 설명하겠습니다.

Google Map은 누구나 알고 있는 온라인 지도 서비스입니다. 그리고 구글 지도는 개발자를 위해 다양한 웹 API를 제공합니다. 그중 Geocoding API를 사용해 위도와 경도를 구하고 주소를 분해하는 방법을 살펴봅시다.

예를 들어 "경기도 파주시 문발로 115 세종출판벤처타운 311호"의 정보를 추출하고 싶다면 다음과 같이 GET 요청을 전송합니다(address 매개 변수에 주소를 URL 인코딩해서 지정한 것입니다).[6]

```
https://maps.googleapis.com/maps/api/geocode/json?address=%EA%B2%BD%EA%B8%B0%
EB%8F%84%20%ED%8C%8C%EC%A3%BC%EC%8B%9C%20%EB%AC%B8%EB%B0%9C%EB%A1%9C%20115%20
%EC%84%B8%EC%A2%85%EC%B6%9C%ED%8C%90%EB%B2%A4%EC%B2%98%ED%83%80%EC%9A%B4%20311%ED%98%B8
```

요청하면 다음과 같은 JSON 응답을 받을 수 있습니다.

[실행 결과] JSON 형식의 응답

```
{
  "results": [
    {
      "address_components": [
        {
          "long_name": "535-7",
          "short_name": "535-7",
          "types": ["premise"]
        },
        {
          "long_name": "문발동",
          "short_name": "문발동",
          "types": ["political", "sublocality", "sublocality_level_2"]
        },
        {
          "long_name": "파주시",
          "short_name": "파주시",
```

---

6  역) "https://maps.googleapis.com/maps/api/geocode/json?address=경기도 파주시 문발로 115 세종출판벤처타운 311호"라고 웹 브라우저 주소창에 입력해 보면 자동으로 인코딩돼 요청이 갑니다. 간단하게 자신의 집 주소를 입력해 확인해 보세요.

```
      "types": ["locality", "political"]
    },
    {
      "long_name": "경기도",
      "short_name": "경기도",
      "types": ["administrative_area_level_1", "political"]
    },
    {
      "long_name": "대한민국",
      "short_name": "KR",
      "types": ["country", "political"]
    },
    {
      "long_name": "413-120",
      "short_name": "413-120",
      "types": ["postal_code"]
    }
  ],
  "formatted_address": "대한민국 경기도 파주시 문발동 535-7",
  "geometry": {
    "location": {
      "lat": 37.7044572,
      "lng": 126.6864108
    },
    "location_type": "ROOFTOP",
    "viewport": {
      "northeast": {
        "lat": 37.7058061802915,
        "lng": 126.6877597802915
      },
      "southwest": {
        "lat": 37.7031082197085,
        "lng": 126.6850618197085
      }
    }
  },
  "place_id": "ChIJEXgaNa-IfDURf86C0ZpBSFc",
  "types": ["establishment", "point_of_interest"]
}
```

```
  ],
  "status": "OK"
}
```

다만 API에 전달하는 주소 문자열에 노이즈가 들어가 있다면 제대로 분석해주지 못합니다. 따라서 스크레이핑한 문자열에서 주소 이외의 부분을 제거하는 등의 가공을 하고 API를 호출해야 합니다.

아울러 Geocoding API는 1초에 50회, 1일 2500회라는 사용 제한이 있습니다. 이 이상의 요청을 하고 싶다면 API 키를 받은 뒤에 사용한 만큼의 요금을 지불해야 합니다.

## 4-4 메타 데이터 활용하기

 **웹 페이지의 메타 데이터**

웹 페이지의 제목은 `title` 요소에서 지정합니다. 그리고 그 외의 개요, 썸네일과 같은 다양한 추가 정보는 메타 데이터로 지정합니다. 일반적으로 이러한 메타 데이터는 구글 등의 검색 엔진과 SNS 공유를 목적으로 사용됩니다. 따라서 이러한 메타 데이터를 보면 콘텐츠의 제목, 개요, 썸네일 등의 다양한 정보를 알 수 있습니다.

### meta 태그

`meta` 태그는 오래전부터 구글 등의 검색 엔진에 웹 페이지의 정보를 효과적으로 전달해주는 용도로 많이 사용됐습니다. 코드 4.8은 `meta` 태그로 웹 페이지의 메타 데이터를 정의하는 예입니다.

**코드 4.8** meta 태그로 웹 페이지의 메타 데이터 정의하기

```
<head>
  <title>웹 크롤링과 스크레이핑</title>
```

```
...
<meta name="description" content=웹 사이트를 크롤링하는 실질적인 방법을 다루는 도서입니다 ">
<meta name="keywords" content="크롤러, 크롤링, 스크레이핑">
...
</head>
```

description에는 웹 페이지의 개요, keywords에는 검색 키워드를 쉼표로 구분해서 설정합니다. 현재 구글 검색 엔진은 keywords를 설정해도 큰 효과가 없어 거의 사용하지 않습니다. 하지만 description은 대부분의 웹 사이트가 사용합니다.

## PageMap

PageMap은 구글 맞춤 검색(https://cse.google.com/cse/)에서 사용하는 메타 데이터입니다. HTML 내부에 주석 형태로 코드 4.9처럼 입력합니다. 구글 맞춤 검색에 맞춰 만들어진 웹 사이트라면 이러한 메타 데이터가 정의돼 있어 다양하게 활용할 수 있습니다.

**코드 4.9** HTML에 포함된 PageMap의 예

```
<!--
  <PageMap>
    <DataObject type="action">
      <Attribute name="label" value="Download"/>
      <Attribute name="url" value="http://www.scribd.com/document_downloads/20258723?extension=pdf"/>
      <Attribute name="class" value="Download"/>
    </DataObject>

    <DataObject type="action">
      <Attribute name="label" value="Fullscreen View"/>
      <Attribute name="url" value="http://d1.scribdassets.com/ScribdViewer.swf?document_id=20258723&access_key=key-27lwdyi9z21ithon73g3&version=1&viewMode=fullscreen"/>
      <Attribute name="class" value="fullscreen"/>
    </DataObject>
  </PageMap>
-->
```

PageMap에는 자유롭게 매개 변수를 지정할 수 있지만, 구글 맞춤 검색에서는 표 4.3에 있는 매개 변수만 인식합니다.

표 4.3 구글 맞춤 검색에서 지원하는 매개 변수

| DataObject | 필수 Attribute |
|---|---|
| thumbnail | src, height, width |
| action | label, url, class |
| publication | author, date, category |

다만 Page Map은 HTML의 주석에 포함돼 있어 Jsoup 등을 사용했을 때 CSS 선택자로 직접 메타 데이터를 추출할 수 없습니다. 조금 귀찮지만 코드 4.10처럼 주석 노드를 하나하나 확인하게 프로그램을 구성해야 합니다.

**코드 4.10** PageMap을 추출하는 프로그램의 예

```
public static void main(String[] args) throws Exception {
  // HTML 파싱하기
  Document doc = Jsoup.parse(...);
  // HTML 내부의 모든 노드를 재귀적으로 처리하기
  processNode(doc);
}

private static void processNode(Node node){
  for(Node child: node.childNodes()){
    if(child instanceof Comment){
      // 주석일 경우
      Comment comment = (Comment) child;
      if(comment.getData().trim().startsWith("<PageMap>")){
        // 주석의 내용이 PageMap일 경우
        parsePageMap(comment.getData());
      }
    } else {
      // 주석 이외의 노드라면 계속 재귀적으로 처리하기
      processNode(child);
    }
  }
}
```

```
private static void parsePageMap(String comment){
  // PageMap 파싱하기
  Document pageMap = Jsoup.parse(comment);
  // CSS 선택자로 메타 데이터 추출해서 출력하기
  Elements elements = pageMap.select("DataObject[type=thumbnail]>Attribute[name=src]");
  System.out.println(elements.attr("value"));
}
```

## OGP

OGP는 "Open Graph Protocol"의 약자입니다. 이는 페이스북 등의 SNS에서 링크 정보를 요약할 때 사용하는 `meta` 태그 작성 방식입니다(그림 4.3).

- The Open Graph protocol
  http://ogp.me/

- Open Graph 소식 – Facebook for Developer
  https://developers.facebook.com/docs/sharing/opengraph

그림 4.3 OGP가 페이스북에 출력되는 모습

이러한 정보를 사용하면 이미지와 콘텐츠의 중요한 정보를 효율적으로 추출할 수 있습니다.

OGP 사양은 뒤에서 설명하는 RDFa 규약을 기반으로 만들어졌습니다. 따라서 코드 4.11처럼 head 태그 내부의 meta 태그에 property 속성과 content 속성을 입력하는 형태로 사용합니다.

**코드 4.11** OGP

```
<head prefix="og:http://ogp.me/ns#">
  <meta property="og:title" content="한강 벚꽃 축제" />
  <meta property="og:description" content="2017년 04월 20일부터 한강에서 벚꽃 축제가 열렸습니다." />
  <meta property="og:type" content="article" />
  <meta property="og:url" content="http://example.com/news/001.html" />
  <meta property="og:image" content="http://example.com/sample.jpg" />
</head>
```

### 필수 메타 데이터

표 4.4의 4가지 속성은 필수 속성입니다.

**표 4.4** 필수 메타 데이터

| 속성 | 설명 |
| --- | --- |
| og:title | 콘텐츠의 타이틀을 나타냅니다. |
| og:type | 콘텐츠의 타입을 나타냅니다. 타입에는 article, music, movie가 있으며 타입에 따라 필수 항목이 달라집니다. |
| og:image | 콘텐츠를 나타내는 이미지의 URL입니다. |
| og:url | 콘텐츠를 가리키는 영구적인 URL을 나타냅니다. |

### 옵션 메타 데이터

표 4.5의 속성은 필요에 따라 입력하는 메타 데이터입니다.

**표 4.5** 옵션 메타 데이터

| 속성 | 설명 |
| --- | --- |
| og:audio | 콘텐츠의 오디오 파일 URL을 나타냅니다. |
| og:description | 콘텐츠의 설명을 나타냅니다. |

| 속성 | 설명 |
| --- | --- |
| og:determiner | 제목 앞에 표시되는 단어를 나타냅니다. a, an, the, "", auto 중 하나를 선택할 수 있습니다. |
| og:locale | 마크업된 언어와 지역 정보를 나타냅니다. 디폴트는 en_US입니다. |
| og:locale:alternate | 추가로 사용할 수 있는 언어와 지역 정보를 나타냅니다. |
| og:site_name | 사이트 이름을 나타냅니다. |
| og:video | 콘텐츠의 비디오 파일 URL을 나타냅니다. |

## 구조화 속성

구조화 속성은 콘텐츠 타입, 크기, 출력, 데이터 접근 방법 등을 나타내는 옵션입니다(표 4.6).

표 4.6 구조화 속성

| 속성 | 설명 |
| --- | --- |
| og:image:url | og:image와 같습니다. |
| og:image:secure_url | HTTPS로 접근할 필요가 있는 경우의 대체 URL을 나타냅니다. |
| og:image:type | 이미지의 MIME 타입(image/png, image/jpeg, image/gif 등)을 나타냅니다. |
| og:image:width | 이미지의 너비 픽셀 크기를 나타냅니다. |
| og:image:height | 이미지의 높이 픽셀 크기를 나타냅니다. |

## 여러 개 설정하기

같은 속성이 여러 개 있는 경우 그냥 나열하면 됩니다(코드 4.12). 충돌이 있을 경우 앞에 있는 것이 우선입니다.

**코드 4.12** OGP를 사용해 같은 속성 여러 개 입력하기

```
<meta property="og:image" content="http://example.com/sample1.jpg" />
<meta property="og:image" content="http://example.com/sample2.jpg" />
```

크기 등의 구조화 속성을 각각 설정할 수도 있습니다(코드 4.13).

**코드 4.13** OGP를 사용해 각각의 이미지에 구조화 설정 지정하기

```
<meta property="og:image" content="http://example.com/sample1.jpg" />
<meta property="og:image:width" content="300" />
<meta property="og:image:height" content="300" />
```

```
<meta property="og:image" content="http://example.com/sample2.jpg" />
<meta property="og:image:width" content="500" />
<meta property="og:image:height" content="500" />
<meta property="og:image" content="http://example.com/sample3.jpg" />
```

높이 300px과 너비 300px의 **sample1.jpg**, 높이 500px과 너비 500px의 **sample2.jpg**를 지정했습니다. **sample3.jpg**는 사이즈를 따로 지정하지 않은 것입니다.

## Twitter Card

Twitter Card는 OGP와 비슷하지만, 이름 그대로 Twitter에서 사용하는 매개 변수입니다. 일반적으로 OGP와 Twitter Card를 모두 정의하는 경우가 많습니다.

**코드 4.14** Twitter Card

```
<meta name="twitter:card" content="summary_large_image" />
<meta name="twitter:image" content="http://example.com/sample.jpg" />
<meta name="twitter:title" content="한강 벚꽃 축제" />
<meta name="twitter:description" content="2017년 04월 20일부터 한강에서 벚꽃 축제가 열렸습니다." />
```

이와 같이 매개 변수를 설정하면 Twitter에서 링크를 트윗할 때 그림 4.4와 같은 카드가 나옵니다.

그림 4.4 Twitter Card

Twitter Card에는 다음과 같은 4가지 종류가 있습니다. 각각의 카드 종류에 따라 지정할 수 있는 매개 변수가 다릅니다.

- **summary**
  콘텐츠의 제목, 설명, 섬네일 이미지 등이 출력되는 카드입니다.

- **summary_large_image**
  summary 카드와 비슷하지만 이미지가 크게 배치됩니다.

- **player**
  동영상, 오디오 등에 사용하는 카드입니다.

- **app**
  모바일 애플리케이션을 직접 다운로드할 수 있게 해주는 카드입니다.

표 4.7은 Twitter Card가 지원하는 주요 매개 변수입니다.

표 4.7 Twitter Card가 지원하는 주요 매개 변수

| 속성 | 설명 |
| --- | --- |
| twitter:card | 카드의 종류(summary, summary_large, app, player 중에 하나 지정) |
| twitter:site | 웹 사이트 작성자의 @(사용자 이름)(또는 twitter:site:id, 둘 중에 하나만 지정) |
| twitter:site:id | 웹 사이트 작성자의 사용자 ID(또는 twitter:site:site, 둘 중에 하나만 지정) |
| twitter:creator | 콘텐츠 작성자의 @(사용자 이름)(또는 twitter:creator:id, 둘 중에 하나만 지정) |
| twitter:creator:id | 콘텐츠 작성자의 사용자 ID(또는 twitter:creator, 둘 중에 하나만 지정) |
| twitter:description | 콘텐츠의 개요(최대 200글자) |
| twitter:title | 콘텐츠의 타이틀(최대 70글자) |
| twitter:image | 이미지의 URL(이미지 형식과 파일 크기에 제한 있음) |
| twitter:image:alt | 이미지 대체 텍스트(최대 420글자) |

## 구조화 마크업

세상에는 마크업을 제대로 하지 않은 웹 사이트가 많습니다. 원래 웹 사이트를 만들 때는 콘텐츠의 제목을 h1 태그로 만드는 것이 기본이지만, 코드 4.15처럼 콘텐츠의 제목을 p 태그로 만들기도 합니다. 사람이 브라우저에서 웹 사이트를 볼 때는 최종 출력 형태를 보기 때문에 이를 쉽게 제목으로 인식할 수 있습니다.

코드 4.15 타이틀이 p 태그로 만들어진 웹 페이지

```
<div>
  <p style="color:#0004ff; font-size:150%;">한강 벚꽃 축제</p>
  <p>2017/04/10</p>
  <p>2017년 04월 20일부터 한강에서 벚꽃 축제가 열렸습니다....</p>
</div>
```

한강 벚꽃 축제

2017/04/10

2017년 04월 20일부터 한강에서 벚꽃 축제가 열렸습니다....

그림 4.5 타이틀이 p 태그로 만들어져도 사람은 문제없이 인식할 수 있음

반면 크롤러는 HTML 구조로 웹 페이지를 판단합니다. 타이틀을 **h1** 태그에서 추출하는 크롤러라면 **p** 태그를 제목으로 인식하지 못하고 타이틀이 없는 것으로 인식합니다(그림 4.6).

```
<div>
  <p style="color:#0004ff; font-size:150%;">한강 벚꽃 축제</p>
  <p>2017/04/10</p>
  <p>2017년 04월 20일부터 한강에서 벚꽃 축제가 열렸습니다....</p>
</div>
```

그림 4.6 크롤러는 어떤 것이 타이틀인지 판단할 수 없음

태그에 별도의 표시를 해서 "이것은 제목입니다"라고 크롤러에게 설명할 수 있다면 **p** 태그로도 제목을 나타낼 수 있을 것입니다. 이처럼 특정 태그가 어떤 정보인지를 나타내는 메타 데이터를 부여해서 크롤러와 같은 기계가 효율적으로 정보를 추출할 수 있게 만든 것이 바로 "시멘틱 웹"입니다. 시멘틱 웹은 다음과 같은 메타 데이터를 사용해 태그의 의미를 나타냅니다.

- Microformats
- Microdata

- RDFa/RDFa Lite

- JSON-LD

이렇게 정보에 의미(시멘틱)를 붙이면 크롤러와 같은 기계가 정보의 의미를 명확하게 인식할 수 있습니다. 잘 만들어진 웹 사이트는 이러한 메타 데이터를 사용해 페이지를 구성하니 활용하면 좋습니다.

그럼 각각의 요소를 어떻게 사용하는지 구체적인 예를 살펴봅시다.

### Microformats

Microformats는 HTML 태그 내부의 `class` 속성과 `rel` 속성에 메타 데이터를 넣어 요소의 의미를 나타냅니다.

코드 4.16의 HTML은 `div` 태그의 `class` 속성에 `hentry`라고 지정해서 해당 태그 내부의 요소가 콘텐츠라는 것을 나타내고 있습니다. 또한 `p` 태그의 `class` 속성에 지정된 `entry-title`은 타이틀, `published`는 공개 날짜, `entry-content`는 본문을 나타냅니다.

**코드 4.16** Microformats

```
<div class="hentry">
  <p class="entry-title">한강 벚꽃 축제</p>
  <p class="published">2017/04/10</p>
  <p class="entry-content">2017년 04월 20일부터 한강에서 벚꽃 축제가 열렸습니다....</p>
</div>
```

이렇게 작성된 HTML을 스크레이핑하면 `.entry-title`과 같은 선택자로 쉽게 제목을 추출할 수 있습니다. 웹 사이트의 레이아웃 변경으로 인해 `p` 태그가 `div` 태그로 변경되더라도 요소의 의미를 나타내는 메타 데이터는 전혀 영향을 받지 않습니다. 따라서 정기적으로 크롤링할 때 문제가 될 수 있는 HTML 변경에 어느 정도 대응할 수 있습니다.

다만 `class` 속성에 메타 데이터를 넣기 때문에 해당 값이 CSS에서 사용하는 `class` 속성인지, Microformats에서 사용하는 것인지 한 번에 구분하기 힘들다는 단점이 있습니다.

Microformats를 사용할 때 쓸 수 있는 공통 어휘(vocabulary)는 다음 웹 사이트에서 확인할 수 있습니다.

- Microformats Wiki

  http://microformats.org/wiki/Main_Page

## Microdata

Microdata는 Microformats와 마찬가지로 HTML 속성으로 메타 데이터를 작성해서 요소의 의미를 나타내지만, `class` 속성과 `rel` 속성이 아니라 `item`으로 시작하는 독자적인 속성을 사용합니다.

**코드 4.17** Microdata

```
<div itemscope itemtype="http://schema.org/Article" itemprop='mainEntity'>
  <p itemprop="headline">한강 벚꽃 축제</p>
  <p itemprop="datePublished">2017/04/10</p>
  <p itemprop="articleBody">2017년 04월 20일부터 한강에서 벚꽃 축제가 열렸습니다....</p>
  <!-- 일부 필수 요소 생략 -->
</div>
```

Microdata에는 다음과 같은 전역 속성이 있습니다.

### itemscope 속성

`itemscope` 속성은 Microdata를 사용하는 요소라는 것을 선언하는 속성입니다(코드 4.18). 전역 속성이므로 모든 요소에 적용할 수 있습니다.

**코드 4.18** Microdata의 itemscope 속성

```
<div itemscope itemtype="http://schema.org/Article">
<!-- 생략 -->
</div>
```

### itemtype 속성

`itemtype` 속성에는 어휘의 URL을 지정합니다(코드 4.19).

**코드 4.19** Microdata의 itemtype 속성

```
<div itemscope itemtype="http://schema.org/Article">
<!-- 생략 -->
</div>
```

> **memo** ▶ schema.org
>
> 2011년에 Google, Microsoft, Yahoo!, Yandex(러시아 검색 엔진)가 어휘를 공통으로 통합해서 책정하기 시작했습니다. 이렇게 해서 나온 것이 바로 schema.org입니다. schema.org는 Microdata, RDFa, JSON-LD 등의 구조화 데이터를 작성할 때 사용할 수 있는 공통 어휘를 정의합니다.[7] 초기에는 CreativeWork와 Event처럼 일반적인 단어부터 Volcano(화산) 등의 자세한 것까지 대략 600개의 어휘가 정의돼 있었습니다.
>
> 2017년 기준 약 1000만 개의 사이트가 schema.org의 어휘를 사용하고 있습니다. 구글은 구조화 데이터를 사용할 때 schema.org의 어휘를 사용한 Microdata와 JSON-LD를 권장합니다.
>
> schema.org의 어휘는 계층적인 구조를 가지고 있습니다(그림 4.7).
>
> - Full Hierarchy - schema.org
>   http://schema.org/docs/full.html
>
> 최상위에는 **Thing**(보편적인 것)이 정의돼 있고 그 하위 계층으로 **Action**, **CreativeWork**, **Event**, **Intangible**, **Organization**, **Person**, **Place**, **Product**와 같은 어휘가 이어집니다. 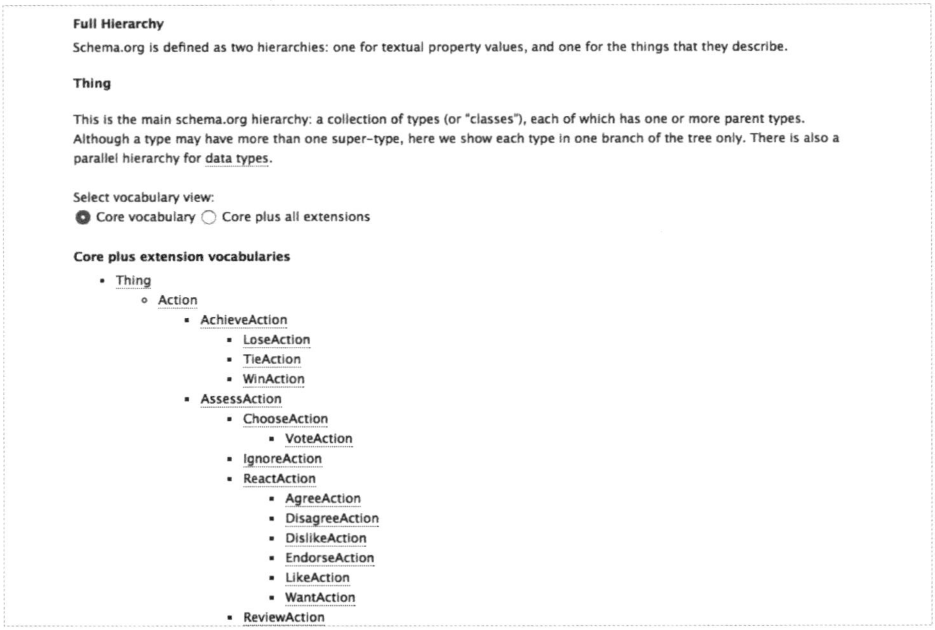
>
> ---
>
> **Full Hierarchy**
> Schema.org is defined as two hierarchies: one for textual property values, and one for the things that they describe.
>
> **Thing**
> This is the main schema.org hierarchy: a collection of types (or "classes"), each of which has one or more parent types. Although a type may have more than one super-type, here we show each type in one branch of the tree only. There is also a parallel hierarchy for data types.
>
> Select vocabulary view:
> ● Core vocabulary  ○ Core plus all extensions
>
> **Core plus extension vocabularies**
> - Thing
>   - Action
>     - AchieveAction
>       - LoseAction
>       - TieAction
>       - WinAction
>     - AssessAction
>       - ChooseAction
>         - VoteAction
>       - IgnoreAction
>       - ReactAction
>         - AgreeAction
>         - DisagreeAction
>         - DislikeAction
>         - EndorseAction
>         - LikeAction
>         - WantAction
>       - ReviewAction
>
> 그림 4.7 schema.org에 정의돼 있는 어휘

---

[7] RDFa에 대해서는 155쪽의 "RDFa/RDFa Lite", JSON-LD에 대해서는 157쪽의 "JSON-LD"에서 자세하게 설명합니다.

예를 들어 Thing의 속성 정의는 그림 4.8처럼 돼 있습니다.

- Thing – schema.org

  http://schema.org/Thing

### Thing

Canonical URL: http://schema.org/Thing

Thing

The most generic type of item.

Usage: Between 100,000 and 250,000 domains

[more...]

| Property | Expected Type | Description |
| --- | --- | --- |
| **Properties from Thing** | | |
| additionalType | URL | An additional type for the item, typically used for adding more specific types from external vocabularies in microdata syntax. This is a relationship between something and a class that the thing is in. In RDFa syntax, it is better to use the native RDFa syntax – the 'typeof' attribute – for multiple types. Schema.org tools may have only weaker understanding of extra types, in particular those defined externally. |
| alternateName | Text | An alias for the item. |
| description | Text | A description of the item. |
| disambiguatingDescription | Text | A sub property of description. A short description of the item used to disambiguate from other, similar items. Information from other properties (in particular, name) may be necessary for the description to be useful for disambiguation. |
| identifier | PropertyValue or Text or URL | The identifier property represents any kind of identifier for any kind of Thing, such as ISBNs, GTIN codes, UUIDs etc. Schema.org provides dedicated properties for representing many of these, either as textual strings or as URL (URI) links. See background notes for more details. |

그림 4.8 Thing이 가진 속성

또한 속성은 하위 계층의 어휘에 상속됩니다(그림 4.9). 예를 들어 Thing의 하위 계층인 `CreativeWork`는 Thing에서 정의한 `description` 속성을 사용할 수 있습니다.

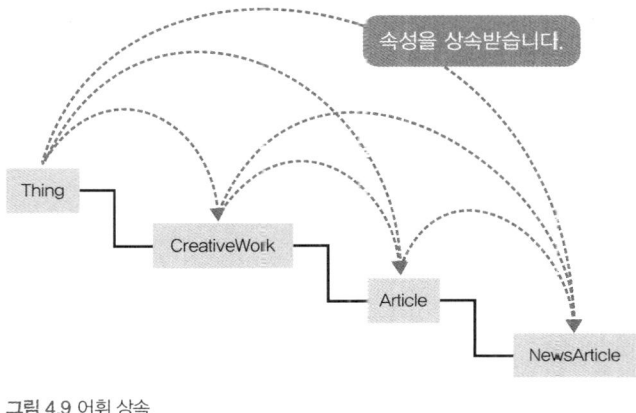

그림 4.9 어휘 상속

## itemprop 속성

`itemtype` 속성으로 지정된 어휘 내부에 `itemprop` 속성을 지정합니다(코드 4.20). 이렇게 하면 요소의 의미를 나타낼 수 있습니다.

코드 4.20 Microdata의 itemprop 속성

```html
<div itemscope itemtype="http://schema.org/Article" itemprop="mainEntity">
    <h1 itemprop="headline">한강 벚꽃 축제</h1>
    <p itemprop="datePublished">2017/04/10</p>
    <p itemprop="articleBody">2017년 04월 20일부터 한강에서 벚꽃 축제가 열렸습니다....</p>
    <div itemprop="image" itemscope itemtype="https://schema.org/ImageObject">
        <img itemprop="image" src="img/sakura.jpg" alt="벚꽃" />
        <meta itemprop="url" content="http://exsample.com/img/sakura.jpg">
        <meta itemprop="width" content="350">
        <meta itemprop="height" content="200">
    </div>
    <p itemprop="author">윤인성</p>
    <div itemprop="publisher" itemscope itemtype="http://schema.org/Organization">
        <meta itemprop="name" content="공원사무실">
        <div itemprop="logo" itemscope itemtype="https://schema.org/ImageObject">
            <img src="http://exsample.com/img/logo.jpg" />
            <meta itemprop="url" content="http://exsample.com/img/logo.jpg">
            <meta itemprop="width" content="50">
            <meta itemprop="height" content="50">
        </div>
    </div>
</div>
```

## itemref 속성

`itemref` 속성을 사용하면 `itemscope` 속성에서 선언한 범위 외의 요소를 속성으로 추가할 수 있습니다. 이 기능은 조금 이해하기 어려우므로 예를 통해 살펴봅시다. 일단 코드 4.21을 보세요.

코드 4.21 Microdata의 itemref 속성

```html
<div itemscope itemtype="http://schema.org/Article" itemprop="mainEntity" itemref="article">
    <p itemprop="headline">한강 벚꽃 축제</p>
    <p itemprop="datePublished">2017/04/10</p>
```

```
<p itemprop="articleBody">2017년 04월 20일부터 한강에서 벚꽃 축제가 열렸습니다....</p>
</div>
<div id="article">
  <p itemprop="author">윤인성</p>
  <!-- 일부 필수 요소 생략 -->
</div>
```

itemprop이 author인 "윤인성"에 주목해주세요. 이 요소는 itemscope 속성이 지정된 div 태그가 아닌 곳에 있으므로 스코프 외부에 있는 것입니다.

하지만 itemref 속성에 article이라고 지정돼 있으므로 id 속성이 article인 요소 내부에 있는 itemprop="author"의 값이 속성으로 사용됩니다.

itemref 속성은 이처럼 itemscope 속성과 itemtype 속성을 지정한 요소에 사용할 수 있습니다.

> **Column** W3C에서 권그하는 Microdata DOM API
>
> 원래 Microdata는 HTML5 사양의 일부였습니다. 처음에는 Microdata DOM API라는 사양이 책정돼 파이어폭스와 오페라에서 이를 지원했지만 구현이 거의 진행되지 않았습니다. 그러다가 2013년 HTML5에서 Microdata가 삭제됐고 HTML Microdata를 이후에 독립 사양으로 공개하기로 했습니다.
>
> - WG Decision to remove Microdata from HTML 5.0, remove JS API, continue HTML Microdata as a separate spec
>   http://lists.w3.org/Archives/Public/public-html-admin/2013Jul/0041.html
>
> 그 결과, 브라우저에서 Microdata 지원이 중단됐으며 현재는 Microdata DOM API를 제공하는 브라우저가 아예 없습니다. 그리고 2017년 5월에 HTML Microdata 사양의 초안이 공개됐습니다.
>
> - HTML Microdata - W3C
>   https://www.w3.org/TR/microdata/

## RDFa/RDFa Lite

RDFa(RDF in Attributes)는 HTML/XHTML에 직접 매개 변수를 작성하기 위해 RDF(Resource Description Framework)를 확장한 사양입니다. 이러한 RDFa는 기능적으로 우수하지만 사양이 복잡하다는 문제가 있습니다. 이를 쉽게 사용하고자 나온 것이 바로 RDFa Lite입니다.

RDFa Lite는 다음과 같은 5개의 속성으로 구성됩니다.

## vocab 속성, typeof 속성, property 속성

RDFa Lite의 경우 `vocab` 속성에 사용할 어휘가 있는 URL을 지정합니다(코드 4.22). 기본적으로 어휘는 `typeof` 속성에 지정하며, `property` 속성은 Microdata의 `itemprop` 속성에 해당합니다.

**코드 4.22** RDFa Lite의 vocab 속성, typeof 속성, property 속성

```
<div vocab="http://schema.org/" typeof="Article">
  <p property="headline">한강 벚꽃 축제</p>
  <p property="datePublished">2017/04/10</p>
  <p property="articleBody">2017년 04월 20일부터 한강에서 벚꽃 축제가 열렸습니다....</p>
  <p property="author">윤인성</p>
  <!-- 일부 필수 요소 생략 -->
</div>
```

## resource 속성

`resource` 속성은 아이템에 유일한 식별자를 붙일 때 사용합니다(코드 4.23).

**코드 4.23** RDFa Lite의 resource 속성

```
<p property="author" resource="#han.sakura" typeof="Person">
  <span property="name">윤인성</span>
</p>
```

이 페이지의 URL이 `http://example.com/news/001.html`이라면 위의 식별자는 `http://example.com/news/001.html#han.sakura`가 됩니다.

## prefix 속성

`prefix` 속성은 `vocab` 속성에 지정한 어휘 이외의 어휘를 사용할 때 사용합니다(코드 4.24).

**코드 4.24** RDFa Lite의 prefix 속성

```
<div vocab="http://schema.org/" prefix="foaf :http://xmlns.com/foaf/0.1/" typeof="Article">
  <p property="headline">한강 벚꽃 축제</p>
  <p property="datePublished">2017/04/10</p>
```

```
<p property="articleBody">2017년 04월 20일부터 한강에서 벚꽃 축제가 열렸습니다....</p>
<div typeof="foaf:Person">
  <p property="foaf:name">윤인성</p>
  <p property="foaf:birthday">11-11</p>
</div>
<!-- 일부 필수 요소 생략 -->
</div>
```

- RDFa Lite 1.1 – Second Edition
  https://www.w3.org/TR/rdfa-lite/

- Data Model – schema.org
  http://schema.org/docs/datamodel.html

## JSON-LD

JSON-LD(JSON for Linked Data)는 Microdata 또는 RDFa/RDFa Lite와 다르게 프로퍼티를 JSON 형식으로 나타내는 것입니다(코드 4.25). HTML에서는 **script** 태그 내부에 정의합니다.

**코드 4.25** JSON-LD

```
<head>
<script type="application/ld+json">                           ―❶
{
  "@context": "http://schema.org",                            ―❷
  "@type": "Article",                                         ―❸
  "headline": "한강 벚꽃 축제",
  "datePublished": "2017/04/10",
  "articleBody": "2017년 04월 20일부터 한강에서 벚꽃 축제가 열렸습니다.",
  "author": "윤인성",
  "image":{
    "@type": "ImageObject",
    "height": "240px",
    "width": "360px",
    "author": "윤인성",
    "contentLocation": "한강 공원",
    "contentUrl": "sakura.jpg",
    "url": "http://exsample.com/img/sakura.jpg",
```

```
      "datePublished": "2017/04/10",
      "description": "벚꽃 사진 모음",
      "name": "벚꽃"
    }
  }
  <!-- 일부 필수 요소 생략 -->
  </script>
</head>
<body>
<div>
  <p>한강 벚꽃 축제</p>
  <!-- 생략 -->
</div>
</body>
```

몇 가지 포인트가 있으니 살펴봅시다.

일단 script 태그의 type 속성을 application/ld+json으로 지정합니다. 이는 JSON-LD 구조화 데이터라는 것을 나타냅니다(❶). @context에는 사용할 어휘가 있는 URL(❷), @type에는 어휘를 지정합니다(❸).

JSON-LD는 전체 데이터 크기가 증가한다는 단점이 있지만 HTML 마크업을 복잡하게 만들지는 않는다는 장점이 있습니다. 참고로 JSON-LD의 내용은 실제로 출력되는 내용과 같아야 하므로 주의하기 바랍니다.

- JSON-LD 1.0
  https://www.w3.org/TR/json-ld/

- JSON-LD: JSON for Linking Data
  http://json-ld.org/

### 구조화 데이터 테스트 도구 활용하기

지금까지 다양한 구조화 마크업에 대해 살펴봤는데, 스크레이핑할 때 웹 사이트에서 어떤 구조화 데이터를 사용하는지 하나하나 눈으로 확인하는 것은 굉장히 시간이 오래 걸리는 비효율적인 일입니다. 구글은 구조화 데이터가 사양을 제대로 지키고 있는지 확인하는 테스트 도구를 제공합니다(그림 4.10).

- 구조화 데이터 테스트 도구

  https://search.google.com/structured-data/testing-tool

이를 활용하면 웹 사이트의 URL을 입력하거나 HTML을 직접 붙여넣어서 어떤 타입의 구조화 데이터를 사용할 수 있는지 확인할 수 있습니다.

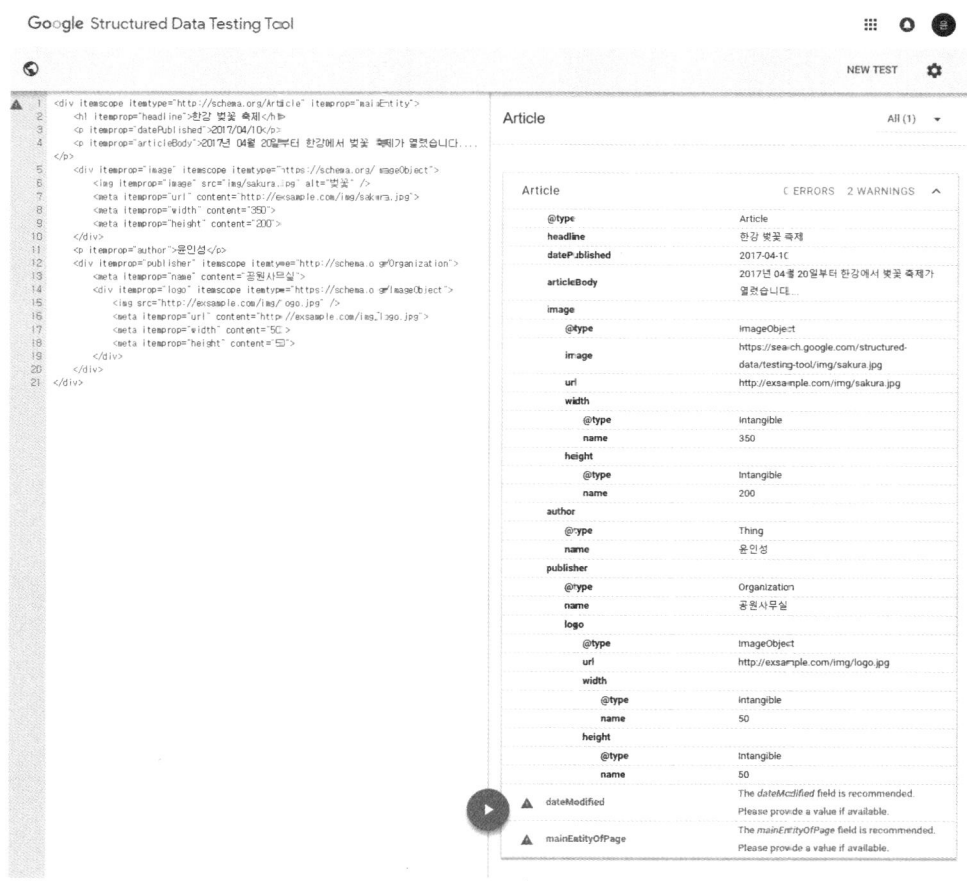

그림 4.10 구조화 데이터 테스트 도구

필수 필드 또는 추천 필드가 부족한 부분이 있다면 각각 오류 또는 경고로 출력해줍니다. 이것은 웹 사이트를 관리하고 구조화 마크업을 작성할 때도 사용하기 편리한 도구입니다.

## 검색 결과 출력의 구조화 데이터 사용

구글은 구조화 데이터를 사용해 여러 가지 내용을 검색 결과에 함께 출력해줍니다.

## 빵 부스러기 리스트[8]

사이트의 계층 구조를 나타내는 빵 부스러기 리스트를 검색 결과에 출력할 수 있습니다(그림 4.11). schema.org의 `BreadcrumbList`라는 타입을 사용합니다.

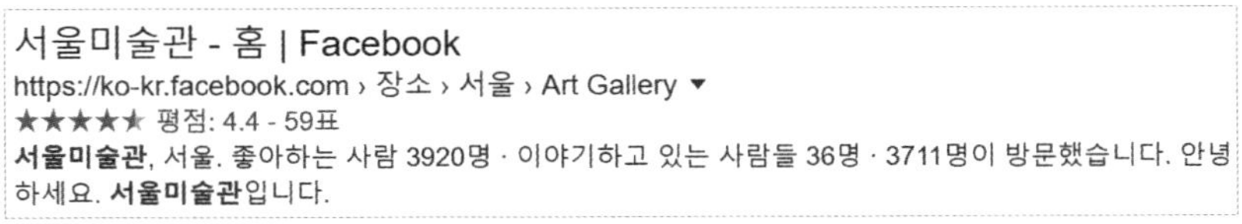

그림 4.11 빵 부스러기 리스트

## 검색 박스

검색 결과에 검색 박스를 출력해 해당 웹 사이트의 콘텐츠를 검색하게 만들 수도 있습니다(그림 4.12). 이때는 schema.org의 `Website`와 `SearchAction`이라는 타입을 사용합니다.

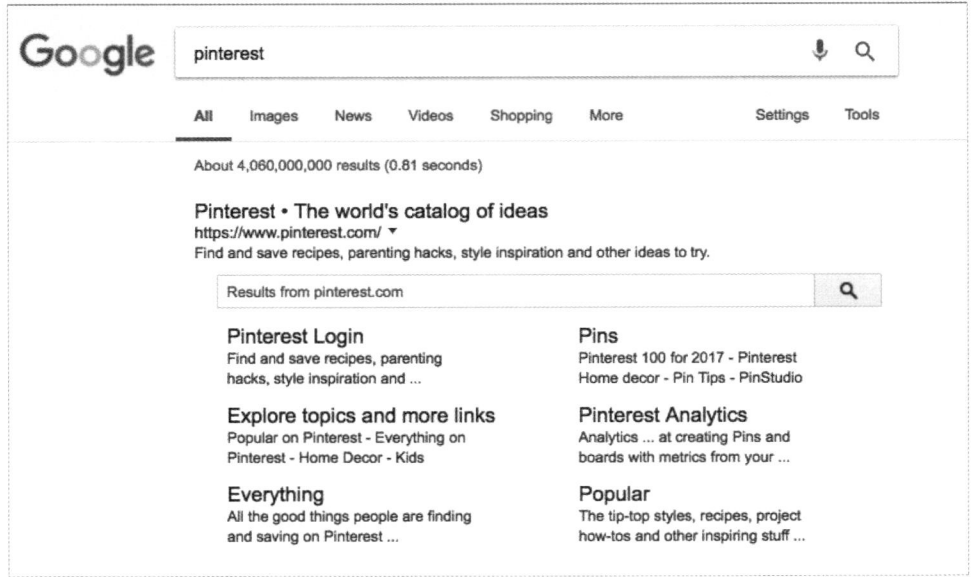

그림 4.12 검색 박스

---

8 역) 빵 부스러기 리스트는 영어로 "Breadcrumb List"라고 합니다. 서양 동화를 보면 '헨젤과 그레텔'처럼 어린 아이가 밖을 나설 때 다시 집으로 찾아갈 수 있도록 빵을 조금씩 뜯어 놓아 왔던 길을 표시하는 모습을 볼 수 있습니다. 웹에서도 자신이 왔던 페이지를 기록하는 리스트를 빵 부스러기 리스트라고 부릅니다.

## 지식 패널

키워드로 검색할 경우, 해당 키워드가 무엇인지 파악하고 기본적인 정보를 지식 패널(knowledge panel)로 출력해줍니다. 예를 들어 "Google"이라고 검색하면 그림 4.13처럼 "Google"이라는 회사의 정보를 출력해줍니다.

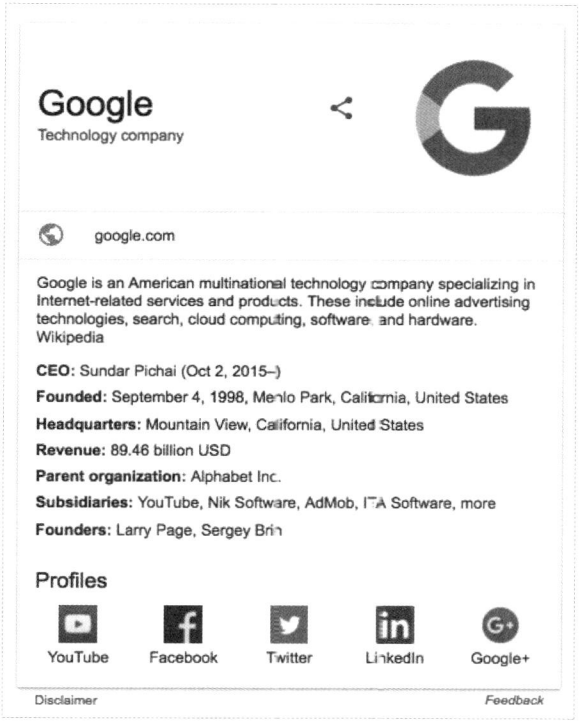

그림 4.13 지식 패널

구조화 데이터를 사용하면 이러한 지식 패널에 다음과 같은 정보를 추가할 수 있습니다.

- 로고
- 기업의 연락처
- SNS 프로필

또한 콘텐츠에 구글에서 지원하는 타입의 구조화 데이터를 사용하면 검색 결과에 이미지 또는 큰 제목 등의 정보를 추가할 수 있습니다.

예를 들어 뉴스 등의 기사는 검색 결과로 그림 4.14처럼 출력됩니다.

그림 4.14 기사 출력

기사 외에도 다음과 같은 콘텐츠를 리치 카드 보고서로 출력해줍니다.

- 기업
- 음악
- 레시피
- 텔레비전&동영상
- 비디오
- 서적
- 강의
- 이벤트

팩트 체크

2018년부터 구글 검색 결과와 구글 뉴스는 콘텐츠의 정보가 제대로 된 것인지 팩트를 체크한 결과를 출력해줍니다. 팩트 체크 단체는 구글과는 다른 독립 단체입니다. 팩트 체크를 출력하려면 schema.org의 `ClaimReview`라는 타입을 사용하면 됩니다.

예를 들어 그림 4.15를 살펴봅시다. 검색 결과로 출력되는 "Cancer-Causing Children's Snacks Made from Petroleum-Based...(암의 원인이 되는 석유를 재료로 만든 과자...)"라는 기사는 Snopes.com이라는 단체에서 팩트 체크한 결과, MOSTLY FALSE(거짓일 가능성이 높음)라고 나옵니다.

그림 4.15 팩트 체크 출력

- Fact Check now available in Google Search and News around the world
  https://blog.google/products/search/fact-check-now-available-google-search-and-news-around-world/

- Search Gallery
  https://developers.google.com/search/docs/guides/search-gallery

## 4-5 정리

이번 장에서는 스크레이핑과 관련된 다양한 테크닉에 대해 알아봤습니다.

적절한 마크업과 메타 데이터가 정의된 웹 사이트라면 비교적 손쉽게 스크레이핑할 수 있지만, 인터넷에는 그런 웹 사이트만 있는 것이 아닙니다. 또한 웹 사이트의 변경으로 인해 제대로 스크레이핑하지 못하는 경우도 있습니다. 크롤러를 대규모로 운용하고 있다면 항목을 제대로 추출하지 못하거나 잘못 추출할 때 이를 확인할 수 있는 장치를 만들어두면 좋습니다.

반대로 이번 장에서 소개한 내용이 적절하게 반영된 웹 사이트는 크롤링하기 굉장히 좋은 웹 사이트입니다. 크롤러를 만드는 입장이 아니라 웹 사이트를 만드는 입장이 됐을 때 이번 장의 내용을 떠올린다면 크롤링하기 쉬운 웹 사이트를 만들 수 있을 것입니다.

# CHAPTER 5
## 인증하기

5-1 인증이 필요한 페이지를 크롤링하는 이유
5-2 다양한 인증 방식과 크롤링 방법
5-3 웹 API를 사용해 정보 추출하기
5-4 정리

일상적으로 사용하는 EC 사이트와 SNS를 포함한 대부분의 웹 서비스, 업무 애플리케이션은 모두 ID와 비밀번호를 사용해 개인을 인증하고 사용자 전용 페이지에 로그인하는 기능을 가지고 있습니다.

이번 장에서는 인증 기능을 가진 웹 사이트에서 인증이 필요한 페이지를 크롤링하는 방법과 그러한 페이지를 크롤링할 때 주의할 사항을 살펴보겠습니다.

## 5-1 인증이 필요한 페이지를 크롤링하는 이유

인증이 필요한 페이지는 웹 애플리케이션의 관리 기능이나 개인 정보를 다루는 경우가 많습니다. 검색 엔진에 인덱스됐으면 하는 페이지와 달리 공개하면 안 되는 페이지를 포함하고 있으므로 크롤러는 원칙적으로 인증이 필요한 페이지에 접근하면 안 됩니다.

하지만 웹 애플리케이션에 따라 인증이 필요한 경우도 있습니다.

예를 들어 은행과 증권 등 자신이 보유하고 있는 금융 계좌를 한 번에 관리하는 PFM(Personal Financial Management)이라는 계좌 관리 애플리케이션 서비스가 있습니다.

금융 기관이 인터넷 뱅킹 서비스를 제공하는 경우가 늘고는 있지만, 가령 자신의 자산 총액을 확인하기 위해 각 은행이 제공하는 서비스에 로그인하고 잔액 정보를 수집하고 더하는 것은 매우 귀찮은 일입니다. 이러한 정보를 한꺼번에 수집해주는 작업을 크롤러가 하고 자동으로 하나의 애플리케이션에 모아주는 것이 바로 계좌 애플리케이션입니다(그림 5.1).[1]

---

1 역) 국내에서는 토스(Toss) 등의 애플리케이션을 생각하면 쉬울 것입니다.

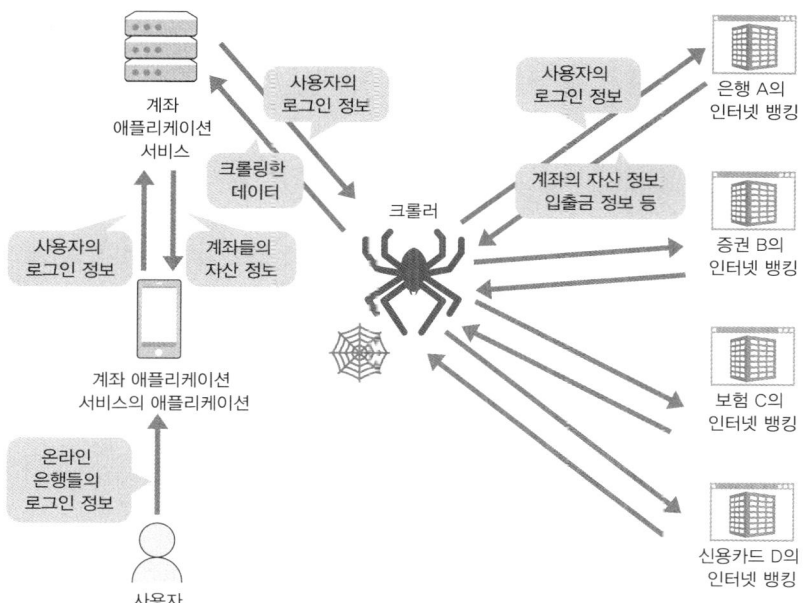

그림 5.1 계좌 애플리케이션

다른 예로 최근 주목받는 분산형 미디어도 있습니다. 분산형 미디어란 직접 미디어 시스템을 가지지 않고 소셜 미디어 등의 미디어에 콘텐츠를 제공하는 것을 말합니다.[2] 이러한 미디어를 운용할 때는 동일한 콘텐츠를 페이스북, 트위터 등의 SNS에 올려야 하는 일이 많습니다. 그래서 미리 SNS에 접근할 권한을 확보한 후 한 번에 모든 SNS에 미디어를 업로드하고 사용자의 반응을 추출한 뒤 시각화를 통해 분석해주는 클라우드 서비스가 최근 꽤 많이 생겼습니다. 대표적인 예로 Everypost와 Buffer가 있습니다.

- Everypost

  http://everypost.me/

- Buffer

  https://buffer.com/

마찬가지로 상품을 판매하고 싶은 사업자가 여러 쇼핑 사이트에 상품을 올리고 구매 정보를 관리하거나 기업이 여러 구인 사이트에 구인 정보를 등록하고 이를 관리하는 것처럼 사람이 직접 하기에는 귀찮은 조작을 대신해주는 도구와 서비스가 꽤 많습니다.

---

[2] 역) 직접 사이트를 운영하지 않고 동영상을 유튜브, 페이스북, 인스타그램 등에 올려 제공하는 미디어 기업이 있습니다. 국내의 대표적인 예로는 "딩고"가 있습니다. 딩고의 유튜브 페이지 등을 직접 보면 무엇인지 쉽게 이해할 수 있을 것입니다.

이러한 시스템에는 사용자의 로그인 정보를 저장하고 인증을 통해 리소스를 크롤링하는 크롤러가 있습니다. 하지만 인터넷 뱅킹 서비스 중에는 웹 API로 계좌 정보를 제공하는 경우도 있고 SNS도 콘텐츠 업로드를 위한 웹 API를 제공하는 경우가 많습니다. 웹 API를 사용해 필요한 정보에 접근할 수 있다면 크롤러를 따로 구현하지 말고 이러한 웹 API를 적극적으로 사용하는 것이 좋습니다.

4장에서 언급한 것처럼 크롤러는 HTML의 구조가 조금이라도 바뀌면 정보를 제대로 추출할 수 없는 경우가 있습니다. 반면 웹 API를 사용하면 이러한 문제를 줄일 수 있습니다. 또한 오류가 발생했을 때의 상태 코드를 문서로 만들어 제공하는 웹 API도 많아 크롤러를 직접 만들 때보다 훨씬 편리합니다. 더불어 웹 API는 인증을 위한 기능도 제공하므로 이를 활용하면 인증과 관련된 안정성도 보장할 수 있습니다.

##  인증이 필요한 웹 사이트를 크롤링할 때 지켜야 할 사항

크롤링한 정보를 다룰 때는 주의가 필요합니다.[3] 그리고 인증이 필요한 정보를 다룰 때는 더욱 주의해야 합니다.

이번 장에서 설명하는 크롤러를 사용한 로그인 처리는 저작권법과 개인정보 보호법에 의해 법적인 문제를 일으킬 가능성이 있습니다. 사용자 계정 정보처럼 중요한 정보를 다룰 경우, 반드시 법과 관련해 상담받고 전문가의 조언을 얻기 바랍니다.

### 프라이버시와 관련된 주의 사항

다른 사람의 계정 정보를 사용해 정보를 추출할 때는 반드시 계정 소유자의 동의가 필요합니다.

이전에 언급한 PFM처럼 사용자의 ID와 비밀번호를 사용해 인터넷 뱅킹처럼 인증이 필요한 리소스에 접근하는 애플리케이션이라면 어떤 리소스에 접근하는지의 범위도 명확하게 설명해야 합니다.

예를 들면 인터넷 뱅킹에 로그인해서 자산 정보만 참조하는 권한과 송금처럼 자금 이동이 가능한 권한을 분리하고 이를 계좌 소유자에게 알리고 동의를 얻어야 합니다.

---

[3] 크롤링한 정보를 다루는 것과 관련된 내용은 1장의 "웹 크롤러가 지켜야 하는 규칙"(6쪽)을 참고하세요.

### 문제가 발생하지 않게 확실하게 규약 설정하기

인터넷 뱅킹과 SNS 등의 사용 규약을 보면 계정에 접근하기 위한 ID와 비밀번호를 제삼자에게 양도하는 것이 금지된 경우가 많습니다.

계정 소유자인 사용자의 동의를 얻어도 크롤링을 위해 사용자로부터 ID와 비밀번호를 받으면 크롤링 대상 사이트의 규약을 위반하는 것이 됩니다. 따라서 어디까지나 크롤링은 "사용자의 의사에 따라 하는 것"이라는 것을 규약에 명시해야 합니다. 아울러 사용 규약에 사용자가 자신의 계정 정보를 활용해 직접 리소스에 접근하는 것임을 반드시 명시하기 바랍니다.

또한 SNS 등은 회원 가입할 때 회원만 볼 수 있는 정보를 외부에 공개하지 말 것을 규약으로 정해 놓기도 합니다. 검색 엔진이 페이스북 등의 SNS 타임라인 정보를 검색하지 못하는 것도 이러한 법적인 문제 때문입니다. SNS에 있는 정보를 공개하는 것은 규약에서 원칙적으로 금지하는 사항이므로 이러한 규약에도 주의하기 바랍니다.

### 보안에 주의하기

계좌 정보 또는 개인 정보를 다루는 경우에는 이러한 데이터를 저장할 때의 보안에 주의하기 바랍니다.

또한 개인 정보가 오고 가는 경로도 주의해야 합니다. HTTP 통신은 암호화되지 않으므로 정보가 중간에 도청될 수 있습니다. 따라서 통신을 SSL로 암호화[4]해야 합니다.

SSL 서버 인증서는 인증 레벨에 따라 몇 종류로 구분됩니다. 국내에서 많이 사용되는 종류를 정리해 보면 표 5.1과 같습니다.

표 5.1 SSL 서버 인증서

| 종류 | 설명 |
| --- | --- |
| 도메인 인증서 | 도메인을 실제로 소유하고 있는지를 검증합니다 |
| EV-SSL 인증서 | 도메인 소유 여부와 함께 다른 기관의 정보(등기부 등본 등)를 참조해 조직이 실제로 존재하는지 확인해 검증합니다. |

자세한 내용은 뒤에서 설명하겠지만, 일반적인 웹 애플리케이션은 로그인 페이지의 입력 양식에서 ID와 비밀번호를 입력하고 인증이 정상적으로 완료되면 세션 ID를 쿠키에 저장해 추후

---

[4] SSL 암호화와 관련된 내용은 2장의 2-6 "SSL 통신 때 발생하는 오류"(66쪽)를 참고하세요.

요청에서 쿠키를 활용하게 만듭니다. 제삼자가 이러한 쿠키를 가로채는 공격 방법을 "세션 하이재킹"이라고 하는데, 통신 경로가 SSL로 돼 있지 않으면 언제나 발생할 수 있는 문제이므로 주의해야 합니다.

사용자의 개인 정보를 받게 되는 경우 보안과 관련된 운영 방침을 자세하게 설명한 뒤 사용자의 동의를 구해야 합니다.

사용자의 개인 정보를 데이터베이스에 저장하는 경우 이러한 데이터베이스의 관리도 중요합니다. 비밀번호를 포함해 대부분의 정보를 암호화해서 저장해 데이터베이스가 공격받은 경우에도 피해를 최소화하는 것이 좋습니다. 또한 정보를 저장하는 데이터베이스는 웹 서버와 다른 서버에 분산해두고 네트워크 세그먼트를 분리하고 여러 단계의 방화벽을 넣어 해킹으로 인한 피해를 최소화해야 합니다.

### 되도록 API를 사용해서 연동하기

거듭 언급하지만 웹 API로 필요한 정보를 추출할 수 있다면 크롤링을 따로 하지 말고 웹 API를 사용하세요. API를 사용한다면 지금까지 설명했던 정보 통신 및 권리 관계와 상관없이 API 사용 규약으로 프로바이더(제공자)와 규약을 맺는 것이므로 문제가 발생하는 부분을 상당수 줄일 수 있습니다.

## 5-2 다양한 인증 방식과 크롤링 방법

웹 페이지 조회에 제한을 거는 방법으로는 "HTTP 인증"과 "입력 양식 기반 인증"이 일반적으로 사용됩니다. 이번 절에서는 이러한 인증 방법의 구조를 살펴보고 실제로 크롤러를 사용해 인증이 걸려있는 페이지에 접근하는 방법을 살펴보겠습니다.

## HTTP 인증

웹 페이지에 접근하다가 그림 5.2와 같은 대화 상자를 본 적이 있습니까?

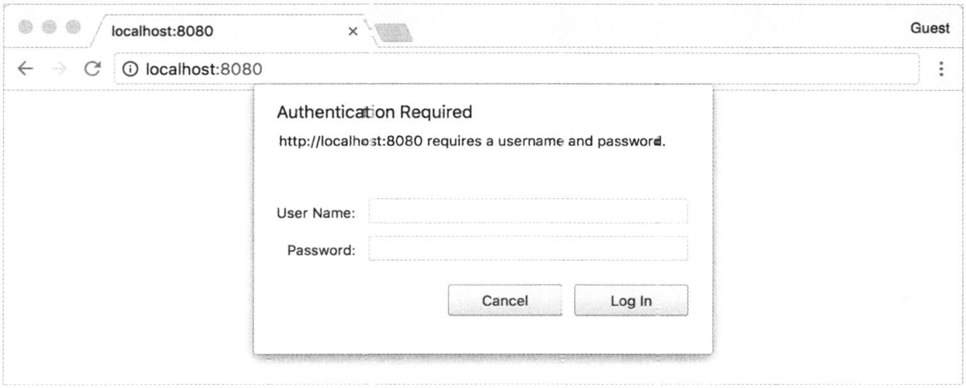

그림 5.2 HTTP 인증(Basic 인증) 대화 상자

이는 "HTTP 인증"이라는 것으로, HTTP 프로토콜에서 정의하는 인증 방식입니다. 일반적으로 조직 내부에서 사용하는 페이지나 개발 중인 페이지에서 많이 볼 수 있습니다. HTTP 인증 중 널리 사용되는 방식으로 Basic 인증이 있습니다. 또한 도청이나 조작을 막기 위해 비밀번호를 MD5 해시로 만들어 전송하는 "Digest 인증"이라는 인증 방식이 제안됐습니다. 사실 사용자 입장에서는 인증할 때 이것이 Basic 인증인지 Digest 인증인지 따로 구분할 필요가 없으며 차이도 거의 없습니다.

실제 웹 서버와 브라우저 사이에는 어떠한 통신이 이루어질까요? **curl** 명령어로 Basic 인증이 걸려있는 콘텐츠에 접근해 봅시다.

```
curl -I http://www.example.com/
```

[실행 결과]
```
HTTP/1.1 401 Unauthorized
Server: nginx/1.12.0
Date: Mon, 19 Jun 2017 07:55:25 GMT
Content-Type: text/html
Content-Length: 195
Connection: keep-alive
WWW-Authenticate: Basic realm="Restricted"
```

Basic 인증을 필요로 하는 페이지에 단순하게 요청을 걸면 `401 Authorization Required`(또는 `Unauthorized`) 상태 코드를 응답합니다. 브라우저는 이러한 상태 코드를 받을 경우 ID와 비밀번호를 입력하는 대화 상자를 출력하고 `Authorization` 헤더로 ID와 비밀번호를 전송합니다. 서버에서는 이러한 인증 정보가 맞는지 확인하고 인증을 진행합니다.

`Authorization` 헤더는 ID와 비밀번호를 :(콜론) 뒤에 BASE64 인코딩으로 전송합니다(코드 5.1).

**코드 5.1** Authorization 헤더로 ID와 비밀번호 전송하기

```
curl -H 'Authorization: Basic aWQ6cGFzc3dk' http://www.example.com/
```

코드 5.2처럼 ID와 비밀번호를 URL에 포함시켜 요청할 수도 있습니다.

**코드 5.2** ID와 비밀번호를 URL에 포함시켜 전송하기

```
curl http://id:password@www.example.com/
```

HTTP는 "상태 없는 프로토콜(Stateless Protocol)"이라서 HTTP 인증도 상태를 가지지 않습니다. 따라서 페이지를 이동할 때마다 ID와 비밀번호를 요청에 포함시켜야 합니다.

브라우저는 한 번 입력한 ID와 비밀번호를 기억하고 브라우저를 종료하기 전까지 계속 `Authorization` 헤더를 포함해 전송하므로 여러 번 입력할 필요가 없을 뿐입니다. 따라서 크롤러로 HTTP 인증이 필요한 페이지에 접근할 때는 요청을 걸 때마다 `Authorization` 헤더를 포함해 전송해야 한다는 점에 주의하세요.

코드 5.3은 자바 스크레이핑 라이브러리 Jsoup를 사용해 Basic 인증이 필요한 페이지에 요청하는 코드입니다.

**코드 5.3** Jsoup로 Basic 인증이 걸려 있는 웹 페이지에 요청하기

```java
package kr.co.rint.crawlerbook;

import org.jsoup.Connection.Response;
import org.jsoup.Connection.Method;
import org.jsoup.HttpStatusException;
import org.jsoup.Jsoup;
import org.jsoup.nodes.Document;
```

```java
import java.io.IOException;
import java.util.Base64;

public class BasicAuthentication {
  public static void main(String[] args) {

    String url = "http://localhost:8080/";
    String username = "username";
    String password = "password";

    // 사용자 이름과 비밀번호를 콜론(:)으로 연결한 뒤 Base64로 인코딩하기
    String authorization = username + ":" + password;
    String base64Authorization = new String(Base64.getEncoder().encodeToString(authorization.getBytes()));

    try {
      Response res = Jsoup.connect(url).method(Method.HEAD).execute();

      // HTTP 인증이 필요하지 않은 페이지의 경우
      // 따로 예외가 발생하지 않고 try 구문을 그대로 진행함
      Document doc = Jsoup.connect(url).get();
      ...

    } catch(HttpStatusException e) {
      // HTTP 인증이 필요한 페이지의 경우 예외가 발생하므로 catch 구문으로 들어옴
      Integer status = e.getStatusCode();

      // HTTP 인증이 필요한 페이지는
      // 상태 코드 401(Authorization Required)을 응답함
      if (status == 401) {
        try {
          // Authorization 헤더에 Base64 인코딩한 데이터를 넣어 요청하기
          Document doc = Jsoup.connect("http://localhost:8080/")
              .header("Authorization", "Basic " + base64Authorization)
              .get();
          ...
        } catch (IOException e2) {
          e2.printStackTrace();
        }
      }
```

```
    } catch (IOException e) {
      e.printStackTrace();
    }
  }
}
```

> **memo** ▶ IP 주소에 제한이 걸려있는 경우
>
> 사용자 인증과 다르게 접근 가능한 IP 주소에 제한이 걸려있는 경우도 있습니다. 일반적으로 테스트 전용 페이지, 특정 사용자에게만 공유하고 싶은 페이지, 기계적인 접근을 차단하고 싶은 페이지를 만들 때 IP 주소로 접근 제한을 걸게 됩니다.
>
> IP 주소로 블록되는지 확인하려면 같은 IP 주소에서 `curl` 명령어 등 다른 방법을 이용해 웹 사이트에 접근해 보기 바랍니다. 사용자 에이전트나 접근하는 페이지를 바꿨는데도 응답이 계속 **403 Forbidden**으로 나온다면 블록됐을 가능성이 높습니다.
>
> 다른 IP 주소를 사용해 접근하면 크롤링할 수 있습니다. 하지만 일반적인 웹 사이트인데도 크롤러의 접근을 차단하고 있다면 해당 크롤러가 사이트를 공격하고 있다고 판단해서 차단했을 가능성이 높습니다.
>
> 이때는 IP 주소를 바꿔도 똑같이 차단될 가능성이 높으므로 크롤링 간격을 더 길게 만들거나 해서 크롤링하기 바랍니다.
>
> 충분히 크롤링 대상 웹 사이트를 배려해 크롤링했는데도 차단됐다면 해당 웹 사이트에 직접 문의하는 것도 하나의 방법입니다. 크롤링한 정보를 어떠한 용도로 사용하고 어떠한 이득을 줄 수 있는지 설명하면 대부분 허가해 줄 것입니다.

### Column | SSL 클라이언트 인증

안전하게 특정 클라이언트로부터의 접근만 허가하고 싶은 경우 클라이언트 증명서를 사용하는 "SSL 클라이언트 인증"이라는 인증 방법을 사용합니다.

클라이언트 증명서란 개인과 조직을 인증하기 위해 발행하는 전자 증명서입니다. 이러한 증명서가 있는 장치만 웹 사이트에 접근하게 허가한다는 것입니다. 이는 ID/비밀번호를 사용하는 인증 방식과 달리 증명서만 유출되지 않으면 인증을 뚫을 수 없는 매우 안전한 방법입니다. 하지만 클라이언트 증명서 발행과 단말기 설치에 시간이 꽤 걸려 불특정 다수의 사용자를 대상으로 하는 인증 방법으로는 적합하지 않습니다.

최근에는 뒤에서 설명하는 2단계 인증처럼 사용자를 공격으로부터 보호하기 위한 다양한 인증 방법이 사용되고 있습니다.

## 입력 양식 기반 인증

HTTP 인증은 간단한 인증 방법으로 사용되는 경우가 많습니다. 그것은 일반적인 웹 사이트에서 일반 사용자를 대상으로 하는 인증에는 거의 사용되지 않습니다. 대부분의 웹 사이트는 로그인 전용 입력 양식을 사용해 인증합니다.

### 로그인 입력 양식의 통신 내용 분석하기

그럼 실제 로그인 입력 양식을 살펴봅시다. 이번 절에서는 GitHub의 로그인 페이지(그림 5.3)를 예로 들겠습니다.

https://github.com/login

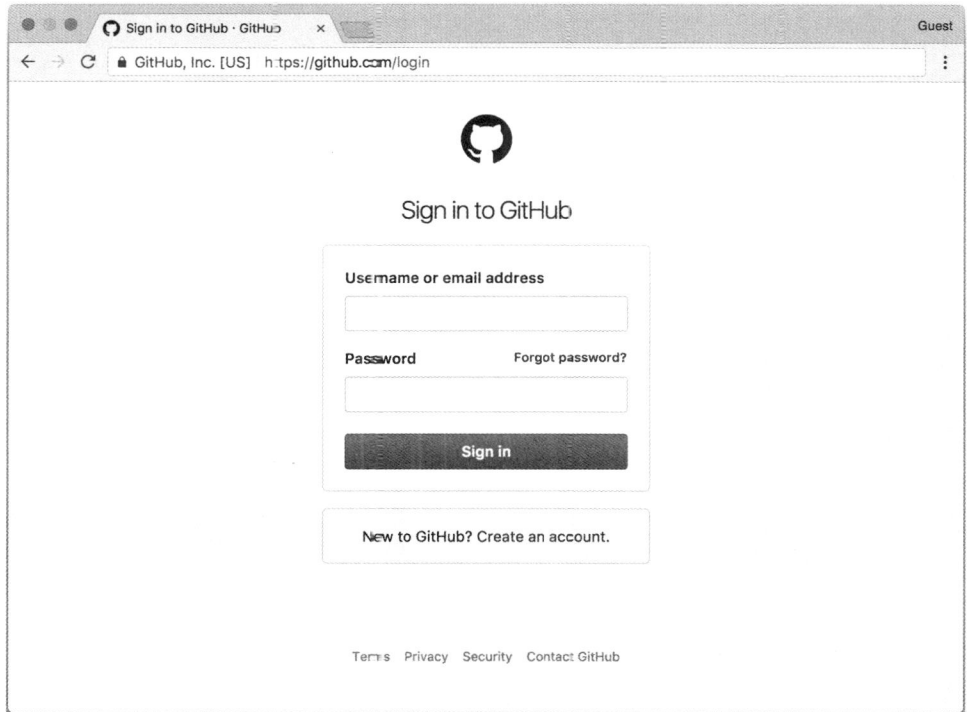

그림 5.3 GitHub의 로그인 페이지

로그인 페이지에는 일반적으로 사용자 ID(또는 메일 주소 등)와 비밀번호를 입력할 수 있는 입력 양식이 있으며 그 외에도 "로그인 정보 저장하기" 등의 체크박스 버튼이 있습니다. GitHub의 로그인 화면은 아주 전형적인 로그인 입력 양식이라고 할 수 있습니다.

입력 양식 부분의 소스 코드를 확인해 봅시다(코드 5.4).

**코드 5.4** GitHub 로그인 화면의 소스 코드

```html
<form accept-charset="UTF-8" action="/session" method="post">
  <input name="utf8" type="hidden" value="   ">
  <input name="authenticity_token" type="hidden" value="XXXXXXXXXXXXXXXXXXXXX==">

  <h1>Sign in to GitHub</h1>

  <label for="login_field">Username or email address</label>
  <input id="login_field" name="login" type="text">

  <label for="password">Password</label>
  <input id="password" name="password" type="password">

  <input name="commit" type="submit" value="Sign in">
</form>
```

`form` 요소의 `action` 속성과 `method` 속성을 확인해 보면 `/session`이라는 경로에 POST 메서드로 데이터를 전송한다는 사실을 알 수 있습니다. `enctype` 속성은 지정하지 않았으므로 `applicatin/x-www-form-urlencoded`로 URL 인코딩된 데이터가 요청 바디로 전송될 것입니다.

입력 양식에 사용자 이름과 비밀번호를 입력하고 [Sign in] 버튼을 클릭하면 브라우저와 웹 서버 사이에 어떤 통신이 이루어질까요?

구글 크롬 개발자 도구의 "Network" 탭에서 실제 통신 데이터를 확인해 봅시다(그림 5.4 ❶). "Network" 탭의 내용은 기본적으로 화면이 변경될 때 요청을 모두 지웁니다. 하지만 여기서는 리다이렉트되는 일련의 내용을 모두 확인해야 하므로 "Preserve Log"에 체크하겠습니다(❷).

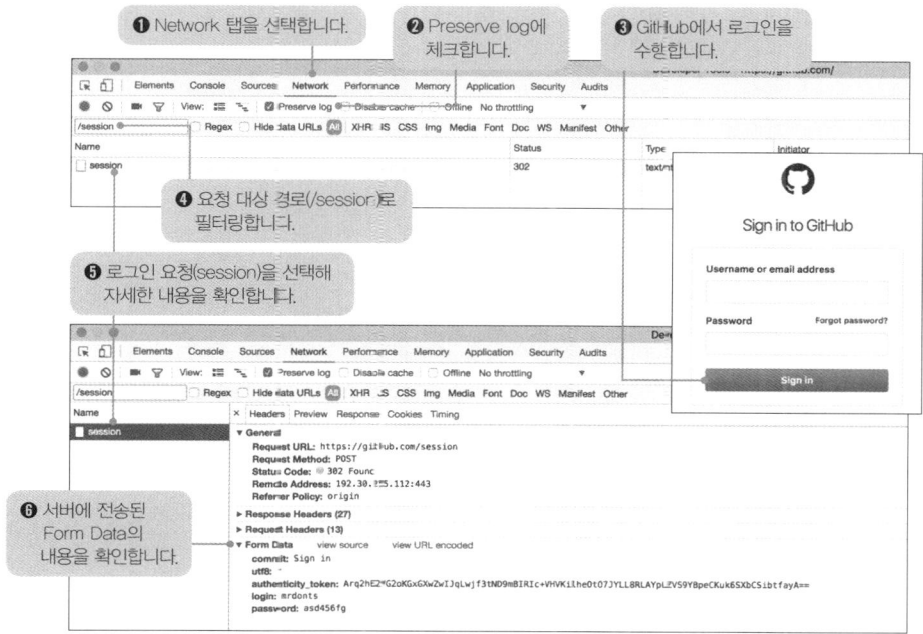

그림 5.4 구글 크롬 개발자 도구

로그인 입력 양식에 사용자 이름과 비밀번호를 입력하고 [Sign in] 버튼을 누릅니다(❸). 개발자 도구의 "Network" 탭에 있는 메뉴에서 웹 서버와의 통신 목록이 출력되면 이를 요청 대상 경로 /session으로 필터링합니다(❹). 필터링하면 Name이 session인 통신 기록이 나옵니다. 이를 클릭해 자세한 내용을 확인합니다(❺).

요청 Body인 Form Data의 내용을 보면 다음과 같은 데이터가 전송됐다는 사실을 알 수 있습니다.

- commit: Sign in
- utf8: √
- authenticity_token: XXXXXXXXXXXXXXXXXXXX==
- login: user_id
- password: users_password

HTML 소스 코드를 확인하면 input 요소의 name 속성과 해당 필드에 입력한 값(value 속성에 설정한 값)이 설정돼 전송되는 것을 확인할 수 있습니다.

`authenticity_token` 필드에는 굉장히 긴 문자열이 설정돼 있습니다. 페이지를 다시 읽어 들이면 `authenticity_token` 값이 변화하는 것을 볼 수 있는데, 이로써 페이지를 읽어 들일 때마다 랜덤으로 설정하는 값이라는 것을 알 수 있습니다. 이는 CSRF라는 웹 애플리케이션 공격을 막기 위해 설정된 토큰입니다.

### 크로스 사이트 리퀘스트 포저리(CSRF)

웹 애플리케이션에는 로그인한 상태에서만 조작할 수 있는 기능이 있습니다. 물건 구매, 개인 정보 변경, 탈퇴 등 중요한 기능들이 그에 해당합니다. 이러한 기능을 구현할 때는 웹 서버와 클라이언트의 통신에 POST 요청을 사용하는 경우가 많습니다. 공격자가 이러한 구조를 역이용하면 그림 5.5처럼 웹 애플리케이션에 로그인한 사용자가 악의적인 사이트에 들어갔을 때 중요한 기능을 실행하게 만드는 POST 요청을 전송할 수 있습니다.

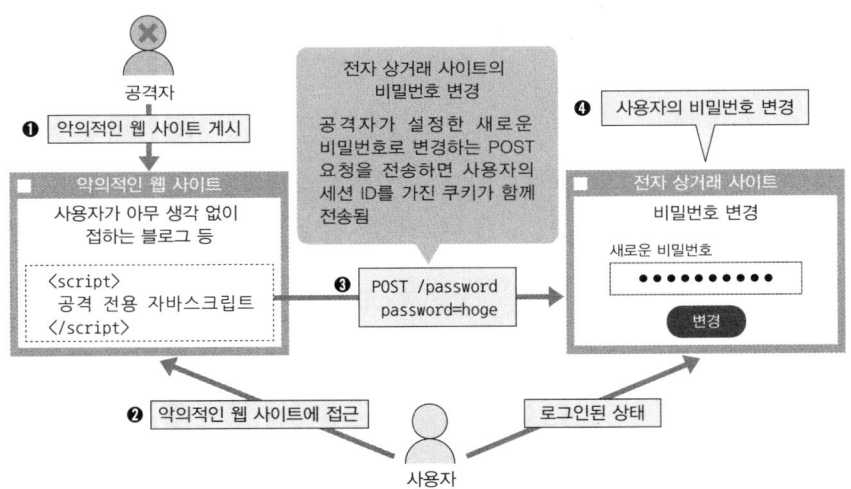

그림 5.5 일반적인 CSRF 공격 방법

이처럼 웹 애플리케이션이 다른 웹 사이트로부터 요청을 받아 처리할 수 있는 취약성을 사용한 공격을 "CSRF(Cross-Site Request Forgery)"라고 합니다.

로그인 처리를 예로 생각해 봅시다(그림 5.6).

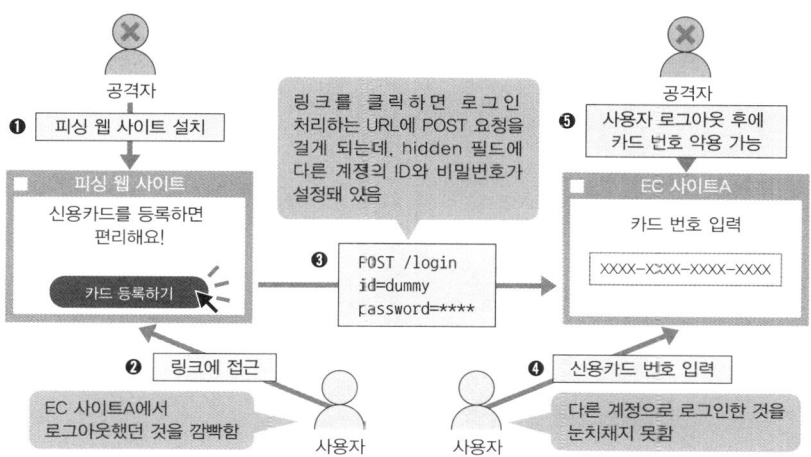

그림 5.6 CSRF 공격을 사용해 가짜 계정으로 로그인하게 만들기

사용자가 EC 사이트A에 로그아웃한 상태에서 악의적인 피싱 사이트에 접근한 경우입니다. 이러한 악의적인 사이트는 신용카드 정보를 입력하게 유도합니다. 이때 사용자가 자신이 로그인돼 있지 않다는 것을 깜빡하고 신용카드 정보를 입력했다고 합시다. 신용카드 정보와 함께 악의적인 목적으로 만든 `type` 속성에 `hidden`이 지정된 다른 계정의 ID와 비밀번호가 EC 사이트A로 넘어가면 다른 사람의 계정에 사용자의 신용카드 정보가 등록됩니다.

이러한 CSRF 공격을 막고자 도입한 것이 GitHub 로그인 입력 양식에 있는 `authenticity_token`입니다(그림 5.7).[5]

중요한 입력 양식을 출력할 때는 랜덤한 토큰을 함께 생성합니다. 이러한 토큰을 사용자의 브라우저를 구별하는 속성(session_id)과 함께 기록합니다. 그러고 나서 사용자가 입력 양식 데이터를 전송하면 입력 양식에 들어 있는 토큰이 함께 전송됩니다. 최종적으로 전송된 토큰과 서버에 기록된 토큰이 일치하는 경우에만 처리를 진행합니다.

---

5   `authenticity_token`이라는 매개 변수 이름은 루비 온 레일즈에서 사용하던 이름입니다. 현재는 이 이름이 CSRF 공격을 막기 위한 매개 변수 이름으로 널리 사용되고 있습니다.

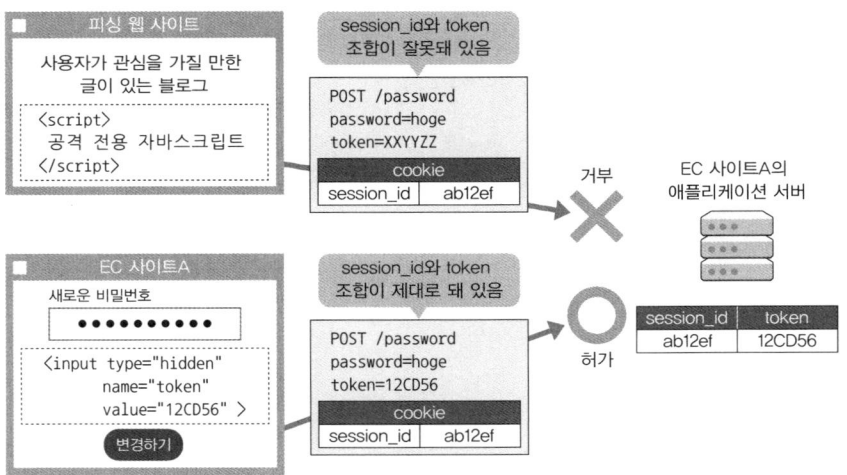

그림 5.7 CSRF 공격을 막기 위한 토큰 사용

GitHub의 로그인 처리 예를 생각해 봅시다. 브라우저 화면에서는 사용자 ID와 비밀번호만 전송하는 것처럼 보이지만, 실제로는 **authenticity_token**과 함께 전송하는 것입니다. 이러한 토큰을 전송하지 않거나 제대로 된 토큰을 전송하지 않으면 로그인 처리가 아예 이루어지지 않습니다. 이렇게 랜덤하게 생성되는 토큰은 중복 요청을 막을 때도 사용됩니다.

### 입력 양식 기반 인증 프로그램의 예

그럼 Jsoup를 사용해 GitHub에 로그인하는 프로그램을 작성해 봅시다(코드 5.5). 앞에서 로그인 성공한 요청의 Request Headers를 확인하고 그 내용을 기반으로 요청 HTTP 헤더를 정의했습니다.

**코드 5.5** Jsoup를 사용해 GitHub에 로그인하기

```
package kr.co.rint.crawlerbook;

import org.jsoup.Connection;
import org.jsoup.Connection.Response;
import org.jsoup.Connection.Method;
import org.jsoup.Jsoup;
import org.jsoup.nodes.Document;

import java.io.IOException;
import java.net.URLEncoder;
```

```java
import java.util.HashMap;
import java.util.Map;

public class FormAuthentication {
  public static void main(String[] args) {
    try {
      // ① 로그인 페이지의 HTML 추출하기
      Response res = Jsoup.connect("https://github.com/login")
          .userAgent("User-Agent:Mozilla/5.0 (Macintosh; Intel Mac OS X 10_10_4) AppleWebKit/600.7.12 (KHTML, like Gecko) Version/8.0.7 Safari/600.7.1")
          .header("Referer", "https://github.com/")
          .header("Accept", "text/html,application/xhtml+xml, application/xml;q=0.9,image/webp,image/apng,*/*;q=0.8")
          .header("Accept-Encoding", "gzip, deflate, br")
          .header("Accept-Language", "en-US,en;q=0.8")
          .header("Host", "github.com")
          .header("Origin", "https://github.com")
          .header("Connection", "keep-alive")
          .header("Cache-Control", "max-age=0")
          .header("Upgrade-Insecure-Requests", "1")
          .method(Method.GET).execute();
      Document doc = res.parse();

      // ② 첫 응답의 쿠키를 추출해 저장해두기
      Map<String, String> cookies = res.cookies();

      // ③ CSRF를 피하기 위한 토큰 값 추출하기
      final String authenticity_token = doc.select("input[name=authenticity_token]").first().attr("value");

      // GitHub ID 입력하기
      final String login = "my_username";
      // GitHub 비밀번호 입력하기
      final String password = "my_password";

      // ④ 로그인 요청으로 전송할 값을 URL 인코딩하고
      //    요청 바디의 길이 구하기
      Map<String, String> formData = new HashMap();
      formData.put("utf-8", "   ");
```

```java
        formData.put("authenticity_token", authenticity_token);
        formData.put("login", login);
        formData.put("password", password);
        formData.put("commit", "Sign in");

        StringBuilder sb = new StringBuilder();
        for(Map.Entry<String, String> entry: formData.entrySet()){
          if(sb.length() > 0){
            sb.append("&");
          }
          sb.append(entry.getKey() + "=" + URLEncoder.encode(entry.getValue(), "UTF-8").replace("%20", "+"));
        }
        String requestBody = new String(sb);

        // 로그인 처리 요청 보내기
        Connection con2 = Jsoup.connect("https://github.com/session")
            // ⑤ 요청 헤더 설정하기
            .userAgent("User-Agent:Mozilla/5.0 (Macintosh; Intel Mac OS X 10_10_4) AppleWebKit/600.7.12 (KHTML, like Gecko) Version/8.0.7 Safari/600.7.1")
            .header("Content-Type", "application/x-www-form-urlencoded")
            .header("Referer", "https://github.com/")
            .header("Accept", "text/html,application/xhtml+xml, application/xml;q=0.9,image/webp,image/apng,*/*;q=0.8")
            .header("Accept-Encoding", "gzip, deflate, br")
            .header("Accept-Language", "en-US,en;q=0.8")
            .header("Host", "github.com")
            .header("Origin", "https://github.com")
            .header("Connection", "keep-alive")
            .header("Cache-Control", "max-age=0")
            .header("Upgrade-Insecure-Requests", "1")
            .header("Content-Length", Integer.toString(requestBody.length()))
            // 이전에 저장한 쿠키 사용하기
            .cookies(cookies)
            .requestBody(requestBody)
            .method(Method.POST)
            // 로그인 후 Referer로 설정한 URL로 리다이렉트하지 않게 설정하기
            .followRedirects(false);
        Response res2 = con2.execute();
```

```java
        // 로그인 후의 응답에서 쿠키를 추출해 저장해두기
        Map<String, String> cookies2 = res2.cookies();
        Response res3 = Jsoup.connect("https://github.com/settings/profile")
                .userAgent("User-Agent:Mozilla/5.0 (Macintosh; Intel Mac OS X 10_10_4) AppleWebKit/600.7.12 (KHTML, like Gecko) Version/8.0.7 Safari/600.7.1")
                .header("Referer", "https://github.com/")
                .header("Accept", "text/html,application/xhtml+xml, application/xml;q=0.9,image/webp,*/*;q=0.8")
                .header("Accept-Encoding", "gzip, deflate, br")
                .header("Accept-Language", "en-US,en;q=0.8")
                .header("Host", "github.com")
                .header("Connection", "keep-alive")
                // ⑥ 로그인 후의 요청에 저장된 쿠키를 넣어 전송하기
                //    이렇게 하면 서버가 로그인한 사용자로 인식함
                .cookies(cookies2)
                .method(Method.GET)
                .execute();

        // 로그인 후 페이지에 접근하던
        // 상태 코드가 200으로 나오는 것을 확인할 수 있음
        System.out.println(res3.statusCode());
        // 로그인 후 프로필 페이지에 접근해
        // 계정과 관련된 정보 추출하기
        Document doc3 = res3.parse();
        String myName = doc3.select("#user_profile_name").attr("value");
        System.out.println(myName);

    } catch(IOException e) {
        e.printStackTrace();
    }
  }
}
```

이 프로그램을 실행하면 200 OK라는 응답을 받을 수 있으며 로그인 후에만 접근 가능한 정보에 접근할 수 있게 됩니다. 그럼 각 처리가 어떠한 의미를 가지는지 살펴봅시다.

① 로그인 페이지의 HTML을 추출합니다. **authenticity_token**처럼 숨겨진 입력 양식 정보를 확인하기 위한 목적입니다.

② 서버에서 응답받은 쿠키를 추출하고 이를 다음 요청에 활용할 수 있게 설정합니다. 애플리케이션 쪽에서 송신된 토큰의 정당성을 확인하기 위해 사용자 식별에 쿠키를 사용하는 경우가 있기 때문입니다.

③ 로그인 페이지의 HTML에 있는 숨겨진 입력 양식 정보에서 CSRF 관련 토큰을 추출하는 부분입니다.

④ `application/x-www-form-urlencoded`가 지정돼 있거나 `enctype`이 지정돼 있지 않은 경우, 입력 데이터를 URL 인코드해야 합니다. 입력 양식 데이터값을 URL 인코드하고 `key=value` 형식으로 작성하고 &로 연결한 뒤 전체 문자 수를 세고 이를 `Content-Length` 헤더에 설정합니다. 참고로 URL 인코드하면 공백(스페이스)이 +로 변환되므로 주의하기 바랍니다.

⑤ 요청 헤더를 설정합니다. 브라우저에서 로그인에 성공할 때 어떤 식으로 요청이 들어가는지 구글 크롬 개발자 도구로 확인하고 이를 참고해 설정했습니다.

⑥ 입력 양식을 활용한 인증의 경우 쿠키를 사용해 같은 사용자의 요청이라는 것을 구분합니다. 따라서 이후의 요청에 쿠키를 활용할 수 있게 HTTP 헤더에 쿠키를 추가합니다. 이렇게 하면 웹 서버가 이후 요청을 인증한 사용자라고 인식합니다.

## 세션 관리

웹 애플리케이션의 경우, 한 번 로그인하면 일정 기간 다시 로그인하지 않아도 인증 상태를 유지할 수 있습니다. 기본적인 HTTP 인증(Basic HTTP Authentication)의 경우는 요청할 때마다 요청 헤더로 ID와 비밀번호를 보내서 인증합니다. 하지만 입력 양식 기반의 인증은 일반적으로 쿠키를 사용해 같은 사용자가 계속 요청한다는 것을 인지합니다. 이처럼 같은 사용자가 보내는 요청을 세션(session)이라고 부릅니다.

이러한 세션 관리가 어떻게 이루어지는지 더 자세하게 알아봅시다.

쿠키는 HTTP 응답 헤더를 사용해 서버에서 응답받을 수 있는 작은 데이터입니다. 이는 `Set-Cookie: session_id=example`처럼 키와 값의 조합으로 이루어집니다. `Set-Cookie` 헤더를 받은 브라우저는 이후의 요청 때 자동으로 해당 데이터를 헤더에 추가해 서버에 전송합니다.[6]

대부분의 웹 프레임워크는 쿠키를 사용한 세션 관리 기능을 가지고 있으며 이를 사용해 요청이 들어오면 사용자를 구분할 수 있습니다. 사용자 인증 상태 저장에도 일반적으로 이러한 세션 기능을 사용합니다.

---

6   쿠키와 관련된 자세한 내용은 2장의 "쿠키가 없으면 크롤링할 수 없는 웹 사이트"(58쪽)를 참고하세요.

세션 관리 기능은 구현에 따라 다릅니다. 먼저 대표적인 예로 자바 서블릿의 경우를 살펴봅시다(그림 5.8).

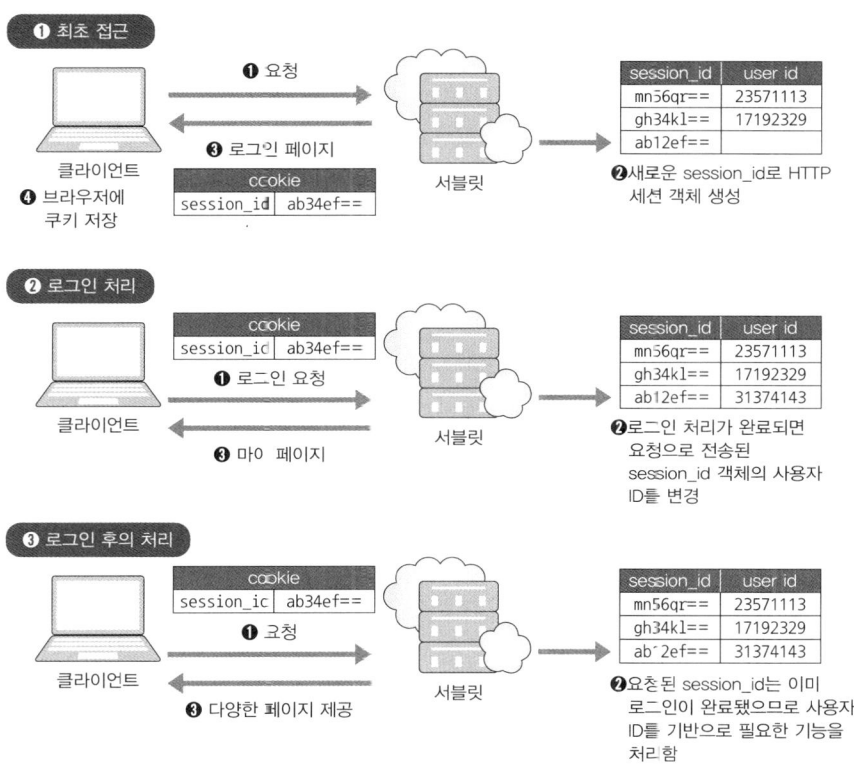

그림 5.8 서블릿의 세션 기능

자바 서블릿은 브라우저에서 처음 요청을 전송했을 때 클라이언트를 식별하기 위한 세션 ID로 JSESSIONID를 발급합니다. 이어서 이후 접근 때 브라우저가 이 쿠키를 헤더에 넣어 보내면 이 쿠키를 보고 어떤 클라이언트로부터의 접근인지 판정합니다. 또한 서버에서는 이러한 세션 ID를 사용해 데이터를 저장합니다. 이를 활용해 로그인 정보나 쇼핑 카트 정보를 서버 측에 저장합니다.

루비 온 레일즈와 플레이 프레임워크(Play Framework) 등의 웹 프레임워크에서는 디폴트로 세션 데이터가 아니라 쿠키에 직접 저장합니다. 물론 세션 데이터의 도청과 조작을 막기 위해 암호화와 서명 등의 기술이 사용됩니다.

루비 온 레일즈 애플리케이션의 경우, 서버에서 세션에 값을 설정하면 다음과 같이 _session이라는 쿠키가 응답합니다.

```
Set-Cookie: _myapp_session=bGwvTEJlVTNmcXJtQmQwaFIveVBkUkszTlVsWExocmw0d0ppLzlRWDlUUGZE
cnVKRFZWbHV1SS9IZXEwakt5WFNHL3dpNzllMkJJR0NVamd4NXFxUW9MaXRXM0N5R210bk1KSjIxVjBpOVU9LS
04a2RkVnFhWUR6cDlrbmE0dmtlcmR3PT0%3D--5caf48342324ae2ed5a341b5164861decd3f2f37; path=/;
HttpOnly
```

과거의 루비 온 레일즈는 이러한 암호화를 하지 않고 쿠키에 데이터를 설정했지만, 현재는 이처럼 데이터를 암호화해서 사용하고 있습니다. 어쨌거나 쿠키는 요청에서 매번 오고 가므로 통신 경로를 오고 갈 때 도청될 가능성이 있습니다. 따라서 보안상 중요한 데이터는 이렇게 저장하면 안 됩니다.

루비 온 레일즈의 경우는 세션을 사용할 때 데이터를 어디에 저장할지 그 데이터 저장소를 선택할 수 있습니다(표 5.2).

표 5.2 루비 온 레일즈에서 사용할 수 있는 세션 데이터 저장소

| 데이터 저장소 | 설명 |
| --- | --- |
| 쿠키 | 클라이언트의 쿠키에 세션을 저장합니다. |
| 캐시 | 서버 사이드에서 애플리케이션의 캐시에 세션을 저장합니다. 짧은 기간 동안 데이터를 저장할 때 사용합니다. |
| 데이터베이스 | 데이터베이스에 세션 정보를 저장합니다. 스케일 아웃 등을 사용할 수 있으며 비밀 정보를 쉽게 관리할 수 있지만 읽고 쓸 때 비용[7]이 발생합니다. |

설정을 변경하면 자바 서블릿처럼 쿠키에 세션 ID만 저장합니다. 그리고 데이터는 데이터베이스에 저장해 사용하게 됩니다. 이때 서버의 응답에 포함되는 Set-Cookie 헤더는 다음과 같습니다.

```
Set-Cookie: _myapp_session=8a865fe2fd312ecee75ecec8eb241eb8; path=/; HttpOnly
```

---

[7] 역) 이때 말하는 비용은 "돈"이 아니라 하드디스크와 네트워크 등의 물리 리소스 비용을 의미합니다.

## 세션 하이재킹

이처럼 세션을 사용해 사용자별로 데이터를 가지게 만드는 애플리케이션의 경우, 세션 ID가 도청되면 해당 세션 ID를 사용해 해당 사용자의 정보에 접근할 수 있습니다(그림 5.9). 이것이 세션 하이재킹이라는 공격 방법입니다.

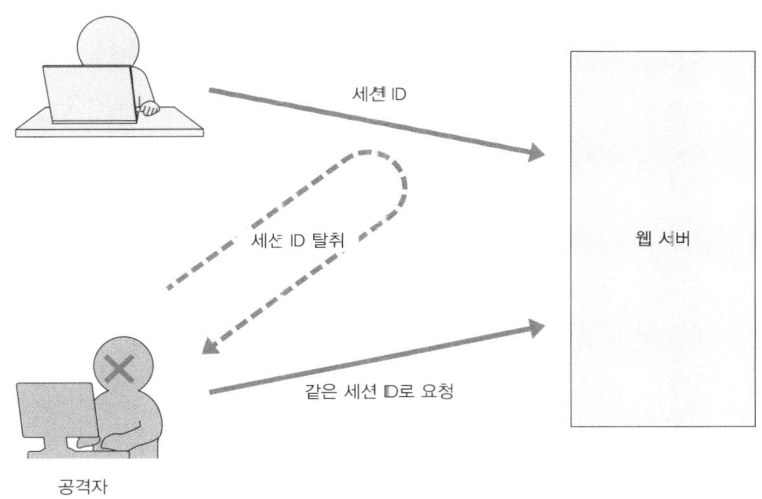

그림 5.9 세션 하이재킹

HTTP가 암호화돼 있지 않으면 통신 경로에서 쿠키를 도청할 수 있고 그에 따라 세션 ID를 탈취할 수 있습니다. 이러한 위험에 대처하는 방법으로 다음 두 가지를 생각해볼 수 있습니다.

## HTTPS를 사용하고 쿠키에 secure 속성과 httpOnly 속성 지정하기

`secure` 속성이 지정된 쿠키는 HTTPS의 경우에만 전송됩니다. 따라서 HTTPS에서 일시적으로 HTTP 페이지로 이동한 경우에도 세션 ID를 저장한 쿠키의 유출을 막을 수 있습니다. 그리고 `httpOnly` 속성이 지정된 쿠키는 자바스크립트에서 인식할 수 없습니다. 따라서 XSS 취약성을 사용한 세션 ID 탈취 공격을 막을 수 있습니다.

## 적절한 방법으로 세션 ID 생성하기

쉽게 예측할 수 있는 순번 등을 세션 ID로 생성해 사용하지 말고 랜덤하게 세션 ID를 생성해 사용하는 것이 좋습니다. 애플리케이션 서버와 프레임워크가 자동으로 생성하는 ID를 사용하면 딱히 문제 되는 부분은 아닙니다.

아울러 "세션 유효 기간을 짧게 설정해서 세션 ID를 탈취당한 경우에도 피해를 최소화한다"는 방법도 사용해 볼 수 있습니다. 다만 세션 유효 기간을 너무 짧게 설정하면 사용자가 로그인을 자주 해야 하므로 불편을 겪을 수 있습니다. 따라서 "인증 상태를 오래 유지해도 보안상 중요한 조작(결제 등)을 할 때는 추가로 인증하게 요구하는 방법"을 사용하는 것이 더 좋을 수 있습니다.

또한 세션 하이재킹 방법 중의 하나로 "세션 고정 공격"이라는 방법이 있습니다. 이는 공격자가 사용자에게 세션 ID를 미리 강제적으로 지정해두는 방법입니다. 사용자가 로그인하면 해당 세션 ID가 인증되므로 공격자도 로그인되는 것입니다. 이를 막기 위한 대책으로 "로그인하면 세션 ID를 변경"하는 방법이 많이 사용됩니다.

> **memo** 세션 대량 생성으로 인한 메모리 부족
>
> 서버 사이드 세션은 쿠키에 있는 세션 ID를 통해 같은 세션인지를 판별합니다. 따라서 서버가 세션 ID가 없는 요청을 받으면 새로운 세션을 만들게 됩니다.
>
> 따라서 쿠키가 없는 요청을 대량으로 서버에 걸면 서버에서 요청별로 세션을 만들고 이로 인해 세션 정보를 저장하는 메모리 또는 데이터베이스를 압박할 수 있습니다.
>
> 사실 이는 본질적으로 웹 사이트 쪽에서 해결해야 하는 문제이기는 합니다. 하지만 크롤러를 사용해 접근한다면 최대한 서버로부터 받은 쿠키를 다음 요청에 포함해 전송하세요. 쿠키를 포함해 요청하면 크롤러로 인해 이러한 문제가 발생하지 않을 것입니다.
>
> 또한 웹 사이트를 만드는 입장이라면 세션 ID가 쿠키에 넘어오지 않았다고 해서 세션을 무조건 발급하지 말고 세션이 필요한 페이지에서만 세션을 발급하기 바랍니다. 그리고 세션 유효 기간을 필요 이상으로 길게 설정하지 말기 바랍니다.

## 2단계 인증

인터넷이 보급됨에 따라 웹 사이트와 관련된 보안 문제가 많아지고 있습니다. 그래서 보안상 중요한 서비스와 시스템은 사용자 비밀번호를 도난당했을 경우를 대비해서 2단계 인증이라는 시스템을 사용하는 경우가 많습니다.

2단계 인증이란 기존의 비밀번호와 함께 "일시적으로 사용할 수 있는 일회용 토큰"으로 인증하는 방식입니다.

일회용 토큰은 2단계 인증을 활성화할 때 등록한 스마트폰 등으로 알 수 있습니다. 이 일회용 토큰은 일정 시간마다 새로운 토큰이 만들어집니다. 따라서 공격자가 사용자의 비밀번호를 알 아내도 등록한 스마트폰이 없으면 토큰을 알 수 없으므로 로그인할 수 없습니다(그림 5.10).[8]

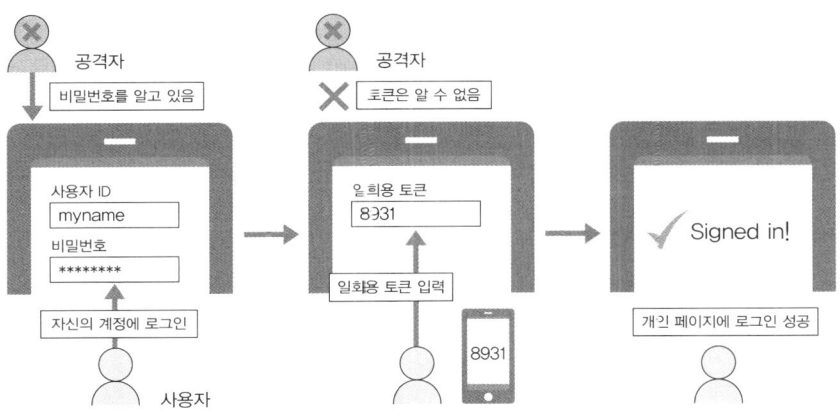

그림 5.10 2단계 인증

2단계 인증이 필수적인 웹 사이트는 크롤링할 수 없습니다. 다만 2단계 인증을 적극적으로 도 입하고 보안에 관심이 높은 웹 사이트라면 사용자 인증과 별도로 외부 애플리케이션 연동 전 용 OAuth 등을 제공하는 경우가 많습니다. 따라서 필요하다면 그러한 기능을 활용하기 바랍 니다.

최근에는 비밀번호 없이 온라인 인증하는 FIDO(Fast Identity Online)라는 것도 사용되고 있 습니다.

FIDO에는 생체 인증을 사용해 비밀번호 없이 사용할 수 있는 UAF, 과도기적인 형태로 비밀 번호와 2단계 인증을 함께 하는 U2F라는 두 가지 사양이 있었습니다. FIDO 2.0이 되면서 이 두 가지 사양이 통합됐습니다. 생체 정보는 비밀번호와 달리 변경할 수 없으므로 유출되면 굉 장히 위험하다는 문제가 있습니다. 그래서 FIDO는 생체 정보를 사용한 인증을 신뢰할 수 있는 장치에서 진행하고 서버는 인증 정보만을 전송하게 해서 네트워크상에서 생체 정보가 유출되 지 않는 구조로 되어 있습니다.

---

8  역) 은행에서 송금할 때 사용하는 보안 카드와 OTP 카드를 생각하면 좋습니다. 공인인증서 비밀번호를 탈취당해도 보안 카드와 OTP 카드가 없으면 송금할 수 없습니다.

## CAPTCHA를 사용한 BOT 대책

크롤러를 포함한 BOT이 웹 사이트에 접근하는 것을 막는 방법으로 CAPTCHA가 있습니다.

CAPTCHA는 사람은 쉽게 인식할 수 있지만 컴퓨터는 인식하기 힘든 그림을 출력하고 대답을 입력받아 접근 가능 상태로 만들어주는 것으로, 접근자가 사람인지를 판단하기 위한 인증 방법입니다. 주로 서비스의 사용자 등록 입력 양식, 블로그 댓글 입력 양식처럼 BOT이 계정을 대량 생성하거나 스팸 댓글을 다는 것을 방지하기 위해 사용합니다(그림 5.11).

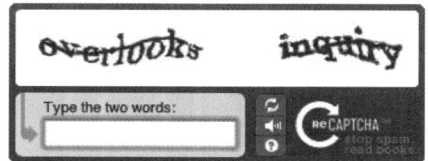

그림 5.11 CAPTCHA의 예

일반적으로 CAPTCHA는 숫자와 알파벳을 입력으로 요구하는데, 최근에는 이미지 인식 정밀도가 높아져 이러한 CAPTCHA를 뚫고 들어오는 사례도 많아지고 있습니다. 그래서 컴퓨터가 인식할 수 없게 노이즈를 추가하는 경우가 있는데, 이로 인해 사람도 판별이 어려워지는 주객전도의 문제가 발생하고 있습니다.

그래서 구글의 reCAPTCHA처럼 이미지를 사용한 문제로 사람을 판별하는 사례도 나오고 있습니다(그림 5.12).

그림 5.12 reCAPTCHA의 예

190　크롤링 핵심 가이드

접근 대상 페이지가 CAPTCHA를 도입하고 있다면 웹 사이트 운영자가 "해당 페이지는 BOT이 접근하지 못하게 막겠다"라고 명시한 것이라고 할 수 있습니다. 따라서 크롤링하지 말기 바랍니다.

## 5-3 웹 API를 사용해 정보 추출하기

지금까지는 일반적으로 웹 브라우저로 사용하는 웹 애플리케이션의 인증 방식을 살펴봤습니다. 하지만 웹 사이트에 따라 외부 프로그램에 해당 사이트의 정보를 공개하기 위해 웹 API를 제공하는 경우도 있습니다.

웹 API는 원래 프로그램에서 호출하기 위해 만들어진 것입니다. 디자인이 빈번하게 변경되는 HTML과 다르게 호환성과 스로틀링[9] 등을 고려한 경우가 많습니다. 따라서 디자인 변경으로 인해 스크레이핑을 못하게 되거나 접근을 너무 많이 해서 웹 사이트에 문제를 일으키는 현상을 피할 수 있습니다.

웹 API를 사용할 때 가장 먼저 고려할 점은 인증 처리입니다. 물론 인증 없이 사용할 수 있는 웹 API를 제공하는 경우도 있지만 대부분의 웹 API는 다음과 같은 이유로 인증을 사용합니다.

- 사용자별로 과금하고 접속 수를 제한하기 위해
- 보안상 중요한 데이터를 다루기 위해

HTTP 인증과 입력 양식 기반의 인증을 사용해 웹 사이트에 접속하려면 로그인을 위한 사용자 ID와 비밀번호를 크롤러가 알고 있어야 합니다. 이는 곧 "해당 계정으로 할 수 있는 모든 조작을 크롤러가 할 수 있게 한다"는 뜻입니다. 웹 API를 사용하면 이러한 위험한 방법을 사용하지 않고도 "접근 가능한 정보를 최소한으로 제한할 수 있다"는 장점이 있습니다. 크롤러를 만드는 입장에서도 사용자 ID와 비밀번호를 맡거나 필요 이상으로 많은 정보에 접근할 수 있게 되면 보안상 위험이 커집니다. 따라서 적절한 접근 통제를 받는 것이 좋습니다.

---

[9] 어떤 클라이언트가 요청을 너무 많이 걸었을 때 해당 클라이언트를 일시적으로 거부하는 기능을 의미합니다.

이번 절에서는 웹 API를 호출할 때 필요한 인증 방법을 자세하게 살펴보겠습니다.

##  접근키로 인증하기

웹 API 인증 방법 중 가장 간단한 방법은 접근할 프로그램에게 토큰을 발행하고 그 토큰을 사용해 요청을 걸게 하는 방법입니다(그림 5.13). 이러한 토큰을 "접근키"라고 하며 서버 측에서는 접근키를 사용해 클라이언트를 식별합니다.

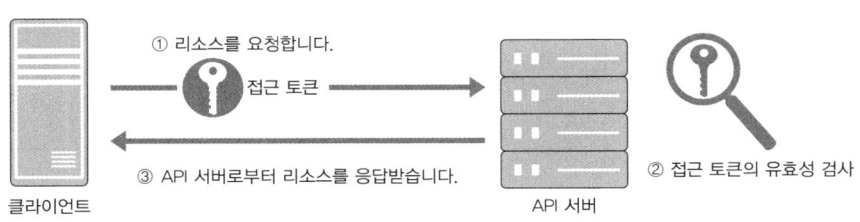

그림 5.13 접근키 인증

굉장히 간단한 방법이지만, 접근키가 유출되면 부정하게 사용될 수 있습니다. 따라서 접근키를 굉장히 주의 깊게 다루어야 합니다.

AWS 등의 클라우드 서비스는 터미널 또는 프로그램에서 리소스를 관리하게 해주는 CLI와 SDK를 제공합니다. 이러한 프로그램은 대부분 접근키를 사용한 인증 방식을 사용합니다.

**코드 5.6** AWS SDK를 사용해 Amazon S3에 접근하기

```
String accessKey = System.getenv("AWS_ACCESS_KEY");
String secretKey = System.getenv("AWS_SECRET_KEY");

AWSCredentials credentials = new BasicAWSCredentials(accessKey, secretKey);
AmazonS3 s3 = new AmazonS3Client(credentials);
...
```

접근키는 일반적으로 프로그램에 직접 작성하지 말고 환경 변수에서 읽게 만들어야 합니다. 프로그램에 접근키를 직접 작성했는데 실수로 GitHub에 소스 코드를 공개해버리면 제삼자가 접근키를 악용할 수 있습니다. 이로 인해 비용적 손실이 발생할 수 있으니 주의하기 바랍니다.

아울러 AWS의 경우 AWS 내부의 EC2 인스턴스로부터의 접근은 접근키를 사용하지 않고 인스턴스 전용 권한을 사용해 접근을 지어하기도 합니다. 이러한 방법을 사용하면 아예 접근키가 없으므로 접근키가 유출될 가능성이 없습니다. 접근키를 사용한 인증이 간단하기는 하지만, 더 안전한 방법을 사용할 수 있다면 그 방법을 사용하는 것이 좋습니다.

## OAuth 2.0

애플리케이션별로 허가를 받는 프로그램이라면 미리 토큰을 발행해두고 그것을 활용하면 됩니다. 하지만 사용자의 개인 정보에 접근하는 웹 API는 사용자의 개별적인 허가가 있어야 합니다. 이럴 때 사용자로부터 허가를 받기 위해 현재 널리 사용되는 방법이 OAuth 2.0입니다.

OAuth 1.0에서는 API를 요청할 때 반드시 디지털 서명을 해야 했으며 기본적인 클라이언트 서버 형태의 웹 애플리케이션만 가정해 설계했습니다. 반면 OAuth 2.0은 모바일 애플리케이션, 데스크톱 애플리케이션, 웹 브라우저 등에서 사용할 것을 가정하고 다양한 용도로 지원할 수 있게 확장 설계됐습니다. 페이스북, 트위터, 구글 등의 다양한 서비스가 모두 OAuth를 지원하고 있으며 현재 제공하는 API는 대부분 2012년에 표준화된 OAuth 2.0을 기반으로 구현됐습니다. 지금부터는 특별히 구분할 필요가 있는 경우가 아니라면 OAuth 2.0을 모두 OAuth로 표현하겠습니다.

OAuth를 사용해 애플리케이션의 로그인 서비스를 연동하는 대표적인 예로 "트위터와 페이스북 계정을 사용한 로그인"을 들 수 있습니다(그림 5.14). 이러한 로그인 방법을 "소셜 로그인"이라고 부르는데, "로그인하려는 서버에게 비밀번호를 알려주지 않는다"는 특징이 있습니다.

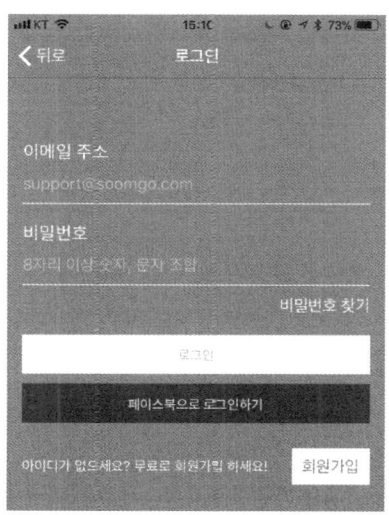

그림 5.14 숨고 애플리케이션의 소셜 로그인

실제로 로그인을 진행해 보면 로그인에 사용하고자 하는 서비스의 페이지로 이동하며 거기에서 서비스에 대한 정보 제공 동의와 범위를 설정하게 됩니다(그림 5.15).

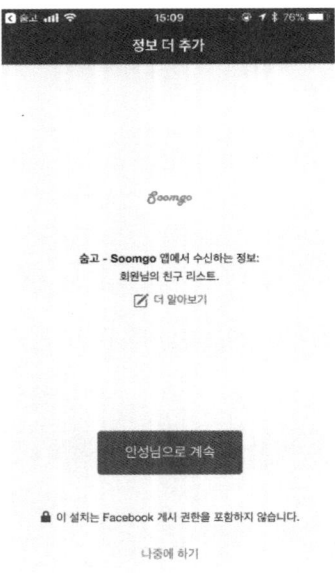

그림 5.15 페이스북 로그인 동의 화면

로그인이 완료되면 웹 애플리케이션에서 허용된 범위의 사용자 리소스를 활용할 수 있습니다.

## OAuth 처리 흐름

OAuth 2.0을 사용해 "리소스 접근 허가"를 얻기 위한 방법은 꽤 다양합니다. 그 방법의 종류를 "그랜트 유형(Grant Type)"이라고 하며, 유형에 따라 구현 방법이 다릅니다. 이번 절에서는 OAuth 프로토콜이라는 4개의 기본적인 그랜트 유형에 대해 살펴보겠습니다.

### Authorization Code(인증 코드)

일반적으로 서버 사이드 웹 애플리케이션을 만들 때 적합한 유형입니다. 애플리케이션이 리소스에 접근할 때 접근 토큰을 확인하는 방식입니다. 접근 토큰을 사용하기 때문에 장기간 API에 접근할 수 있다는 특징이 있습니다. 접근 토큰과 관련된 내용은 나중에 설명하겠습니다.

### Implicit Grant

자바스크립트를 사용한 SPA(Single-Page Application)처럼 브라우저에서 동작하는 클라이언트 사이트 웹 애플리케이션에 특화된 유형입니다. 리프레시 토큰(Refresh Token)을 사용하지 않으므로 접근 권한을 일시적으로만 갖게 됩니다.

### Resource Owner Password Credentials

사용자의 ID와 비밀번호를 직접 접근 토큰과 교환하는 유형입니다. API 제공 측이 직접 개발하는 클라이언트 애플리케이션에서 장치에 비밀번호를 직접 저장하고 싶지 않을 때 사용됩니다. 따라서 이 방법은 일반적으로 외부 애플리케이션에 공개되지 않습니다.

### Client Credentials

사용자마다 별도의 허가가 필요하지 않은 경우에 사용되는 유형입니다. 예를 들어 트위터 API에서 애플리케이션 인증(Application-only authentication)으로 공개돼 있는 사용자 타임라인, 트위터 검색 기능 등에 사용됩니다.[10]

### Authorization Code 유형

이전에 언급했던 소셜 로그인은 Authorization Code 유형을 사용합니다. OAuth를 사용하는 대부분의 API는 Authorization Code 유형을 사용하고 있으니 Authorization Code 유형과 관련된 내용만 자세하게 살펴보겠습니다(그림 5.16).

---

10 역) 사용자가 로그인하지 않아도 얻을 수 있는 정보입니다. 애플리케이션 자체를 감시하기 위해 사용되는 유형이라고 할 수 있습니다.

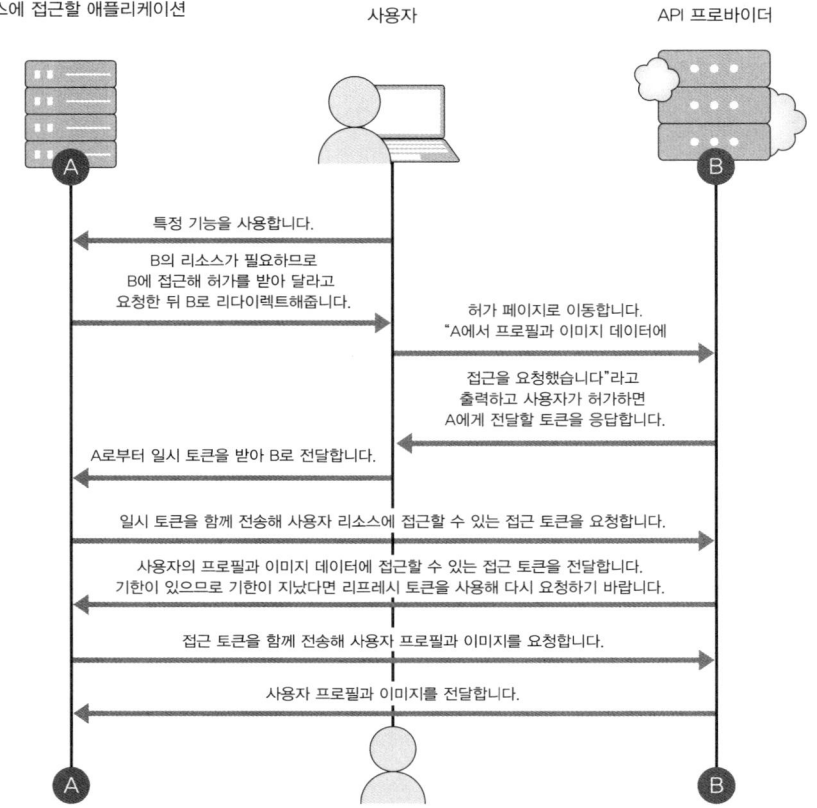

그림 5.16 Authorization Code를 사용한 인증의 흐름

일단 그림에 등장하는 인물을 확인합시다. 등장인물을 살펴보면 "리소스를 소유한 사용자", "API 프로바이더", "리소스에 접근하고자 하는 애플리케이션"으로 모두 3명입니다. 참고로 이것은 사용자가 웹 브라우저를 사용해 프로바이더와 애플리케이션에 접근하는 경우를 예로 든 것입니다.

이번 장의 마지막 부분에서 자바 라이브러리를 사용해 GitHub의 OAuth를 사용하는 방법을 설명하므로 그림 5-16의 예도 GitHub와 최대한 비슷한 흐름으로 맞췄습니다.

일단 애플리케이션이 미리 GitHub에 애플리케이션으로 등록돼 있어야 하고 클라이언트 또는 클라이언트 시크릿을 가지고 있어야 합니다.

OAuth의 기본 사양에는 허가를 요구하는 엔드 포인트가 **/token**으로 정의돼 있습니다. 하지만 이러한 엔드 포인트는 트위터와 페이스북처럼 사용하는 서비스에 따라 다를 수 있습니다.

GitHub의 경우는 다음과 같은 엔드 포인트를 사용합니다.

```
GET http://github.com/login/oauth/authorize
```

Authorization Code를 사용해 인증하려면 이러한 엔드 포인트에 적절한 정보를 보내야 합니다. 위의 엔드 포인트 URL 뒤에 표 5.3과 같은 요청 매개 변수를 추가합니다.

표 5.3 엔드 포인트의 URL 뒤에 추가하는 인증 매개 변수

| 매개 변수 | 설명 |
| --- | --- |
| client_id | API 프로바이더에 애플리케이션을 등록할 때 받은 클라이언트 ID를 입력합니다. |
| redirect_uri | API 프로바이더에게 허가를 받은 후 사용자를 리다이렉트할 애플리케이션 URL을 입력합니다. |
| scope | 애플리케이션이 어떤 리소스에 접근하려고 하는지를 API 프로바이더가 독립적으로 정의한 키에 따라 설정합니다. GitHub의 경우, 사용자의 프로필에 접근 허가를 받을 때 user, 리포지토리에 접근 허가를 받을 때 repo 등의 키를 설정합니다. |
| state | 애플리케이션에 대한 CSRF 공격을 막기 위해 클라이언트 애플리케이션에서 사용할 랜덤하고 유일한 키를 설정합니다. |

GitHub의 경우, 이 외에도 `allow_signup`이라는 계정 신규 작성 여부를 허가하기 위한 옵션을 제공합니다. 다만 이는 OAuth 표준 사양에 없으며 GitHub에서 독립적으로 제공하는 매개 변수입니다.

위의 요청으로 허가를 받으면 사용자가 `redirect_url`에 지정한 URL로 리다이렉트됩니다. 리다이렉트될 때 GitHub는 요청 매개 변수에 `code`와 `state`라는 매개 변수를 넣어 보냅니다(표 5.4).

표 5.4 GitHub가 리다이렉트 URL 뒤에 추가하는 매개 변수

| 매개 변수 | 설명 |
| --- | --- |
| code | 일시적으로 사용되는 허가 코드입니다. 이후에 요청 토큰을 구할 때 사용합니다. |
| state | CSRF 공격을 막기 위해 이전에 요청에 넣어 전송한 값과 같은 값을 응답합니다. 이 값이 처음 전송한 값과 다를 경우 OAuth를 중단합니다. |

Authorization Code 유형의 경우 이때 응답되는 `code`를 접근 토큰으로 변환해야 합니다. GitHub의 경우 다음과 같은 URL을 사용해 변환합니다.

```
POST https://github.com/login/oauth/access_token
```

POST 메서드로 요청하므로 필요한 매개 변수를 요청 바디에 넣어 전송합니다(표 5.5).

표 5.5 GitHub에서 응답된 code를 접근 토큰으로 변환하기 위한 매개 변수

| 매개 변수 | 설명 |
| --- | --- |
| client_id | API 프로바이더에 애플리케이션을 등록할 때 발행되는 클라이언트 ID입니다. |
| client_secret | API 프로바이더에 애플리케이션을 등록할 때 발행되는 클라이언트 시크릿 토큰입니다. 애플리케이션의 비밀번호라고 할 수 있습니다. |
| code | 리다이렉트된 URL의 요청 매개 변수로 전달되는 허가 코드입니다. |
| state | CSRF 공격을 막기 위한 랜덤한 키입니다. |

이러한 요청 인증이 완료되면 GitHub에서 접근 토큰을 응답해줍니다. 또한 요청 시 `Accept` 헤더 설정에 `application/json`을 지정하면 JSON 형식으로, `application/xml`을 지정하면 XML 형식으로 응답해줍니다. 표 5.6이 응답되는 정보입니다.

표 5.6 GitHub에서 응답되는 정보

| 속성 | 설명 |
| --- | --- |
| access_token | API 요청을 허가하기 위해 사용하는 토큰입니다. |
| token_type | RFC 6750에서 정의한 토큰의 종류입니다. 일반적으로 bearer이며 GitHub의 경우도 이러한 값이 적혀 있습니다. |
| expires_in | 접근 토큰의 유효 기한까지 남은 시간입니다. 초 단위로 적혀 있습니다. |
| refresh_token | 접근 토큰의 유효 기한을 넘었을 때 새로운 접근 토큰을 받기 위해 사용하는 코드입니다. |

`berarer` 토큰을 사용한 요청 방법은 "요청 헤더에 넣는 방법", "요청 바디에 넣는 방법", "URL의 요청 매개 변수에 넣는 방법"으로 모두 3가지가 정의돼 있습니다. 요청 헤더에 넣는 경우 `Authorization` 헤더를 사용합니다.

`Authorization: Bearer OAUTH-TOKEN`처럼 `token_type`과 접근 토큰의 값을 공백으로 구분한 헤더를 포함하는 것이 일반적입니다. GitHub의 REST API의 경우 코드 5.7처럼 요청합니다.

코드 5.7 GitHub의 REST API에 요청하기(Authorization 헤더)

```
curl -H "Authorization: token OAUTH-TOKEN" https://api.github.com/somepath
```

요청 매개 변수를 사용하는 경우, `access_token`이라는 매개 변수에 접근 토큰을 지정해 요청합니다(코드 5.8).

**코드 5.8** GitHub의 REST API에 요청하기(요청 매개 변수)

```
curl https://api.github.com/?access_token=OAUTH-TOKEN
```

프로바이더에 따라 접근 토큰을 요청 바디에 넣어야 하는 경우도 있습니다. 이러한 경우, `Content-Type` 헤더를 `application/x-www-form-urlencoded`로 지정해 다음과 같이 요청합니다.

**코드 5.9** 접근 토큰을 요청 바디에 포함하는 방법

```
curl -X POST -H "Content-Type: application/x-www-form-urlencoded" --data "access_token=OAUTH-TOKEN" https://api.example.com/path
```

지금까지 OAuth 인증 흐름에 관해 설명했습니다. 꽤 복잡한 처리 흐름이지만 OAuth를 지원하는 라이브러리를 사용하면 이러한 처리를 아주 쉽게 구현할 수 있습니다. 이번 장의 마지막 부분에서 pac4j라는 자바 라이브러리를 사용해 GitHub의 OAuth 인증을 받는 방법을 알아봅니다.

### 접근 토큰과 리프레시 토큰

OAuth를 사용하더라도 접근 토큰이 유출되면 굉장히 큰 문제가 발생합니다. 따라서 토큰 관리에 세심한 주의를 기울여야 합니다. 어쨌거나 토큰이 유출됐을 경우 피해를 최소화하려면 접근 토큰의 유효 기한을 짧게 두면 됩니다. 유효 기한이 짧을수록 안전하기는 하지만, 유효 기한이 끝나면 접근 토큰을 다시 받아야 하므로 사용자가 불편할 수 있습니다. 그래서 고안된 것이 바로 리프레시 토큰입니다.

서버는 유효 기간이 짧은 접근 토큰과 유효 기간이 긴 리프레시 토큰을 모두 발행합니다(그림 5.17). 클라이언트는 일반적인 접근 토큰을 사용해 웹 API에 접근합니다. 그리고 접근 토큰의 유효 기한이 끝나면 리프레시 토큰을 사용해 새로운 접근 토큰을 다시 가져옵니다.

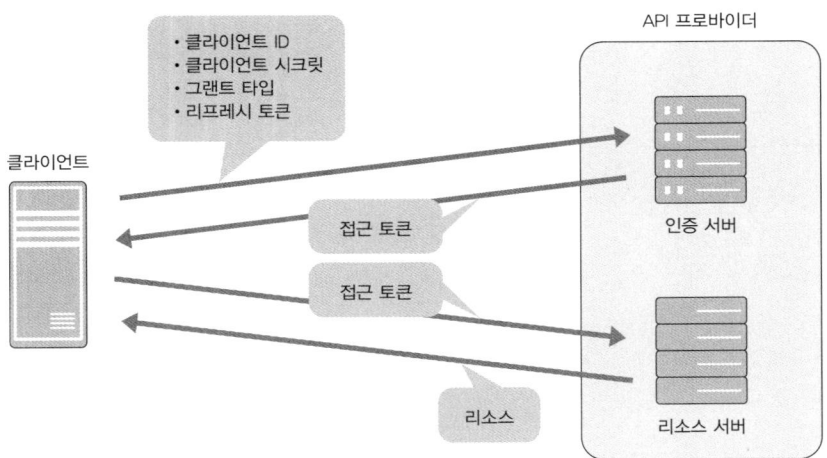

그림 5.17 리프레시 토큰

요청에 포함되는 접근 토큰이 유출돼도 요청 토큰의 유효 기한이 짧으면 피해를 줄일 수 있습니다. 또한 유효 기한이 긴 리프레시 토큰은 접근 토큰을 다시 발행할 때만 사용하므로 유출 위험이 접근 토큰보다 훨씬 적습니다.

##  인증과 허가

지금까지 별다른 설명 없이 "인증"이라는 용어를 사용했습니다. 하지만 사실 "인증"과 "허가"라는 단어는 구별해야 합니다.

- 인증(Authentication): 통신 상대가 자신이라는 것을 확인하는 것
- 허가(Authorization): 해당 조작을 수행할 권한이 있는지 확인하는 것

쉽게 이해할 수 있게 예를 들어 놀이 공원 티켓을 생각해 봅시다(그림 5.18).

놀이 공원 티켓을 구매할 때 학생이거나 이름에 특정 자음이 들어가 있으면 할인을 받을 수 있다고 합시다. 이때 학생증 또는 주민등록증을 꺼내 보여주면 직원이 학생증 또는 주민등록증에 있는 사진과 실제 사람을 비교해 확인한 뒤 할인을 적용합니다. 이렇게 자신임을 증명하는 것이 "인증"입니다.

놀이 공원 티켓을 들고 놀이 공원 안에 들어가면 그때부터는 인증이 따로 필요하지 않습니다. 놀이 기구를 탈 때 티켓을 보여주기만 하면 직원이 이를 확인하고 놀이 기구 안에 들여보내 줍니다. 이러한 것이 바로 "허가"입니다.

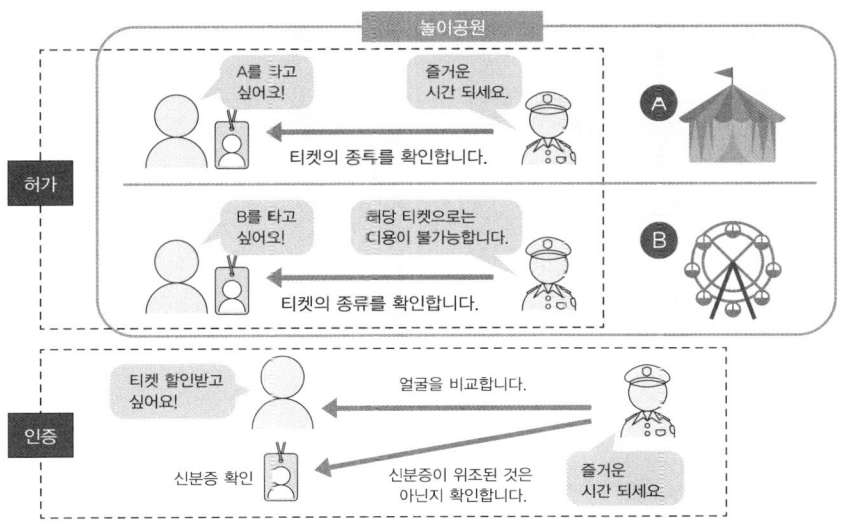

그림 5.18 인증과 허가의 차이

OAuth 2.0이 제공하는 것은 "허가"이며 "인증"은 OAuth를 사용하는 각 웹 사이트에서 따로 구현해야 합니다.

##  pac4j를 사용해 GitHub OAuth 사용해 보기

자바에서 OAuth 2.0을 쉽게 사용할 수 있게 해주는 라이브러리로 pac4j가 있습니다. 이번 절에서는 pac4j를 사용해 GitHub의 OAuth 인증을 사용해 봅시다.

- pac4j
  https://github.com/pac4j

우선 GitHub에서 애플리케이션을 등록해야 합니다(그림 5.19). 등록하면 클라이언트 ID와 클라이언트 시크릿이 생성되므로 값을 복사해두기 바랍니다.

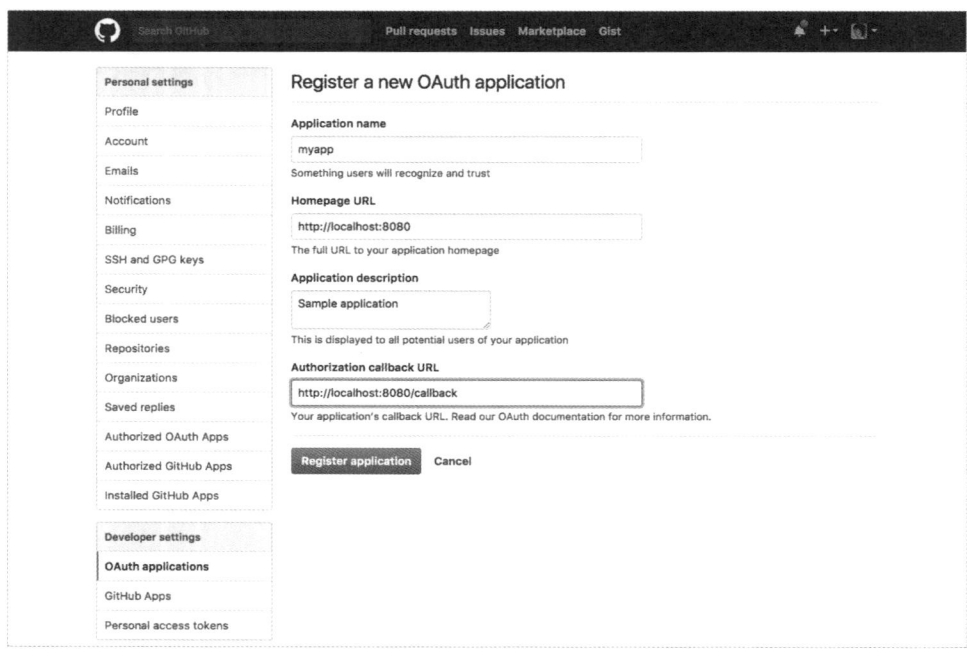

그림 5.19 OAuth 애플리케이션 등록

이어서 애플리케이션 쪽을 살펴봅시다. 일단 pom.xml에 코드 5.10의 의존 관계를 추가합니다.

**코드 5.10** pom.xml에 pac4j 의존 관계 추가하기

```
<dependency>
  <groupId>org.pac4j</groupId>
  <artifactId>pac4j</artifactId>
  <version>2.1.0</version>
</dependency>
<dependency>
  <groupId>org.pac4j</groupId>
  <artifactId>pac4j-oauth</artifactId>
  <version>2.1.0</version>
</dependency>
```

프로그램에서 코드 5.11처럼 `GitHubClient`를 생성합니다. `clientId`와 `secret`에는 애플리케이션 등록 시 발행된 클라이언트 ID와 클라이언트 시크릿을 지정합니다.

코드 5.11 pac4j로 GitHubClient 생성하기

```
GitHubClient client = new GitHubClient(clientId, secret);
client.setCallbackUrl("http://localhost:8080/callback");
client.setScope("repo, user");
```

생성자의 매개 변수에 GitHub에 어플리케이션을 등록할 때 발행된 클라이언트 ID와 클라이언트 시크릿을 지정합니다. `setCallbackUrl()`로 인증 후에 리다이렉트할 URL을, `setScope()`로 애플리케이션에 필요한 권한을 지정합니다. GitHub에서 지정할 수 있는 스코프(권한)와 관련된 내용은 다음 웹 사이트를 참고하세요(디폴트는 user입니다).

https://developer.github.com/v3/oauth/#scopes

인증을 요구하려면 코드 5.12처럼 합니다.

코드 5.12 pac4j로 인증 요구하기

```
J2EContext context = new J2EContext(request, response);
client.redirect(context);
```

`redirect()` 메서드를 사용해 GitHub 인증 화면으로 리다이렉트합니다(그림 5.20). `J2EContext`는 자바 EE(서블릿) 전용 어댑터 같은 것입니다. 이 클래스를 활용하면 다른 프레임워크와도 호환됩니다.

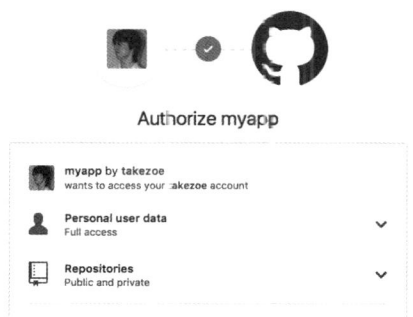

그림 5.20 OAuth 인증 허가 확인 화면

사용자가 이 화면에서 애플리케이션 인증을 허가하면 지정한 콜백 URL로 리다이렉트됩니다. 그리고 해당 URL을 처리하는 서블릿에서 코드 5.13과 같은 코드로 사용자 정보와 접근 코드를 추출할 수 있습니다.

코드 5.13 pac4j로 사용자 정보와 접근 토큰 추출하기

```
J2EContext context = new J2EContext(request, response);
OAuth20Credentials credentials = client.getCredentials(context);
GitHubProfile profile = client.getUserProfile(credentials, context);

// 사용자 정보 또는 API 호출 전용 접근 토큰을 추출합니다.
String userName = profile.getUsername();
String email = profile.getEmail();
String accessToken = profile.getAccessToken();
```

추출한 접근 토큰은 다음과 같이 API를 호출할 때 URL 내부에 넣어 전송합니다.

```
GET https://api.github.com/user?access_token=OAUTH_TOKEN
```

또는 다음과 같이 **Authorization** 헤더로 전송할 수도 있습니다.

```
Authorization: token OAUTH-TOKEN
```

이처럼 pac4j를 사용하면 복잡한 처리를 가진 OAuth 2.0을 굉장히 손쉽게 다룰 수 있습니다. 다른 서비스를 사용할 경우, `GitHubClient`를 `TwitterClient`와 `FacebookClient`로 변경하기만 하면 쉽게 OAuth 2.0 처리를 할 수 있습니다.

아울러 pac4j는 OAuth 외에도 SAML, OpenID Connect, LDAP 등의 다양한 인증 방법을 지원합니다. 자바로 OAuth를 사용한 외부 서비스를 연동하거나 외부 서비스 계정을 사용한 인증이 필요한 경우에 pac4j 사용을 검토해 보기 바랍니다.

> **memo** ▶ OpenID Connect
>
> OAuth는 "토큰을 가진 소유자에게 '사이트에서 관리하는 리소스에 대한 접근을 허가하겠습니까?'라고 '허가'를 받는 과정"이라고 할 수 있습니다. 반면 OpenID Connect는 OAuth 2.0을 확장해 "인증"에 사용할 수 있게 만든 것입니다.
>
> 사실 OAuth를 사용하는 서비스 측에서 이러한 접근 토큰을 사용해 사용자의 프로필을 추출하고 메일 주도 등의 속성을 자기 사이트의 사용자 정보에 추가하면 독자적인 인증 처리를 구현할 수 있기는 합니다. 하지만 이러한 인증 관련 사양이 OAuth에 정의돼 있지는 않으므로 구현하는 사이트에 따라 그 방법이 달라질 수밖에 없습니다. 또한 OAuth를 제공하는 서비스에서 사용자 정보를 추출하기 위한 엔드포인트를 제공하지 않으면 인증과 관련된 정보를 추출하지 못할 수도 있습니다.
>
> 반면 OpenID Connect는 접근 토큰을 제공할 때 인증을 위한 "ID 토큰"이라는 토큰을 함께 제공합니다. ID 토큰은 누가, 어떤 서비스에, 어떤 사용자를 인증하는지의 정보를 포함하고 있는 디지털 서명입니다. 이 토큰은 위조가 불가능한 JWT(JSON Web Token) 형식으로 돼 있습니다. 웹 사이트는 이러한 토큰을 검증해 사용자가 자신의 사이트에 로그인하고 있는지 파악할 수 있습니다.
>
> G Suite(과거 Google Apps) 또는 Office 365 등의 클라우드 서비스는 대부분 OpenID Connect를 제공하므로 이러한 서비스의 계정을 사용한 인증 기능을 외부 서비스에서도 쉽게 사용할 수 있습니다.

## 5-4 정리

인증이 필요한 웹 사이트를 크롤링할 때는 사용자의 동의를 얻어야 하며 크롤링 대상 사이트의 규약을 확인하고 추출한 데이터의 활용을 표기하는 등 일반 크롤러를 만들 때보다 신경 써야 할 것이 많습니다.

웹 API로 정보를 추출할 수 있다면 크롤링할 수 있어도 웹 API를 우선해서 사용하는 것이 좋습니다. 또한 크롤링을 명시적으로 금지하는 웹 사이트, CAPTCHA가 설치된 웹 사이트, 크롤러의 접근을 감지하면 차단하는 웹 사이트는 모두 크롤러를 거부하는 웹 사이트입니다. 따라서 이런 사이트는 기술적으로 크롤링이 가능해도 크롤링하면 안 됩니다.

사용자 또는 크롤링 대상 웹 사이트와의 문제나 보안 사고가 발생하지 않도록 세심하게 주의를 기울입시다.

# CHAPTER 6

# 크롤링 응용 테크닉

- **6-1** 크롤러가 지켜야 하는 매너
- **6-2** 필요한 페이지만 크롤링하기
- **6-3** 제거된 콘텐츠 판정하기
- **6-4** 웹 사이트의 변경 시점 및 변경 빈도 학습하기
- **6-5** 가장 효율적인 방법 = 크롤링하지 않기
- **6-6** 정리

큰 규모의 웹 사이트를 정기적으로 크롤링하는 경우 어떻게 해야 효율적으로 크롤링할 수 있을까요? 크롤링 시간이 너무 오래 걸리면 새로운 정보를 제대로 추출할 수 없으며, 그렇다고 해서 짧은 시간 동안 대량의 요청을 보내면 크롤링 대상 웹 사이트에 큰 폐를 끼치게 됩니다.

이번 장에서는 웹 사이트를 효율적으로 크롤링하기 위한 다양한 테크닉을 소개합니다.

# 6-1 크롤러가 지켜야 하는 매너

효율적으로 크롤링하는 것도 중요하지만, 크롤러가 지켜야 하는 매너도 굉장히 중요합니다. 1장에서 간단하게 설명했었는데, 이번 절에서는 더 자세하게 다루겠습니다.

 **요청 수와 요청 간격 제한**

6쪽 "크롤링 대상 서버에 심한 부하 걸지 말기"에서 설명한 것처럼 크롤러는 크롤링 대상 웹 사이트에 민폐를 끼치지 않게 지켜야 할 규칙이 몇 가지 있습니다. 예를 들어 크롤러가 짧은 시간 동안 너무 많은 요청을 보내면 크롤링 대상 웹 사이트에 부하를 줄 수 있습니다. 따라서 그렇게 부하를 주지 않기 위해 여러 가지를 고려해야 합니다.

그럼 다음과 같은 내용을 생각해 봅시다.

- 동시에 전송할 수 있는 요청을 하나로 제한하기
- 요청 간격을 최소 1초로 설정하기

이러한 조건으로 "페이지 수가 10만 개인 웹 사이트를 크롤링하고 싶다"고 해 봅시다. 단순하게 계산해 봐도 약 28시간, 즉 하루가 넘는 시간이 걸립니다.

콘텐츠가 매일 변화하는 웹 사이트를 크롤링한다면 이런 속도로는 새로운 정보를 제대로 추출할 수 없습니다. 따라서 좀 다른 방법을 사용해야 하는데, 이번 장에서는 매너를 지키면서도 효율적으로 크롤링해서 이러한 시간을 줄이는 방법을 살펴보겠습니다.

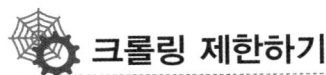 크롤링 제한하기

## robots.txt – 사이트 단위 설정

웹 사이트가 크롤러에게 "이 페이지는 인덱스하고 싶으니 크롤링해주세요" 또는 "이 페이지는 크롤링하지 않으면 좋겠어요"라는 의사를 표시하기 위한 파일이 바로 **robots.txt**입니다. **robots.txt**는 웹 사이트 측이 크롤링해도 괜찮은 페이지를 명시한 것이므로 크롤링할 때 일단 **robots.txt**를 먼저 보고 크롤링해도 되는 페이지인지 판단하는 것이 좋습니다.

**robots.txt**라는 이름처럼 **robots.txt**는 단순한 텍스트 파일입니다. 이 텍스트 파일은 반드시 도메인 루트에 배치돼야 합니다(그림 6.1).

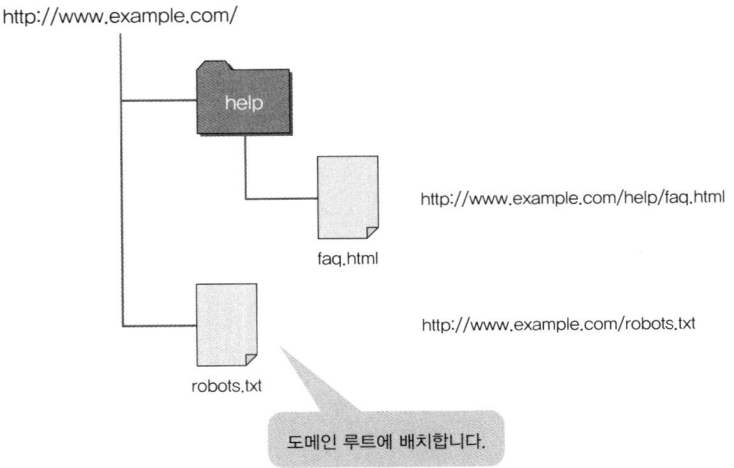

그림 6.1 robots.txt 배치 위치

**robots.txt**는 코드 6.1처럼 작성합니다(표 6.1).

**코드 6.1** robots.txt 예

```
User-agent: *
Crawl-delay: 5
Disallow: /test/
Disallow: /help # disallows /help/index.html etc.
Allow: /help/faq.html

Sitemap: http://www.example.com/sitemap.xml
```

표 6.1 robots.txt의 항목

| 항목 | 설명 |
| --- | --- |
| User-agent | 대상 크롤러를 나타냅니다. |
| Crawl-delay | 접근 빈도를 나타냅니다. |
| Disallow | 접근하지 않았으면 하는 경로를 나타냅니다. |
| Allow | 접근해도 상관없는 경로를 나타냅니다. |
| Sitemap | 사이트맵[1] 또는 사이트맵 인덱스 파일의 URL을 나타냅니다. |

## 크롤러를 만들 때 확인해야 하는 설정

robots.txt의 User-agent를 보면 어떤 크롤러를 대상으로 하는지 적혀 있습니다(*는 모든 크롤러를 대상으로 한다는 뜻입니다).

```
User-agent: *
```

만약 사용하는 크롤러가 대상에 속한다면 어떤 설정을 따를지 정확하게 판단해야 합니다. 예를 들어 코드 6.2의 설정을 살펴봅시다.

코드 6.2 User-agent의 예[robots.txt]

```
User-agent: Googlebot
 ...Googlebot의 접근 제한 설정...

User-agent: *
 ...모든 크롤러의 접근 제한 설정...

User-agent: Sample Crawler
 ...Sample Crawler의 접근 제한 설정...
```

User-agent는 작성 순서와 관계없이 하나의 크롤러에 대해 하나의 설정만 유효합니다. 예를 들어 사용하는 크롤러가 Sample Crawler라면 3번째 설정만 확인하면 됩니다.

---

1 사이트맵에 대해서는 6-2 "필요한 페이지만 크롤링하기"의 "의외로 잘 사용하지 않는 사이트맵 XML"(252쪽)에서 자세하게 설명합니다.

## Disallow와 Allow를 기반으로 접근 제한 구현하기

크롤러에 대한 접근 제한은 `Disallow`와 `Allow`에 작성돼 있습니다.

`Disallow`는 이름 그대로 적혀 있는 페이지에 접근하지 말라는 뜻입니다(코드 6.3). 따라서 크롤링하면 안 되는 페이지를 나타냅니다.

**코드 6.3** 모든 접근 금지하기[robots.txt]

```
User-agent: Sample Crawler
Disallow: /
```

반면 `Allow`는 작성된 페이지에 접근해도 괜찮다는 의미입니다(코드 6.4). 아무것도 작성돼 있지 않다면 해당 웹 사이트 전체를 크롤링해도 괜찮다는 의미입니다. `Allow`만 작성돼 있을 경우 어떻게 해야 할지 모를 수 있는데, 기본적으로 `Disallow`를 사용해 접근을 금지한 상태에서 "그래도 특정 디렉터리는 허가한다" 또는 "그래도 특정 파일은 허가한다"라는 부분적인 접근 허가를 나타낸다고 기억하면 좋을 것 같습니다.

**코드 6.4** /help/ 디렉터리 내부에서 faq.html의 접근만 허가하기[robots.txt]

```
User-agent: Sample Crawler
Disallow: /help/
Allow: /help/faq.html
```

`robots.txt`의 기본 설정은 지금까지의 설명과 같습니다. 작성 방법에 따라 설정 내용을 이해하기가 힘들거나 혼란스러울 수 있습니다. 대표적인 몇 가지 경우를 소개하겠습니다.

### [예1] Disallow에 아무것도 작성돼 있지 않은 경우

`Disallow`에 /가 아니라 아무것도 지정돼 있지 않다면 "크롤링하지 않았으면 하는 것이 없다"라는 의미입니다. 즉, 사이트의 모든 것을 크롤링해도 괜찮다는 의미입니다.

**코드 6.5** 모든 접근 허가하기[robots.txt]

```
User-agent: Sample Crawler
Disallow:
```

## [예2] 디렉터리 끝에 붙어있는 /의 차이

특정 디렉터리 아래에 있는 파일에 관한 접근을 금지하고 싶을 때는 `Disallow`에 해당 디렉터리의 경로를 지정합니다. 이때 반드시 경로 끝에 /를 붙여야 합니다. 마지막에 /가 붙었는지 아닌지에 따라 의미가 달라지므로 주의해야 합니다. 예를 들어 코드 6.6처럼 작성돼 있으면 루트 아래에 있는 `test` 디렉터리 아래에 있는 모든 파일에 대한 접근을 금지한다는 의미입니다.

**코드 6.6** /test 디렉터리 아래에 배치된 모든 페이지의 접근 금지하기

```
User-agent: Sample Crawler
Disallow: /test/
```

마지막에 /가 없으면 루트 바로 아래의 `test` 디렉터리뿐만 아니라 `testbed` 디렉터리, `test.txt` 파일처럼 /test로 시작하는 모든 것에 대한 접근을 금지하라는 의미입니다(코드 6.7).

**코드 6.7** /test로 시작하는 모든 디렉터리와 파일의 접근 금지하기[robots.txt]

```
User-agent: Sample Crawler
Disallow: /test
```

이렇게 /test처럼 지정하면 대상이 굉장히 넓어지므로 추가적인 "패턴 매치"를 사용해 특정 파일을 상세하게 지정할 수도 있습니다. 예를 들어 코드 6.8은 문자열의 끝을 나타내는 $를 사용해 `readme` 파일만 접근을 금지하는 것입니다.

**코드 6.8** /readme 파일만 접근 금지 하기[robots.txt]

```
Disallow: /readme$
```

임의의 경로를 나타내는 패턴 매치 *를 사용하면 `test`로 시작하는 디렉터리에만 접근을 금지할 수 있습니다(코드 6.9). 참고로 다음 코드에서 마지막에 붙어있는 /는 디렉터리 경로를 나타내는 /입니다.

**코드 6.9** /test로 시작하는 디렉터리만 접근 금지하기[robots.txt]

```
Disallow: /test*/
```

패턴 매치는 다양하게 조합해서 사용할 수 있습니다. 예를 들어 코드 6.10은 모든 png 파일에 대한 접근을 금지하는 코드입니다.[2]

**코드 6.10** 모든 png 파일의 접근 금지하기[robots.txt]
```
Disallow: /*.png$
```

### [예3] Disallow와 Allow의 우선순위

`Disallow`와 `Allow`가 여러 개 작성돼 있다면 주의해야 합니다. 일단 작성 순서에 따른 우선순위 차이는 "없다"고 기억하면 됩니다. 우선순위는 얼마나 구체적으로 경로를 지정했는지에 따라 달라집니다. 예를 들어 코드 6.11의 설정을 살펴봅시다.

**코드 6.11** Disallow와 Allow는 구체적으로 경로를 지정할수록 우선순위가 높음[robots.txt]
```
User-agent: Sample Crawler
Allow: /
Disallow: /test/
Disallow: /help
```

이 설정은 다음과 같은 접근 제한을 지정하는 것입니다.

- 도큐먼트 루트에 있는 `test` 디렉터리에 있는 모든 파일에 대한 접근을 금지합니다.
- 도큐먼트 루트에 있는 `help`로 시작하는 파일 또는 디렉터리에 있는 모든 것에 대한 접근을 금지합니다.

`Allow`로 도큐먼트 루트 아래에 있는 모든 접근을 허가하는 것처럼 보이지만, `Disallow`로 더 자세한 경로를 지정하고 있어 `Disallow`로 지정한 것이 우선순위가 더 높습니다.

`Disallow`와 `Allow` 지정이 같은 경우에는 `Allow`가 더 높은 우선순위를 갖습니다(코드 6.12).

**코드 6.12** Disallow와 Allow의 지정이 같은 경우[robots.txt]
```
User-agent: *
Disallow: /test/
Allow: /test/
```

---

[2] 역) /*.png$라서 루트 디렉터리 바로 아래에 있는 png 파일만 허가를 금지한다고 생각할 수 있지만, 모든 디렉터리에 있는 png 파일의 접근을 금지하는 것이니 주의하세요.

웹 사이트 측에서 악의적인 크롤러로 인식되지 않으려면 `Disallow`와 `Allow`를 확실하게 분석해야 합니다.

> **memo** ▶ robots.txt를 분석해주는 편리한 라이브러리
>
> **robots.txt** 분석은 지금까지 언급한 규칙을 기반으로 직접 만들어도 상관없지만, 이미 만들어진 라이브러리를 사용하는 것도 좋은 방법입니다. 자바 라이브러리인 crawler-commons를 살펴봅시다.
>
> - crawler-commons
>
>   https://github.com/crawler-commons/crawler-commons
>
> crawler-commons는 웹 크롤러에서 많이 사용되는 공통 기능을 구현한 자바 라이브러리입니다. 자바로 구현된 Apache Nutch(http://nutch.apache.org) 크롤러도 crawler-commons를 사용합니다.
>
> 예를 들어 **robots.txt** 분석은 코드 6.13처럼 합니다.
>
> **코드 6.13** crawler-commons를 사용해 robots.txt 분석하기
>
> ```
> import crawlercommons.robots.BaseRobotRules;
> import crawlercommons.robots.SimpleRobotRulesParser;
>
> import java.util.List;
>
> public class RobotParserSample {
>   public static void main(String[] args) {
>     // robots.txt를 읽어 들입니다.
>     byte[] content = ...
>
>     SimpleRobotRulesParser parser = new SimpleRobotRulesParser();
>     // 매개 변수는 순서대로
>     // 1. URL(로그 출력에 사용)
>     // 2. robots.txt의 내용
>     // 3. robots.txt의 Content-Type
>     // 4. 크롤러의 이름
>     BaseRobotRules rules = parser.parseContent("http://www.example.com", content, "text/plain", "Sample Crawler");
>
>     // 크롤링해도 괜찮은 경우에는 true를 리턴합니다.
>     boolean isAllowed = rules.isAllowed("http://www.example.com/help/faq.html");
>     // 사이트맵
> ```

```
    List<String> sitemaps = rules.getSitemaps();
    ...
  }


}
```

crawler-commons는 사이트맵이나 RSS/ATOM 피드를 분석할 때도 사용할 수 있습니다. 이와 관련된 내용은 227쪽에 있는 "사이트맵을 분석해주는 편리한 라이브러리"를 참고하세요.

## robots meta 태그 – 페이지별로 설정하기

`robots.txt`를 사용해 각 페이지를 세부적으로 설정할 수도 있지만, 설정이 복잡해져 가독성이 굉장히 떨어지므로 추천하지 않습니다. `robots.txt`는 디렉터리 또는 확장자를 구분하는 일에 사용하는 것이 좋습니다. 그렇다면 페이지별로 세부적인 설정을 할 때는 어떻게 해야 할까요? 이러한 경우에는 HTML 내부에 robots `meta` 태그를 지정하는 것이 좋습니다(코드 6.14 / 표 6.2).

**코드 6.14** robots meta 태그의 예

```html
<html>
  <head>
    <meta name="robots" content="noindex" />
  </head>
  ...
</html>
```

**표 6.2** robots meta 태그의 속성

| 속성 | 설명 |
| --- | --- |
| name | 대상 크롤러를 나타냅니다. 모든 크롤러를 대상으로 하고 싶을 때는 robots라고 지정합니다. |
| content | 대상 크롤러에 대한 제약을 나타냅니다. |

`content` 속성에는 표 6.3의 항목을 지정합니다.

표 6.3 robots meta 태그의 content 속성

| 항목 | 설명 |
| --- | --- |
| noindex | 페이지의 인덱스를 금지합니다. |
| nofollow | 페이지 내부의 링크 순회를 금지합니다. |
| none | 페이지의 인덱스 또는 페이지 내부의 링크 순회를 모두 금지합니다. noindex와 nofollow를 모두 지정한 것과 같습니다. |
| index | index 페이지의 인덱스를 허가합니다. |
| follow | 페이지 내부의 링크 순회를 허가합니다. |
| all | 제한이 없다는 것을 나타냅니다. index와 follow를 모두 지정한 것과 같습니다. robots meta 태그를 작성하지 않았을 경우의 디폴트 값입니다. |
| noarchive | 페이지를 캐시하는 아카이브 생성을 금지합니다. |
| noimageindex | 페이지 내부의 이미지 인덱스를 금지합니다. |
| unavailable_after | 지정한 날짜를 넘으면 해당 페이지는 검색 결과로 출력되지 않습니다. 날짜는 RFC 850 형식 (예: 01-Jul-2017 00:00:00 KST)으로 지정합니다. |

코드 6.15처럼 여러 항목을 쉼표로 구분해 입력할 수도 있습니다.

**코드 6.15** 인덱스는 허가하지만 링크 순회는 허가하지 않는 robots meta 태그

```
<meta name="robots" content="index, nofollow" />
```

## 미묘하게 의미가 다른 두 가지 nofollow

robots meta 태그에 **nofollow**가 지정돼 있으면 페이지 내부의 링크 순회를 금지한다는 의미입니다. 따라서 해당 페이지의 어떠한 링크에도 접근하면 안 됩니다.

그런데 **nofollow**는 특정 링크에 설정돼 있는 경우도 있습니다(코드 6.16).

**코드 6.16** nofollow가 링크에 설정돼 있는 경우

```
<a href="http://www.example.com/index.html" rel="nofollow">샘플 사이트</a>
```

이렇게 **nofollow**가 설정돼 있는 링크는 순회하면 안 되지만, **nofollow**가 지정돼 있지 않은 다른 링크는 순회해도 괜찮습니다. 이러한 경우 링크마다 순회해도 되는지 아닌지 하나하나 판단해야 합니다.

### X-Robots-Tag 헤더 – HTML 이외의 파일

PDF 또는 이미지 파일처럼 `meta` 태그를 작성할 수 없는 파일의 경우는 robots `meta` 태그를 사용할 수 없습니다. 이러한 상황에서 콘텐츠별로 제한을 걸고 싶다면 **X-Robots-Tag**를 HTTP 응답 헤더에 포함해 리턴하면 됩니다.

**X-Robots-Tag**에는 robots `meta` 태그에서 사용할 수 있는 모든 항목(`content` 속성에 작성할 수 있는 항목)을 사용할 수 있습니다. 예를 들어 응답에 **X-Robots-Tag: none**이라는 헤더가 설정되어 있으면 모든 크롤러에게 "인덱스 금지 및 링크 접근 금지"라고 말하는 것입니다.

모든 크롤러에 인덱스 금지 및 링크 접근 금지하기

```
HTTP/1.1 200 OK
Server: nginx
Date: Thu, 25 May 2017 20:35:41 GMT
X-Robots-Tag: none
...
```

특정 크롤러만 대상으로 지정할 수도 있습니다.

특정 크롤러만 대상으로 지정하기

```
X-Robots-Tag: Googlebot: none
X-Robots-Tag: Sample Crawler: index, nofollow
```

## 6-2 필요한 페이지만 크롤링하기

지금까지 설명했던 것처럼 크롤러를 만들 때는 여러 가지 매너와 규칙을 지켜야 합니다. 물론 짧은 시간 동안 대량의 요청을 병렬적으로 전송하면 거대한 웹 사이트라도 빠른 시간 내에 크롤링할 수 있습니다. 하지만 제삼자가 운용하는 웹 사이트에 함부로 그런 요청을 하면 안 됩니다. 그렇다면 어떻게 해야 매너를 지키면서도 효율적으로 크롤링할 수 있을까요?

웹 사이트를 크롤링할 때는 웹 사이트에 있는 링크를 순회하면서 페이지를 추출합니다. 하지만 실제로 매일 추가/변경되는 페이지는 웹 사이트의 일부일 뿐입니다. 따라서 웹 사이트 내부에서 추가/변경되는 정보만 추출할 수 있다면 짧은 시간 동안 낭비 없이 크롤링할 수 있을 것입니다.

이번 절에서는 웹 사이트 내부에서 추가/변경된 정보를 효율적으로 크롤링하는 테크닉을 살펴보겠습니다.

 페이징

이번 절에서는 쇼핑 및 뉴스 사이트에서 많이 볼 수 있는 "목록 화면과 상세 화면으로 구성된 웹 사이트"를 생각해 봅시다(그림 6.2).

실제로 정보를 추출하는 부분은 상품 정보, 뉴스 기사 등이 들어 있는 상세 화면입니다. 하지만 상세 화면으로 이동하려면 목록 화면에서 상세 화면으로 이동하는 링크를 추출해야 합니다. 이때 "페이징"이라는 것을 만나게 됩니다. "페이징"돼 있는 정보는 화면 상단 또는 하단에 있는 페이지를 이동하기 위한 링크("페이저"라고 부릅니다)가 있으며 이를 통해 1번째 페이지, 2번째 페이지 등 각 페이지로 이동하게 됩니다.

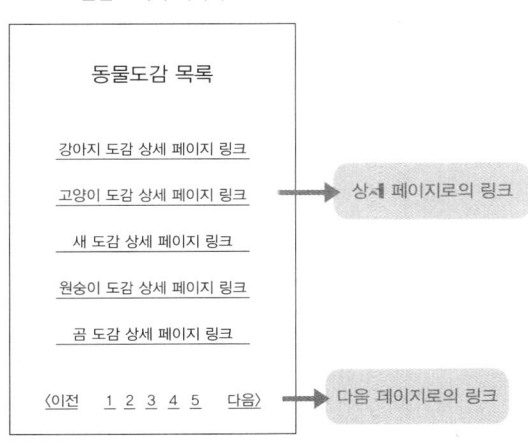

그림 6.2 페이징된 목록 페이지

## 순회할 링크 찾기

페이징을 처리하는 경우, 일단 `rel="Next"`가 설정된 `link` 태그의 존재 여부를 확인하는 것이 좋습니다. 구글이 다음 페이지로의 링크로 `rel="Next"`를, 이전 페이지로의 링크로 `rel="prev"`를 사용한 `link` 태그를 `head` 태그 내부에 설정하는 것을 추천하기 때문에 이렇게 태그를 설정한 웹 페이지가 꽤 있습니다. 예를 들어 `http://www.example.com/contents.html?page=2`에 접근하는 경우 `link` 태그는 다음과 같습니다(`link` 태그의 `href` 속성에 작성된 URL이 절대 URL이 아닌 경우도 있습니다).

```
<head>
  <link rel="prev" href="http://www.example.com/search.html?page=1">
  <link rel="next" href="http://www.example.com/search.html?page=3">
</head>
```

이러한 `link` 태그가 없는 경우, 다음 페이지로 이동하기 위한 링크 또는 버튼을 찾아야 합니다 (그림 6.3).

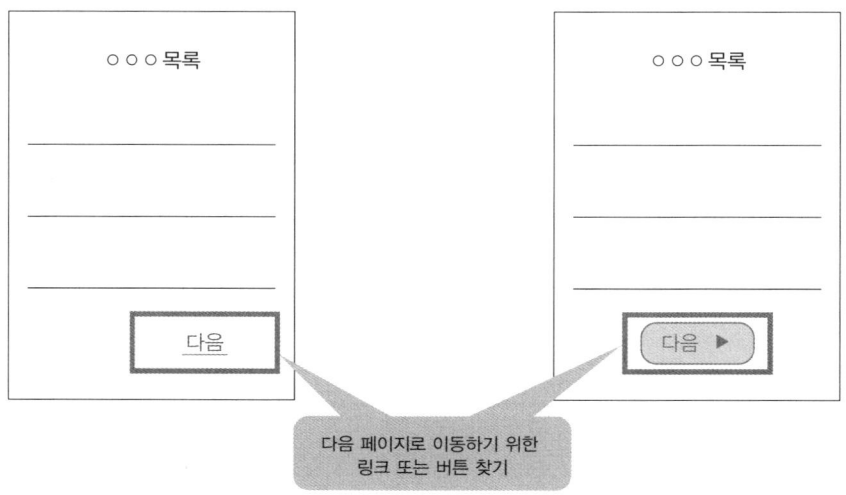

그림 6.3 다음 페이지로 이동하기 위한 링크 또는 버튼

최악의 경우는 다음 페이지로 이동하기 위한 링크 또는 버튼이 없는 경우입니다. 이러한 경우는 인접 선택자를 사용해 현재 출력되는 페이지 근처에 있는 URL을 추출해 크롤링하는 경우가 많습니다(그림 6.4).

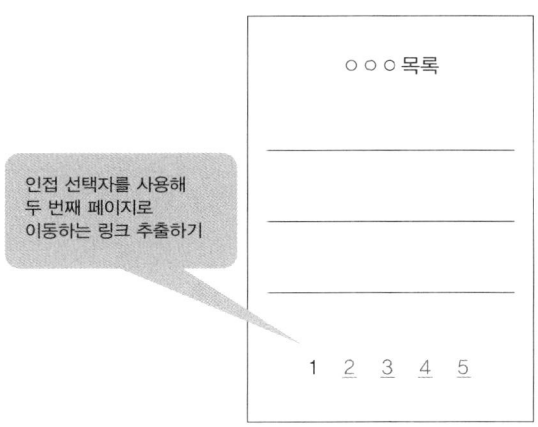

그림 6.4 인접 선택자로 페이지 링크 찾아 순회하기

인접 선택자는 + 기호를 사용해 "어떤 요소 바로 옆에 있는 요소"를 나타낼 때 사용합니다. 다음 선택자는 E라는 요소 옆에 있는 F라는 요소를 나타냅니다.

```
E + F
```

예를 들어 다음과 같은 HTML을 살펴봅시다. 현재 출력되는 페이지에 class="active"라는 속성이 붙어있습니다.

```
<a href="/search.html?page=1" class="active">1</a>
<a href="/search.html?page=2">2</a>
```

그다음 페이지의 URL을 추출하고자 한다면 다음과 같은 방법으로 추출할 수 있습니다.

```
a.active + a
```

이는 페이징돼 있는 사이트를 순회할 때 기본이 되는 내용이므로 기억하기 바랍니다.

### 새 아이템 찾기

편의점이나 백화점에 가면 새로 들어온 상품 옆에 "신상품"과 같은 태그가 붙어있는 것을 봤을 것입니다. 웹 사이트도 마찬가지로 새로 공개된 콘텐츠에 "New" 또는 "신규" 등의 태그가 붙어있는 경우가 있습니다. 이러한 태그가 있거나 신규 콘텐츠 순서로 목록을 정렬할 수 있는 웹 사이트라면 신규 콘텐츠 순서로 정렬하고 태그가 없어질 때까지 크롤링해서 새로 추가된 콘텐츠를 추출할 수 있습니다(그림 6.5).

그림 6.5 태그가 있는 콘텐츠만 크롤링하기

신규 태그가 존재하지 않는 경우에도 신규 콘텐츠 순서로만 정렬할 수 있다면 앞에서 O개를 추출하는 방법도 생각할 수 있습니다. 웹 사이트에 따라 몇 개를 추출해야 하는지는 달라질 수 있지만, 대상 웹 사이트가 매일 콘텐츠를 몇 개 정도 추가하는지 예측할 수 있다면 몇 개를 추출할지 정할 수 있을 것입니다.[3]

## 무한 루프

페이지 링크를 순회하면서 크롤링할 때 크롤링이 끝나지 않는 경우가 있습니다. 크롤러가 동일한 페이지에 계속 접근하며 무한 루프에 빠졌을 가능성을 생각해 볼 수 있습니다.

예를 들어 다음 HTML을 살펴봅시다. 다음 페이지로 이동하기 위한 선택자를 `li.next a`로 설정했다고 합시다.

```html
<ul>
  <li class="prev"><a href="/search.html?page=2">이전</a></li>
  <li><a href="/search.html?page=2">2</a></li>
  <li class="active"><a href="/search.html?page=3">3</a></li>
  <li class="next"><a href="/search.html?page=4">다음</a></li>
</ul>
```

---

3  역) 신규 콘텐츠 순서로 정렬할 수 있다면 "지난 번에 수집하지 않은 데이터까지 수집"하는 방법도 사용할 수 있습니다.

아무 문제없이 처리될 것 같지만, 마지막 목록 페이지의 HTML이 다음과 같다면 어떻게 될까요?

```
<ul>
  <li class="prev"><a href="/search.html?page=9">이전</a></li>
  <li><a href="/search.html?page=9">9</a></li>
  <li class="active"><a href="/search.html?page=10">10</a></li>
  <li class="next"><a href="/search.html?page=10">다음</a></li>
</ul>
```

다음 페이지로 이동하기 위한 링크가 똑같이 마지막 페이지를 가리키고 있어 해당 페이지를 계속 크롤링하게 됩니다(그림 6.6).

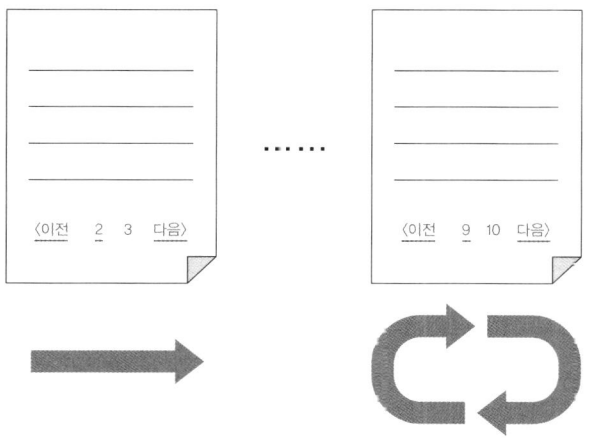

그림 6.6 페이지 링크 무한 루프

웹 사이트를 잘못 만들었기 때문에 이런 현상이 나타나는 것인데, 이러한 웹 사이트가 실제로 꽤 많습니다. 대처 방법은 비교적 간단한데, 같은 URL을 두 번 이상 크롤링하지 않게 만들면 됩니다.

또한 페이지에 걸리는 부하를 경감하기 위해 특정 페이지 이후는 모두 같은 결과를 응답하는 경우도 있습니다(그림 6.7).[4]

---

[4] 역) 웹 사이트에 몇 번째 페이지까지 있는지 출력하려면 현재 데이터가 몇 개인지 세는 과정이 필요합니다. "이러한 과정이 귀찮다", "쿼리를 한 번 더 날리자니 부담스럽다" 등의 이유로 그 기능을 구현하지 않으면 특정 페이지 이후 계속 같은 데이터를 응답하게 됩니다.

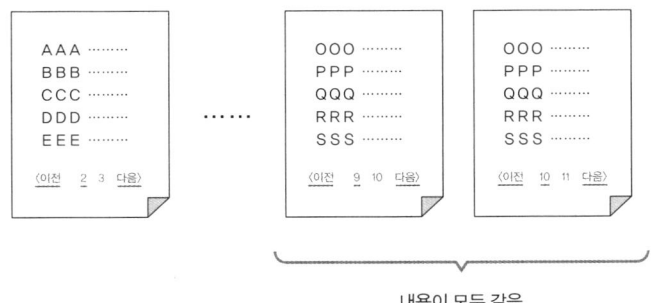

그림 6.7 특정 페이지 이후 모두 같은 내용을 응답하는 경우

이 문제는 페이지를 순회할 때 URL이 바뀌기 때문에 앞에서 언급했던 방법을 사용해도 해결할 수 없습니다. 어디까지 크롤링해야 종료되는지 페이지 번호만으로는 판단할 수 없으므로 "신규 콘텐츠 순서로 정렬하고 일정 수의 데이터만 추출한다", "신규 콘텐츠 순서로 정렬하고 이전에 수집했던 데이터가 발견될 경우 크롤링을 중지한다"라는 형태의 대응이 필요합니다.

이러한 경우가 아니더라도 생각하지 못한 이유로 크롤링이 종료되지 않을 수 있습니다. 따라서 이러한 상황을 대비하려면 1장에서 다룬 것처럼 특정 패턴과 일치하는 URL만 수집하거나 링크의 깊이 제한을 설정해주는 것이 좋습니다.

##  의외로 잘 사용하지 않는 사이트맵 XML

사이트맵 XML은 웹 사이트에 있는 페이지를 정리한 XML 파일입니다. 웹 사이트의 페이지 구조뿐만 아니라 변경일 또는 우선도 등의 정보도 적혀 있습니다. 따라서 사이트맵 XML을 참조하면 새로운 페이지를 우선적으로 크롤링할 수 있으며 크롤러가 링크를 제대로 못 타고 돌아서 빠뜨린 페이지도 확인할 수 있습니다.

사이트맵 XML 파일은 "어떤 위치에 배치돼야 한다"가 정해져 있지 않습니다. 배치 위치는 **robots.txt**의 **Sitemap**에 적혀 있으므로 크롤러가 이를 보고 사이트맵 파일의 위치를 파악합니다(코드 6.17).

코드 6.17 크롤러는 robots.txt의 Sitemap을 보고 사이트맵이 있는 곳을 찾습니다.

```
User-agent: *
Allow: /

Sitemap: http://www.example.com/sitemap.xml
```

XML 파일의 작성 형식은 코드 6.18과 같습니다(표 6.4).

**코드 6.18** 사이트맵 XML

```xml
<?xml version="1.0" encoding="UTF-8"?>
<urlset xmlns="http://www.sitemaps.org/schemas/sitemap/0.9">
  <url>
    <loc>http://www.example.com/</loc>
    <lastmod>2017-07-03</lastmod>
    <changefreq>weekly</changefreq>
    <priority>0.6</priority>
  </url>
</urlset>
```

**표 6.4** 사이트맵 XML의 요소

| 요소 | 필수 | 설명 | | |
|---|---|---|---|---|
| urlset | O | 사이트맵의 루트 요소입니다. XML 이름 공간에 최신 버전인 "http://www.sitemaps.org/schemas/sitemap/0.9"를 입력합니다. | | |
| url | O | 하나의 페이지를 나타냅니다. | | |
| loc | O | 대상 페이지의 URL을 나타냅니다. 최소 12문자, 최대 2048문자라는 제한이 있습니다. | | |
| lastmod | – | 최종 변경일을 나타냅니다. 날짜는 W3C Datetime 형식(예: 2017-07-03T07:30:00+09:00)을 사용하며 시간 부분을 생략할 수 있습니다(예: 2017-07-03). | | |
| changefreq | – | 변경 빈도를 나타냅니다. | | |
| | | | always | 접근할 때마다 바뀌는 페이지 |
| | | | hourly | 한 시간마다 바뀌는 페이지 |
| | | | daily | 하루에 한 번 바뀌는 페이지 |
| | | | weekly | 한 주마다 바뀌는 페이지 |
| | | | monthly | 한 달마다 바뀌는 페이지 |
| | | | yearly | 매년 바뀌는 페이지 |
| | | | never | 변경이 없는 아카이브 |
| priority | | 우선도를 나타냅니다. 지정할 수 있는 값은 0.0~1.0 사이의 값입니다. 생략하면 디폴트로 0.5가 들어갑니다. | | |

lastmod 요소를 보면 해당 페이지의 최종 변경일을 알 수 있으므로 이전에 크롤링한 날짜보다 lastmod 요소의 값이 최근인 페이지만 크롤링하면 좋을 것입니다. 그래도 크롤링할 페이지가

많은 경우, `changefreq` 요소 또는 `priority` 요소를 보고 크롤링할 페이지를 한정하는 방법을 사용하면 좋습니다.

하지만 실제로 사이트맵 XML이 있지만 변경되지 않는 경우도 많습니다. 따라서 사이트맵 XML만으로는 새로운 페이지를 찾는 것이 어렵습니다.[5] 앞에서 언급한 최신 콘텐츠 또는 뒤에서 설명할 RSS/Atom도 활용해 사이트를 최대한 효율적으로 수집할 수 있는 방법을 선택하기 바랍니다.

또한 `robots.txt`의 `Sitemap`에 사이트맵 XML뿐만 아니라 다음과 같은 파일이 지정된 경우도 있습니다.

- 텍스트 형식으로 구성된 사이트맵
- 사이트맵 인덱스 파일
- gzip 형식

### 텍스트 파일 사이트맵

XML 형식이 아니라 URL만 나열된 텍스트 파일이 사이트맵으로 지정된 경우도 있습니다. 이러한 경우 텍스트 파일의 한 줄은 하나의 URL을 나타냅니다(그림 6.8).

```
1    http://www.example.com/fashion/page1.html
2    http://www.example.com/fashion/page2.html
3    http://www.example.com/beauty/page1.html
4    ...
5    
```
한 줄에 하나의 URL이 적혀 있습니다.

그림 6.8 텍스트 파일 사이트맵

최종 변경일 또는 변경 빈도 등의 상세 정보가 적혀 있지는 않지만, 페이지 수가 적은 웹 사이트는 XML 형식으로 사이트맵을 구성할 필요가 없다고 판단해 이와 같은 형식으로 사이트맵을 만듭니다.

---

5  역) 사이트맵이라는 존재 자체를 모르는 웹 사이트 개발자도 많습니다. 그래서 사이트맵이 아예 없거나 있어도 "이걸 사용하라고 만든 것일까?" 싶은 것이 꽤 많습니다.

## 사이트맵 인덱스 파일

사이트맵 XML은 파일 크기가 제한돼 있습니다. 또한 사이트맵 XML에 적을 수 있는 URL의 수도 제한적이라서 이 제한 범위를 넘는 경우 사이트맵 인덱스 파일이 지정돼 있을 수 있습니다.[6]

사이트맵 인덱스 파일은 여러 개의 사이트맵 XML이 적혀 있는 XML 파일입니다(코드 6.19 / 표 6.5).

**코드 6.19** 사이트맵 인덱스 파일

```xml
<?xml version="1.0" encoding="UTF-8"?>
<sitemapindex xmlns="http://www.sitemaps.org/schemas/sitemap/0.9">
  <sitemap>
    <loc>http://www.example.com/sitemap1.xml.gz</loc>
    <lastmod>2017-07-03T07:30:00+09:00</lastmod>
  </sitemap>
  <sitemap>
    <loc>http://www.example.com/sitemap2.xml.gz</loc>
    <lastmod>2018-01-10</lastmod>
  </sitemap>
</sitemapindex>
```

**표 6.5** 사이트맵 인덱스 파일의 요소

| 요소 | 필수 | 설명 |
| --- | --- | --- |
| sitemapindex | o | 사이트맵 인덱스 파일의 루트 요소입니다. XML 이름 공간에 최신 버전인 "http://www.sitemaps.org/schemas/sitemap/0.9"를 입력합니다. |
| sitemap | o | 하나의 사이트맵을 나타냅니다. |
| loc | o | 사이트맵의 URL을 나타냅니다. 최소 12문자, 최대 2048문자라는 제한이 있습니다. RSS, Atom, 텍스트 파일 등을 지정할 수도 있습니다.[7] |
| last_mod | – | 최종 변경일을 나타냅니다. 날짜는 W3C Datetime 형식(예: 2017-07-03T07:30:00+09:00)을 사용하며 시간 부분을 생략할 수 있습니다(예: 2017-07-03). |

---

6  역) 크기는 10MB, URL 수는 50,000개로 제한돼 있습니다. 이를 넘는 경우 사이트맵 인덱스를 사용합니다. 다만 앞에서 언급했던 것처럼 많은 사이트 개발자가 사이트맵도 모르고 사이트맵을 알아도 사이트맵 인덱스를 모르는 경우가 많습니다. 그래서 10MB를 넘거나 URL이 50,000개가 넘는 사이트맵도 있습니다.
7  RSS 또는 Atom 피드는 다음 절 "RSS 또는 Atom을 기반으로 사이트의 변경 정보 추출하기"에서 살펴보겠습니다.

`lastmod` 요소를 보면 사이트맵 XML의 최종 변경일을 알 수 있으므로 이전에 크롤링한 날짜보다 `lastmod` 요소의 값이 최근인 사이트맵 XML만 크롤링하면 됩니다.

## gzip 형식

하나의 사이트맵 XML과 하나의 사이트맵 인덱스 파일의 크기는 최대 10MB라는 제한이 있습니다. 그래서 파일 크기 제한을 넘는 경우, gzip 형식을 사용해 10MB를 넘지 않게 압축하기도 합니다.

자바의 경우 gzip 형식의 파일은 `java.util.zip.GZIPInputStream`을 사용해 읽어 들일 수 있습니다. 코드 6.20은 사이트맵을 읽어 들이는 코드 예입니다.

**코드 6.20** 사이트맵 읽어 들이기

```java
public void parse(InputStream stream, String charsetName) throws IOException {
  BufferedInputStream bis = new BufferedInputStream(stream);
  bis.mark(512);

  // 앞의 512바이트를 읽어 들입니다.
  byte[] bytes = new byte[512];
  bis.read(bytes, 0, 512);
  String start = new String(bytes, charsetName);
  bis.reset();

  // 사이트맵 XML
  if (start.contains("<urlset")) {
    ...
  // 사이트맵 인덱스
  } else if (start.contains("<sitemapindex")) {
    ...
  // 텍스트 파일로 된 사이트맵
  } else if (start.matches("^https?://.*")) {
    ...
  // gzip 형식
  } else {
    GZIPInputStream gz = new GZIPInputStream(bis);
    parse(gz, charsetName);
  }
}
```

> memo ▶ 사이트맵을 분석해주는 편리한 라이브러리

213쪽의 "robots.txt를 분석해주는 편리한 라이브러리"에서 소개한 crawler-commons[8]는 사이트맵도 분석합니다(코드 6.21).

코드 6.21 crawler-commons로 사이트맵 분석하기

```java
import crawlercommons.sitemaps.*;

import java.io.IOException;
import java.net.URL;

public class SiteMapParserSample {
  public static void main(String[] args) throws IOException, UnknownFormatException {
    byte[] content = ...;
    URL sitemapUrl = new URL("http://www.example.com/sitemap.xml");

    SiteMapParser parser = new SiteMapParser();
    AbstractSiteMap sitemap = parser.parseSiteMap(content, sitemapUrl);

    // 사이트맵 인덱스 파일인지 확인하기
    if (sitemap.isIndex()) {
      SiteMapIndex smIndex = (SiteMapIndex) sitemap;
      for (AbstractSiteMap sm: smIndex.getSitemaps()) {
        // (예) http://www.example.com/sitemap1.xml.gz
        URL url = sm.getUrl();
        ...
      }
    } else {
      SiteMap sm = (SiteMap) sitemap;
      for (SiteMapURL u: sm.getSiteMapUrls()) {
        // (예) http://www.example.com/catalog?item=1
        URL url = u.getUrl();
        ...
      }
    }
  }
}
```

---

8 https://github.com/crawler-commons/crawler-commons

다만 `SiteMapParser`는 내부적으로 `javax.xml.parsers.DocumentBuilder`로 만들어진 DOM 파서이므로 주의해야 합니다. DOM 파서는 구문 분석한 DOM 트리를 모두 메모리에 저장하기 때문에 파일 크기가 크면 `java.lang.OutOfMemoryError`가 발생할 수 있습니다.

crawler-commons는 `SiteMapParserSAX`라는 순차적으로 파일을 읽어 내려가는 SAX 파서도 제공합니다. 거대한 사이트 맵을 다룰 경우에는 이것을 사용하세요(코드 6.22).

**코드 6.22** 거대한 크기의 사이트 맵을 분석할 때 SiteMapParserSAX 사용하기

```java
SiteMapParser parser = new SiteMapParserSAX();
AbstractSiteMap sitemap = parser.parseSiteMap(content, sitemapUrl);
...
```

참고로 crawler-commons를 사용하면 다음 절에서 다루는 RSS와 Atom도 다룰 수 있습니다(코드 6.23).

**코드 6.23** crawler-commons로 Atom 다루기

```java
URL atomUrl = new URL("http://www.example.com/atom.xml");

SiteMapParser parser = new SiteMapParserSAX();
SiteMap atom = (SiteMap) parser.parseSiteMap(content, atomUrl);

int count = atom.getSiteMapUrls().size();
```

##  RSS 또는 Atom을 기반으로 사이트의 변경 정보 추출하기

웹 사이트(특히 블로그와 뉴스 사이트 등)의 변경 정보를 나타내는 방법으로 RSS와 Atom 피드가 있습니다. 피드에는 추가/변경된 기사의 목록이 들어가며 콘텐츠의 개요(또는 본문 전체)를 포함하는 경우도 있습니다. 사용자는 RSS 리더 서비스 또는 애플리케이션을 사용해 이러한 피드를 읽을 수 있으며, 이를 통해 웹 사이트의 변경 정보를 확인하고 RSS 리더를 통해 그 내용도 확인할 수 있습니다.

크롤러를 사용할 때도 RSS와 Atom 피드를 활용해 효율적으로 크롤링할 수 있습니다.

### RSS 1.0/2.0

RSS는 확장자가 `.rdf` 또는 `.rss`인 XML 파일로, 웹 사이트의 변경 정보가 기록된 파일입니다. 따라서 RSS 정보를 참조하면 변경된 정보만 효율적으로 추출할 수 있습니다.

RSS에는 RSS 1.0(코드 6.24)과 RSS 2.0(코드 6.25)이 있으며, 각각의 사양이 조금 다릅니다.

**코드 6.24** RSS 1.0의 예

```xml
<?xml version="1.0" encoding="UTF-8" ?>
<rdf:RDF xmlns="http://purl.org/rss/1.0/" xml:lang="ja"
  xmlns:rdf="http://www.w3.org/1999/02/22-rdf-syntax-ns#"
  xmlns:dc="http://purl.org/dc/elements/1.1/">
  <channel rdf:about="http://www.example.com/news.rss">
    <!--웹 사이트의 타이틀(필수) -->
    <title>example.com</title>
    <!--웹 사이트의 URL(필수) -->
    <link>http://www.example.com</link>
    <!--웹 사이트의 설명(필수) -->
    <description>This is an example.</description>
    <!-- RSS 피드의 최종 변경일 -->
    <dc:date>2017-07-03T07:30:00+09:00</dc:date>
    <!-- 페이지 URL 목록 -->
    <items>
      <rdf:Seq>
        <rdf:li rdf:resource="http://www.example.com/content.html" />
      </rdf:Seq>
    </items>
  </channel>
  <!-- 각 페이지의 정보 -->
  <item rdf:about="http://www.example.com/content.html">
    <title>Title</title>
    <link>http://www.example.com/content.html</link>
    <description>Description</description>
    <dc:date>2017-07-02T23:10:20+09:00</dc:date>
  </item>
</rdf:RDF>
```

**코드 6.25** RSS 2.0의 예

```xml
<?xml version="1.0" encoding="UTF-8" ?>
<rss version="2.0">
  <channel>
    <!--웹 사이트의 타이틀(필수) -->
```

```xml
    <title>example.com</title>
    <!--웹 사이트의 URL(필수) -->
    <link>http://www.example.com</link>
    <!--웹 사이트의 설명(필수) -->
    <description>This is an example.</description>
    <!-- RSS 피드의 최종 변경일 -->
    <lastBuildDate>Mon, 03 Jul 2017 07:30:00 +0900</lastBuildDate>
    <!-- 페이지 정보 목록 -->
    <item>
      <title>Title</title>
      <link>http://www.example.com/content.html</link>
      <description>Description</description>
      <pubDate>Sun, 02 Jul 2017 23:10:20 +0900</pubDate>
    </item>
  </channel>
</rss>
```

하지만 RSS에는 다음과 같은 문제점이 있어 시대에 조금 뒤떨어진 사양이라고도 말할 수 있습니다.

- 사양 결정권이 기업과 개인에 크게 의존하고 있음
- 버전끼리 호환성이 없음
- RSS의 사양은 이미 고정돼 있어 새로운 기능을 추가할 수 없음
- 사양의 모호한 부분 때문에 콘텐츠 생산자와 소비자에게 모두 혼란을 일으킴

이러한 문제점을 제거하고자 책정된 표준이 Atom입니다.

## Atom

Atom에는 크게 두 가지 사양이 있습니다.

1. RSS와 마찬가지로 정보를 전송하기 위한 형식을 정의한 "The Atom Syndication Format"
2. 1의 형식을 사용해 REST 같은 웹 API의 표준 프로토콜을 정의한 "The Atom Publishing Protocol"

이번 절에서는 1번 형식을 다루겠습니다. Atom 형식의 사양은 인터넷 기술의 표준화를 추진하는 IETF(Internet Engineering Task Force)의 RFC4287라는 명칭으로 작성되고 있습니다. 사양이 명확하고 오픈돼 있어 누구라도 기능을 확장할 수 있게 하는 것을 목표로 합니다.

현재 사양은 Atom 1.0입니다(코드 6.26).

**코드 6.26** Atom 1.0의 예

```xml
<?xml version="1.0" encoding="UTF-8" ?>
<feed xmlns="http://www.w3.org/2005/Atom" xml:lang="ja">
    <!-- 피드의 유니크 식별자(필수) -->
    <id>uuid:xxx</id>
    <!-- 웹 사이트의 타이틀(필수) -->
    <title>example.com</title>
    <!-- 피드의 최종 변경일 -->
    <updated>2017-07-03T07:30:00+03:00</updated>
    <!-- 웹 사이트의 URL -->
    <link href="http://www.example.com"/>
    <!-- 웹 사이트의 설명 -->
    <subtitle type="text">This is an example.</subtitle>
    <!-- 페이지 정보 목록(id, title, updated는 필수) -->
    <entry>
        <id>uuid:xxx</id>
        <title>Title</title>
        <updated>2017-07-02T23:10:20+09:00</updated>
        <link href="http://www.example.com/content.html"/>
        <summary>Description</summary>
    </entry>
</feed>
```

## PubSubHubbub

그런데 RSS와 Atom 피드도 웹 사이트에서 언제 피드를 업데이트하는지 모른다면 일반적인 웹 페이지처럼 주기적으로 크롤러가 피드를 수집해야 합니다. 그래서 웹 사이트 측에서 업데이트 정보를 실시간으로 통지해 크롤러가 해당 시점에 피드를 수집하게 만드는 방법이 제안됐습니다. 이 방법이 바로 "PubSubHubbub"입니다.[9]

PubSubHubbub라는 명칭은 Publisher(전송자)의 줄임말인 "Pub", Subscriber(구독자)의 줄임말인 "Sub", 두 가지를 중개하는 "Hub", 재잘거린다는 뜻 "hubble-bubble"의 앞글자를 따서 만든 단어입니다. PubSubHubbub를 줄여서 PuSH(푸시)라고 부르기도 합니다.

---

9 역) 발음이 좀 복잡해 보이는데, "퍼브 서브 허브 버브"를 조금 빠르게 읽는 듯한 느낌으로 발음하면 됩니다

Publisher가 웹 사이트에 해당하며 Subscriber는 크롤러에 해당한다고 생각하면 됩니다(그림 6.9). 일단 Publisher(웹 사이트)가 변경 정보를 Hub에 전송합니다. 이를 Hub가 받으면 Subscriber(크롤러)에게 변경 정보를 전송합니다.

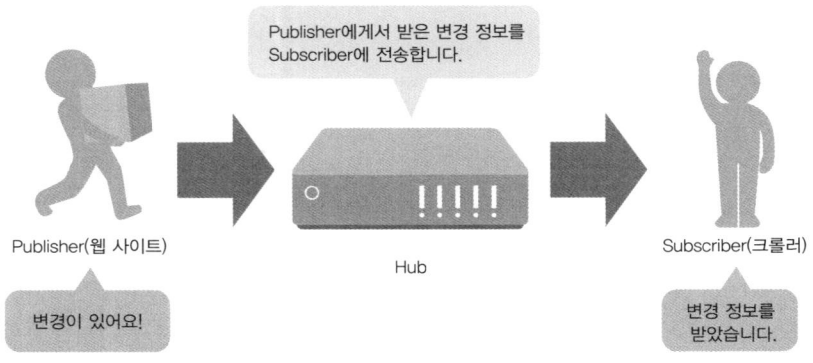

그림 6.9 PubSubHubbub의 흐름

PubSubHubbub를 활용하면 웹 사이트가 업데이트 정보를 크롤러에게 빨리 전달할 수 있습니다. 또한 크롤러도 "크롤링했는데 추가/변경된 정보가 없었다"라는 상황을 피할 수 있습니다. 따라서 웹 사이트와 크롤러 모두에게 장점을 가진 프로토콜이라고 할 수 있습니다.[10]

---

**Column 인덱싱 때 발생하는 부하**

크롤링을 효율적으로 하게 만들다 보면 데이터 저장에서 병목이 발생하게 됩니다. 따라서 데이터를 저장하는 처리도 함께 효율적으로 만들어야 합니다.

크롤링한 데이터를 사용해 검색하는 서비스를 제공하려면 데이터를 인덱싱해야 합니다. 또한 데이터를 분석 대상으로 데이터베이스에 저장하는 경우에는 미리 분석 처리를 해서 저장해야 합니다. 하지만 이러한 처리는 비교적 무거운 처리입니다. 따라서 이때 많은 부하가 발생할 수 있습니다.

이때 활용할 수 있는 방법은 "변경이 없다면 처리하지 않기"입니다. 그런데 변경이 없다는 것을 어떻게 빠르게 확인할 수 있을까요? 일반적으로 콘텐츠를 해시로 만들어 저장해두고 이후에 콘텐츠를 해시로 만들었을 때 둘 사이에 차이가 없다면 "변경 없음으로 판단하고 생략"하는 방법을 사용하면 됩니다(그림 6.10).

---

10 PubSubHubbub는 2017년 4월에 WebSub라는 이름으로 W3C 권고 후보(https://www.w3.org/TR/websub)가 됐습니다. 따라서 향후 널리 보급될 것이 기대됩니다.

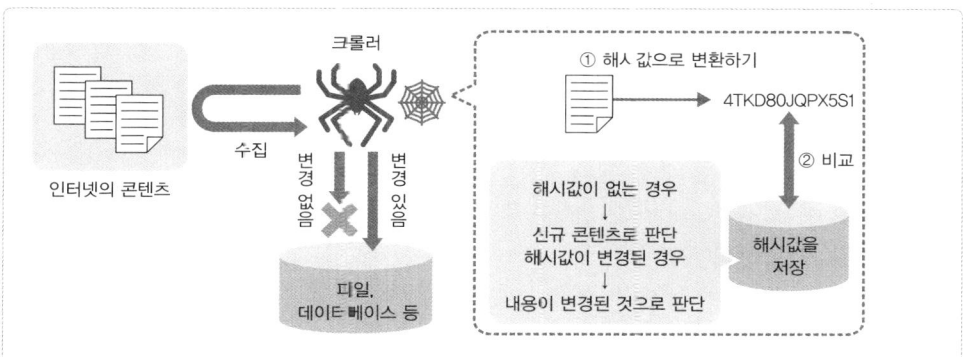

그림 6.10 변경 사항 확인 방법

아울러 콘텐츠의 어느 부분을 해시로 변환할지도 생각해 봐야 합니다. 단순하게 페이지 전체를 해시로 변환하면 광고와 추천 상품 등의 변화로 인해 내용이 계속 바뀌었다고 인식할 수 있기 때문입니다.

##  콘텐츠를 캐시해서 통신 줄이기

웹 페이지에 포함된 정보 중에도 이미지와 같은 정적 콘텐츠는 그렇게 자주 변경되지 않습니다. 또한 이미지 등은 파일 크기가 커서 브라우저가 이러한 파일을 여러 번 반복해 읽어 들이지 않고 캐시해서 사용합니다. 마찬가지로 크롤링으로 접근할 때도 콘텐츠를 캐시하면 변경이 따로 발생하지 않은 콘텐츠를 한 번만 추출하게 만들 수 있습니다.

캐시를 활용하면 이미 캐시된 콘텐츠의 경우 따로 접근하지 않고 재활용할 수 있으므로 통신을 줄일 수 있습니다. 이를 위해서는 처음 콘텐츠에 접근했을 때 다음과 같은 처리를 해두어야 합니다.

- 응답을 캐시해둡니다.
- 캐시한 정보의 유효 기간을 기록해둡니다.

이러한 사전 준비를 해두면 어떤 콘텐츠의 캐시가 저장돼 있을 때 해당 캐시가 유효 기간 내에 있다면 다시 접근하지 말고 캐시를 사용하면 됩니다.

유효 기간은 콘텐츠에 접근했을 때 받은 응답 헤더를 기반으로 알 수 있습니다(코드 6.23).

코드 6.27 유효 기간 확인하기

```
$ curl -I https://tools.ietf.org/html/rfc7234
HTTP/1.1 200 OK
Date: Sun, 16 Apr 2017 16:29:36 GMT
Server: Apache/2.2.22 (Debian)
Content-Location: rfc7234.html
Vary: negotiate,Accept-Encoding
TCN: choice
Last-Modified: Sun, 09 Apr 2017 07:33:31 GMT
ETag: "225d6d7-1f3f3-54cb6e01848c0;54d4b2c8a73f2"
Accept-Ranges: bytes
Content-Length: 127987
Cache-Control: max-age=604800
Expires: Sun, 23 Apr 2017 16:29:36 GMT
Strict-Transport-Security: max-age=3600
X-Frame-Options: SAMEORIGIN
X-Xss-Protection: 1; mode=block
X-Content-Type-Options: nosniff
Content-Type: text/html; charset=UTF-8
```

여기서 주목할 항목은 Expires 헤더와 Cache-Control 헤더입니다.

Expires 헤더는 캐시의 유효 기간을 나타냅니다. 따라서 이 시점까지는 서버에 접근하지 않고 캐시한 콘텐츠를 사용하라는 의미입니다.

그리고 Cache-Control 헤더도 마찬가지로 캐시와 관련된 항목입니다. Cache-Control 헤더에 지정할 수 있는 디렉티브를 정리하면 다음과 같습니다.

표 6.6 Cache-Control 헤더의 디렉티브

| 디렉티브 | 설명 |
| --- | --- |
| max-age | 캐시 기간을 나타냅니다. 초 단위로 지정합니다. |
| no-cache | 캐시한 콘텐츠가 지금도 유효한지 접근해서 확인한 후에 사용해야 합니다. |
| no-store | 캐시하면 안됩니다. |

코드 6.27처럼 Expires 헤더와 Cache-Control 헤더에 max-age 디렉티브가 모두 지정돼 있다면 Cache-Control 헤더의 max-age 디렉티브가 우선됩니다.[11]

캐시가 유효 기간 내라면 캐시를 사용하면 되지만, 유효 기간이 지났다면 서버에 이러한 조건을 붙여 접근해야 합니다. 이때 필요한 항목도 처음 접근한 때 응답의 ETag 헤더와 Last-Modified 헤더에서 추출할 수 있으므로 캐시할 때 함께 기록해야 합니다.

Jsoup는 코드 6.28처럼 응답 헤더를 참조할 수 있습니다.

**코드 6.28** Jsoup로 응답 헤더 참조하기

```
String url = "https://tools.ietf.org/html/rfc7234";

Response res = Jsoup.connect(url).execute();

String expires = res.header("Expires");
  // => Sun, 23 Apr 2017 16:29:36 GMT

String cacheControl = res.header("Cache-Control");
  // => max-age=604800

String eTag = res.header("ETag");
  // => "225d6d7-1f3f3-54cb6e01843c0;54d4b2c8a73f2"

String lastModified = res.header("Last-Modified");
  // => Sun, 09 Apr 2017 07:33:31 GMT
```

ETag 헤더는 URL이 나타내는 리소스가 같은지 확인할 때 사용합니다. 또한 Last-Modified 헤더는 리소스의 최종 변경일을 나타냅니다. 이러한 것을 "검증자(validator)"라고 부르며, 캐시의 유효 기간이 끝났는지 서버에 문의할 때 사용합니다. 이때 사용하는 요청 헤더를 정리하면 표 6.7과 같습니다.

---

[11] https://tools.ietf.org/html/rfc7234#section-5.3
응답에 Cache-Control 필드가 max-age 디렉티브(5.2.2.8절 참고)와 함께 적혀 있다면 Expires 필드는 무시합니다(If a response includes a Cache-Control field with the max-age directive (Section 5.2.2.8), a recipient MUST ignore the Expires field).

표 6.7 캐시의 유효성을 서버에 문의할 때 사용하는 요청 헤더

| 응답 헤더 | 캐시의 유효성을 확인할 때 사용하는 요청 헤더 |
| --- | --- |
| ETag | If-None-Match |
| Last-Modified | If-Modified-Since |

이러한 검증자를 추가해서 접근했을 때 `304 Not Modified`가 응답된다면 리소스에 변경이 없다는 의미입니다. 따라서 계속해서 캐시를 사용하면 됩니다(코드 6.29). 변경이 있다면 `200 OK`가 응답되므로 캐시를 새로운 내용으로 변경해야 합니다.

코드 6.29 Jsoup로 요청 헤더를 지정해 접근하기

```
Response res = Jsoup.connect(url)
    .header("If-None-Match", eTag)
    .header("If-Modified-Since", lastModified)
    .execute();

int statusCode = res.statusCode();
```

통신이 필요하기는 하지만, 변경이 있는 경우만 콘텐츠를 응답하므로 조금이라도 통신량을 줄일 수 있습니다.

## gzip 압축으로 응답 빠르게 만들기

하나의 페이지에 대해 응답하는 속도가 빠른 웹 사이트와 느린 웹 사이트가 있다고 합시다. 크롤러는 여러 페이지를 크롤링하기 때문에 작은 차이라도 쌓이게 되면 굉장히 큰 차이가 발생합니다. 따라서 하나의 페이지를 크롤링하는 시간을 최대한 줄이는 것이 좋습니다.

일부 웹 사이트는 HTML과 CSS 등의 콘텐츠를 압축해 전송하는 기능을 가지고 있습니다. 콘텐츠를 압축하면 서버에서 클라이언트로 전송되는 데이터 통신량을 줄일 수 있으며 응답 속도도 빨라집니다. 다만 응답받은 클라이언트에서 압축된 콘텐츠를 압축 해제하고 사용해야 합니다.

이때 일반적으로 gzip 압축을 사용하는데, 그 활용 방법을 살펴봅시다.

일단 클라이언트에서 "압축해서 전송해도 괜찮아요!"라고 언급해야 합니다. `Accept-Encoding: gzip, deflate`라는 헤더를 포함해서 요청을 전송합니다(코드 6.30).

**코드 6.30** 클라이언트에서 "압축해서 전송해도 괜찮아요!"라고 언급하기

```
$ curl -IL -H 'Accept-Encoding: gzip, deflate' http://en.wikipedia.org/
```

`curl` 명령어에는 `--compressed`라는 옵션이 있습니다. 이 옵션을 붙이면 libcurl이 지원하는 알고리즘을 자동으로 `Accept-Encoding` 헤더에 넣어 전송해줍니다(코드 6.31, 그림 6.11).

**코드 6.31** --compressed 옵션을 추가해서 요청하기

```
$ curl -Lv --compressed http://en.wikipedia.org/
```

그림 6.11 요청 헤더에 Accept-Encoding을 자동으로 붙여줌

다만 요구한 대로 압축해서 응답을 받는지는 서버에 따라 다릅니다. 대상 웹 사이트가 압축 전송을 지원하는지는 `Content-Encoding` 헤더가 포함돼 있는지로 확인할 수 있습니다. 예를 들어 `Content-Encoding: gzip`이라는 헤더가 포함돼 있다면 응답이 gzip 압축돼 전송된 것입니다(그림 6.12).

```
$ curl -IL -H 'Accept-Encoding: gzip, deflate' http://en.wikipedia.org/
…생략…

HTTP/1.1 200 OK
Data: Thu, 04 May 2017 15:12:24 GMT
Content-Type: text/html; charset=UTF-8
Content-Length: 17954
Connection: keep-alive
Server mw1257.eqiad.wmnet                    압축 전송을 지원함
X-Powered-By: HHVM/3.12.14
Content-Encoding: gzip
P3P: CP="This is not a P3P policy! See https://en.wikipedia.org/wiki/Specia
X-Content--Type-Options: nosniff
Content-Length: en
```

그림 6.12 응답이 gzip 압축돼 전송되는지 확인하기

그런데 클라이언트에서 "압축해서 전송해도 괜찮아요!"라는 의사를 밝히지 않았는데도 무조건 gzip 압축해서 응답하는 사이트도 있습니다. 이는 압축 해제를 지원하지 못하는 클라이언트 입장에서는 조금 귀찮은 사이트라고 할 수 있습니다.

Jsoup는 요청 전송 때 자동으로 `Accept-Encoding: gzip` 헤더를 추가하고 필요에 따라 `GZIPInputStream`을 사용해 응답의 압축을 해제합니다(코드 6.32). 따라서 Jsoup를 사용할 경우 gzip와 관련해 별도의 처리를 하지 않아도 됩니다.

**코드 6.32** Jsoup를 사용하는 경우

```
// 압축 전송된 경우에도 라이브러리가 자동으로 처리해줍니다.
Document doc = Jsoup.connect("http://en.wikipedia.org/").get();
Elements newsHeadlines = doc.select("#mp-itn b a");
```

## 6-3 제거된 콘텐츠 판정하기

새로운 콘텐츠를 추가하고 변경된 콘텐츠를 확인하는 것 외에 삭제된 콘텐츠를 판별하는 것도 크롤러의 역할 중 하나입니다. 예를 들어 크롤러로 수집한 데이터를 사용해 검색을 제공하는 경우, 콘텐츠가 없어졌다면 재빠르게 검색 인덱스에서 해당 콘텐츠를 제거해야 합니다.

이러한 문제에 대한 대처 방법으로 다음과 같은 몇 가지 전략을 생각해 볼 수 있습니다.

- 콘텐츠에 명시적으로 기한이 적혀 있을 경우 종료 시점에 인덱스에서 제거하기
- 웹 사이트를 정기적으로 크롤링해서 콘텐츠를 발견할 수 없으면 제거된 것으로 판단하기
- 인덱스한 URL을 정기적으로 확인하고 특정 상태 코드를 응답하면 제거된 것으로 판단하기
- 목록 페이지에 해당 콘텐츠가 없으면 제거된 것으로 판단하기

그럼 각각의 전략을 살펴봅시다.

##  콘텐츠에 명시적으로 적혀 있는 기간 사용하기

쇼핑 사이트와 구인 사이트처럼 상품의 판매 기간과 모집 기간을 명시하고 있는 경우가 있습니다(그림 6.13). 이 기간을 어느 정도 신뢰할 수 있다면 적혀 있는 종료 시점에 콘텐츠를 제거하면 됩니다. 굉장히 간단한 전략이라고 할 수 있습니다.

### 티셔츠 한정 세일!

| 특징 | 유명 디자이너와 콜라보레이션해서 만든 티셔츠입니다 |
|---|---|
| 크기 | S, M, L |
| 가격 | 39,000원 |

명시적으로 적혀 있는 판매 기간 사용하기

판매 기간: 4/15~6/30

그림 6.13 종료 기간이 적혀 있는 경우

이 방법은 크롤링 대상 사이트에 전혀 부하를 주지 않는 방법입니다.

하지만 사실 적혀 있는 기간을 믿을 수 없는 경우가 많습니다. 제대로 판매되지 않거나 모집되지 않으면 기간을 연장하거나 반대로 상황이 좋으면 기간이 끝나지 않았는데도 마감하는 경우가 있습니다. 그리고 이러한 이유 때문에 처음부터 기간을 적지 않기도 합니다. 따라서 이러한 경우에는 다른 방법을 검토해야 합니다.

## 대상 사이트를 정기적으로 크롤링하기

가장 간단한 방법은 대상 웹 사이트 전체를 정기적으로 크롤링하는 것입니다. 지난번에는 크롤링할 수 있었지만, 이번에 크롤링하지 못한 콘텐츠가 있다면 해당 콘텐츠는 제거된 것으로 볼 수 있습니다.

하지만 대규모 웹 사이트는 모든 콘텐츠를 정기적으로 크롤링하는 것만으로도 시간이 꽤 걸립니다. 그래서 일반적으로 대규모 웹 사이트를 대상으로 하는 크롤러는 신규 데이터만 크롤링하는 경우가 많습니다. 이렇게 신규 데이터만 크롤링한다면 어떤 데이터가 제거된지는 알 수 없습니다. 따라서 삭제된 데이터를 판별할 수 있는 별도의 방법이 필요합니다.

 ## 인덱스한 URL을 정기적으로 확인하기

콘텐츠에 접근했을 때 해당 콘텐츠가 존재하지 않으면 일반적으로 **404 Not Found**와 **410 Gone** 같은 상태 코드를 응답합니다. 이러한 상태 코드를 활용해 "인덱스한 URL에 접근했을 때 이러한 상태 코드를 응답하는 경우 해당 콘텐츠가 제거된 것으로 판단하고 인덱스에서 제거한다"라는 방법을 사용할 수 있습니다(그림 6.14).

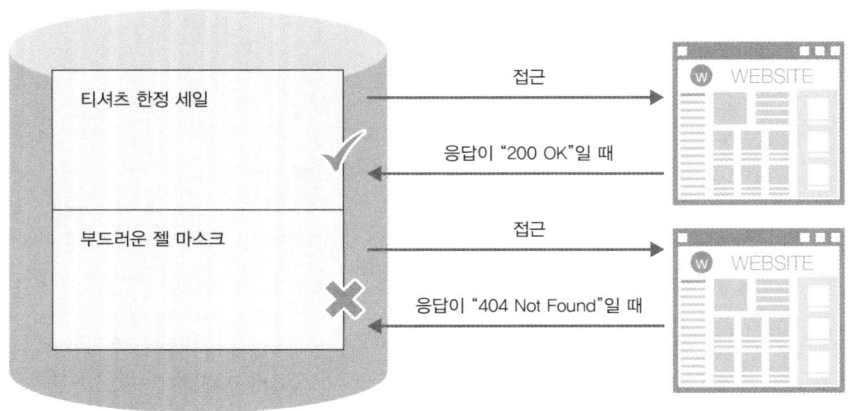

그림 6.14 상태 코드로 판정하기

Jsoup는 코드 6.33처럼 상태 코드를 확인합니다. 디폴트로 위에 언급한 상태 코드가 리턴될 경우 `org.jsoup.HttpStatusException`라는 예외가 발생하지만, `ignoreHttpErrors(true)`를 지정하면 예외가 따로 throw되지 않습니다. 콘텐츠의 존재 확인처럼 상태 코드를 기반으로 처리를 분기해야 할 때 활용하기 바랍니다.

**코드 6.33** Jsoup로 상태 코드 확인하기

```java
import org.jsoup.Connection.Response;
import org.jsoup.Jsoup;

import java.io.IOException;

public class NotFoundSample {

  public void execute() throws IOException {
    String url = "https://www.google.co.kr/123";

    Response res = Jsoup.connect(url)
        .ignoreHttpErrors(true)
        .execute();
    int statusCode = res.statusCode();

    if (statusCode == 404) {
      // ... 콘텐츠가 존재하지 않는 경우의 처리 ...
    }
  }
}
```

하지만 모든 웹 사이트가 상태 코드를 제대로 응답하는 것은 아닙니다. 또한 쇼핑 사이트의 경우 상품이 품절되면 상태 코드를 아예 "데이터가 존재하지 않음"으로 응답하기도 합니다. 이러한 경우에 어떻게 대처해야 하는지는 2장의 2-3 "믿을 수 없는 응답 상태"(37쪽)를 참고하세요.

> **memo** HEAD 메서드를 사용할 수 없는 경우
>
> 통신량을 조금이라도 줄일 수 있게 HEAD 메서드로 상태를 확인하는 경우도 있습니다.
>
> 하지만 사실 HEAD 메서드를 지원하지 않거나 모든 HEAD 요청을 **404 Not Found**로 응답하는 웹 사이트도 많습니다. 이러한 경우에는 HEAD 메서드만으로 콘텐츠가 삭제됐는지를 확인할 수 없으므로 GET 메서드를 활용해야 합니다.
>
> 웹 사이트별로 차이가 있으니 그냥 "GET 메서드만으로 모두 처리하자"라고 생각할 수도 있겠지만, 최대한 "HEAD 메서드를 지원하지 않는 웹 사이트만 GET 메서드를 활용하자"라고 생각하고 크롤러를 만드는 게 좋습니다.

##  목록 페이지에 URL이 존재하지 않는 경우 삭제된 것으로 판정하기

인덱스 처리한 URL을 정기적으로 확인하는 경우에도 확인할 페이지 수가 많다면 시간이 꽤 걸립니다. 각각의 콘텐츠에 접근하는 시간이 오래 걸린다면 생각을 바꿔 콘텐츠에 직접 접근하지 않고 확인하는 방법을 고민해 보는 것이 좋습니다.

예를 들어 목록 페이지에서 상세 페이지로 이동하는 형식의 웹 사이트에서 목록 페이지로의 링크가 존재하지 않는다면 해당 데이터가 삭제됐다고 판단할 수 있습니다. 이처럼 목록 페이지를 확인해서 콘텐츠가 제거됐는지를 확인하면 접근 수를 크게 줄일 수 있습니다(그림 6.15).

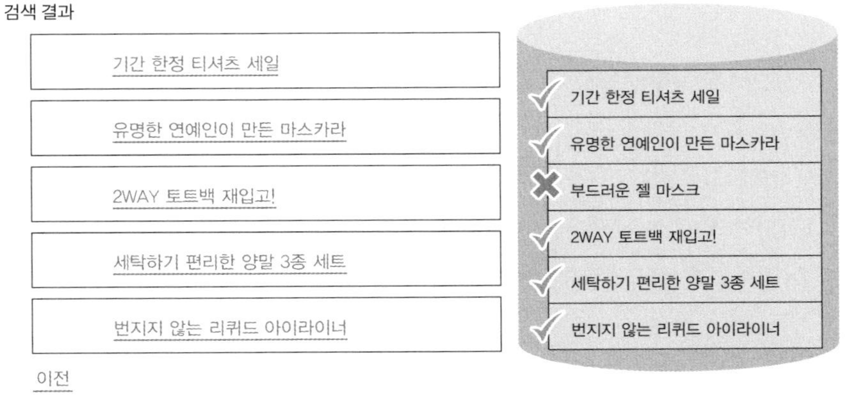

그림 6.15 목록 페이지 확인으로 콘텐츠 제거 여부 확인하기

목록 페이지에서 각각의 콘텐츠 링크를 추출하고 기존 콘텐츠에 대한 링크가 남아 있는 경우 해당 콘텐츠가 존재한다는 플래그를 붙입니다(코드 6.34). 그러면 최종적으로 플래그가 붙어있지 않은 콘텐츠는 삭제됐다고 판단할 수 있습니다.

**코드 6.34** Jsoup로 목록 페이지에서 링크 추출하기

```java
import org.jsoup.Jsoup;
import org.jsoup.nodes.Document;
import org.jsoup.nodes.Element;

import org.jsoup.select.Elements;

import java.io.IOException;

public class ListCrawlerSample {

  public void start() throws Exception {
    String url = "http://takezoe.hatenablog.com/";

    // 목록 페이지만 크롤링하기(예제이므로 3페이지만 크롤링합니다)
    for (int i = 0; i < 3; i++) {
      Element nextUrl = execute(url);

      if (nextUrl == null) {
        break;
      } else {
        url = nextUrl.attr("href");
        ...
      }
    }

    // ... 출력되지 않은 것은 삭제된 것으로 간주하고 처리하기 ...

  }

  public Element execute(String url) throws IOException {
    // GET 요청을 보내고 응답을 변수 doc에 저장하기
    Document doc = Jsoup.connect(url).get();
```

```java
    // 추출한 HTML에서 링크 추출하기
    Elements elements = doc.select("a.entry-title-link");
    // 추출한 링크를 하나씩 처리
    for (Element element: elements) {
      // 링크 URL 추출(접근하지 않음)
      String entryUrl = element.attr("href");

      // ... entryUrl이 존재한다고 플래그를 남김 ...
    }

    // 다음 페이지의 링크 추출하기
    return doc.select("a[rel=next]").first();
  }
}
```

이렇게 하면 확인 시간을 큰 폭으로 단축할 수 있으며 대상 웹 사이트에 대한 접근을 감소시킬 수 있어 다양한 장점이 생깁니다.

그런데 사이트 중에는 실제로 콘텐츠가 제거돼도 목록은 남아 있는 경우가 있습니다. 아쉽게도 이런 사이트에는 이번 절에서 설명한 방법을 사용해도 의미가 없습니다. 이 방법은 어디까지나 "목록 페이지에서 접근할 수 없는 콘텐츠는 삭제된 것으로 판정한다"는 것이지, 실제 콘텐츠의 삭제 여부를 엄밀하게 판정하는 것은 아니라는 점을 명심하세요.

## 남은 문제

URL을 확인하거나 대상 사이트를 정기적으로 크롤링하거나 대량의 콘텐츠를 수집하는 경우, 내부에서 제거된 콘텐츠를 찾는 데 시간이 꽤 걸립니다. 이는 크롤러가 본질적으로 안고 있는 문제입니다. 크롤러 대상 사이트의 부하를 무시하고 대량 접근을 하면 해결할 수 있겠지만, 그러면 안 됩니다.

하지만 URL을 하나씩 체크하더라도

- 오래된 콘텐츠는 제거됐을 가능성이 높으니 오래된 콘텐츠부터 차례대로 확인합니다.
- 장기간 존재하는 페이지는 이후에도 존재할 가능성이 높으므로 체크 간격을 늘립니다.

이처럼 효율을 높일 수 있는 방법이 존재하니 다양한 방법을 고민해 보기 바랍니다.

## 6-4 웹 사이트의 변경 시점 및 변경 빈도 학습하기

정기적으로 크롤링하다 보면 대상 웹 사이트 특유의 경향을 찾을 수 있습니다.

- 매주 ○요일에 관리하는 것 같다.
- ○시~○시에 접근하면 오류가 자주 발생한다.
- 특정 날짜에는 콘텐츠가 아예 올라오지 않는다.

이와 같은 통계 정보를 알 수 있다면 자원을 더욱 효율적으로 활용할 수 있으며 지속적인 크롤링을 계획하기가 쉬워집니다. 어떤 정보를 찾으면 좋은지 간단하게 정리해 보겠습니다.

 ### 명시된 변경일 찾기

웹 사이트에 따라 변경하는 요일 또는 시간을 명시하기도 합니다. 이러한 요일과 시간에 크롤링하면 의미 없는 접근을 줄일 수 있습니다.

 ### 오류

크롤러에서 요청을 보냈을 때 오류가 발생하는 경우가 있습니다. 이러한 오류가 웹 사이트 측의 예상하지 못한 장애로 발생한 것이라면 크롤러 측에서는 크롤링을 포기할 수밖에 없습니다. 하지만 유지 보수처럼 예정된 것이거나 매주 같은 요일 또는 매달 같은 날짜에 오류가 뜨는 등의 규칙성이 보이는 것이라면 해당 유지 보수 시간과 해당 날짜를 피해 크롤링하게 스케줄링하면 됩니다.

또한 규칙성이 없는 경우라면 단위 시간 동안 오류 발생 횟수가 일정 범위를 넘을 때 크롤링을 중단하는 것이 좋습니다. 웹 사이트의 규모에 따라 다를 수 있지만, 1~2회 정도 오류가 발생하는 경우에는 해당 페이지에만 문제가 있을 가능성이 있습니다. 하지만 오류가 지속해서 발생한다면 문제가 있다는 뜻입니다. 이와 같은 상태에서 크롤링을 계속하면 크롤러 측도 콘텐츠를 제대로 얻을 수 없고 웹 사이트 측도 부하가 계속 걸리게 됩니다.

## 변경 빈도에 따라 크롤링 빈도 조정하기

콘텐츠의 변경 빈도는 웹 사이트에 따라 다릅니다. 어떤 웹 사이트는 매일 새로운 콘텐츠가 유입되기도 하지만 어떤 웹 사이트는 한 달이 지나도 새로운 콘텐츠가 유입되지 않기도 합니다. 또한 월말과 월초에는 많은 콘텐츠 유입이 있지만, 그 외의 기간에는 콘텐츠 유입이 별로 없는 웹 사이트도 있습니다. 이러한 웹 사이트를 항상 같은 빈도로 크롤링한다면 효율적이라고 할 수 없습니다. 당연히 변경 빈도가 많은 웹 사이트는 매일 크롤링하고 변경 빈도가 적은 웹 사이트는 이틀이나 일주일마다 크롤링하는 것이 좋을 것입니다.

이처럼 크롤링 빈도를 조정하고 싶다면 일단 "해당 웹 사이트가 언제 어느 정도 변경되는지"에 대한 정보를 알아야 합니다. 따라서 새로운 콘텐츠 또는 내용 변경이 있는 콘텐츠의 수를 날짜에 따라 기록해두는 것이 좋습니다. 이런 기록에서 규칙성을 찾는다면 크롤링을 훨씬 효율적으로 할 수 있을 것입니다.

 ## 크롤링 소요 시간을 기반으로 크롤러의 리소스 사용량 조절하기

효율적으로 크롤링한다는 것에는 "크롤러를 운용하는 서버의 리소스를 어느 정도 효율적으로 활용하는가"의 관점도 포함됩니다. 적은 수의 서버로 많은 웹 사이트를 크롤링할 수 있다면 그만큼 비용이 절감됩니다.

크롤링에 필요한 시간은 웹 사이트에 따라 다릅니다. 웹 사이트 내부의 페이지 수가 같아도 응답 간격과 응답 속도의 차이가 있기 때문입니다. 크롤링 대상 웹 사이트가 늘어나서 크롤러를 대규모로 운용하다 보면 어떤 시간대에 어느 정도로 웹 사이트 크롤링이 일어나는지 파악하기 힘들어집니다. 그게 가능하다면 크롤링이 어느 시간대에 많은 리소스를 사용하는지를 통계로 낼 수 있습니다.

웹 사이트별로 크롤링하는 데 걸리는 시간을 기록해두면 어떤 웹 사이트에 어느 정도의 시간이 필요한지 알 수 있습니다. 같은 시간대에 동작하는 크롤러의 수를 어느 정도 균등하게 되도록 스케줄링하면 전체적인 리소스 비용을 줄일 수 있습니다.

## 6-5 가장 효율적인 방법 = 크롤링하지 않기

이번 절에서는 웹 사이트를 효율적으로 크롤링하기 위한 방법을 소개했습니다. 하지만 크롤링하지 않고도 데이터를 추출할 수 있다면 그 방법이 가장 좋은 방법이라고 할 수 있습니다.

외부 사이트와의 데이터 연동 등을 목적으로 XML이나 JSON 형식으로 데이터 피드를 제공하는 웹 사이트도 있습니다. 또한 Wikipedia는 웹 사이트의 모든 데이터를 공개하고 있으며 주소 등의 정보를 CSV로 제공하는 경우도 있습니다.

이러한 데이터 피드를 사용할 수 있다면 크롤러를 만드는 것보다 효율적으로 데이터를 수집할 수 있으며, 웹 사이트에 대한 부하도 줄일 수 있습니다. 따라서 모두에게 장점이 있는 방법이라고 할 수 있습니다. 대규모 웹 사이트의 경우, 이러한 피드를 제공하지 않는지 크롤링하기 전에 확인해 보세요.

## 6-6 정리

이번 장에서는 웹 사이트를 효율적으로 크롤링하기 위한 다양한 테크닉을 알아봤습니다.

대규모 웹 사이트는 크롤링에 시간이 너무 오래 걸리면 새로운 정보를 추출할 때 시간이 오래 걸리며 삭제된 콘텐츠를 검출하기도 어렵습니다. 이러한 처리를 "상대 사이트에 피해를 주지 않고 어떻게 효율적으로 할 수 있는가?"가 바로 대규모 사이트를 지속해서 크롤링할 때의 요점이라고 할 수 있습니다.

웹 사이트별로 대응해야 하는 것이 달라 귀찮기는 하지만 크롤링은 수집할 대상 사이트가 있을 때만 할 수 있다는 사실을 명심하세요. 따라서 대상 사이트에 피해를 끼치지 않도록 배려해야 합니다.

# CHAPTER 7

# 자바스크립트 가지고 놀기

**7-1** Ajax와 SPA
**7-2** 자바스크립트와의 싸움 피하기
**7-3** 브라우저 조작과 도구 활용하기
**7-4** 정리

최근 웹 사이트는 정적인 HTML이 아니라 자바스크립트를 사용해 HTML을 동적으로 렌더링 하는 경우가 많습니다. 이전에는 웹 페이지의 일부만 동적으로 변경하는 Ajax를 사용하는 정도 였지만, 최근에는 화면 렌더링과 이동 제어 모두 자바스크립트로 처리하는 SPA(Single Page Application)가 많아지고 있습니다. 이러한 웹 페이지의 경우, 단순한 URL 접근 만으로는 데이 터를 추출할 수 없습니다.

이번 장에서는 이처럼 자바스크립트를 활용해 웹 사이트를 크롤링하는 방법을 설명하겠습니다.

## 7-1 Ajax와 SPA

2005년에 Ajax를 활용한 구글 지도가 등장한 이후 브라우저별로 호환성에 문제가 있어 사용을 기피하던 자바스크립트가 널리 사용되기 시작했습니다.

Ajax는 "Asynchronous JavaScript + XML"의 약자로 `XMLHttpRequest`를 사용해 서버에서 비 동기적으로 XML[1] 데이터를 읽어 들이고 이를 동적으로 HTML로 조합해 화면에 출력하는 프 로그래밍 방법입니다(그림 7.1). 이로 인해 HTML 기반의 웹 어플리케이션이 사용자와 상호 작용하며 콘텐츠를 제공할 수 있게 됐습니다.

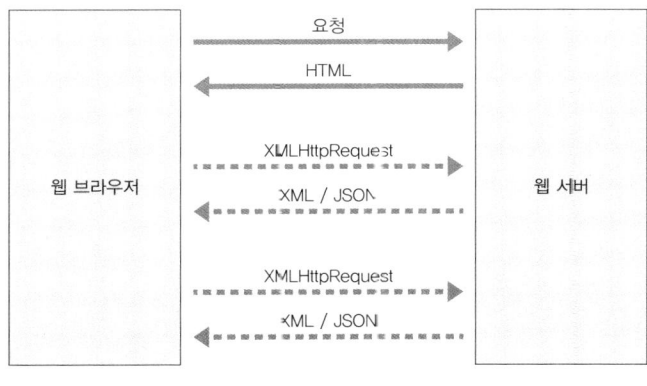

그림 7.1 Ajax

---

1 현재는 XML보다 다양한 장점을 가지고 있는 JSON을 많이 사용합니다.

예를 들어 구글 지도는 지도를 마우스로 드래그해서 스크롤하거나 마우스 휠로 확대/축소하면 비동기적으로 데이터를 차근차근 읽어 들여 화면에 출력합니다.

자바스크립트가 적극적으로 사용되기 시작하면서 자바스크립트를 둘러싼 환경이 발전하고 Prototype.js와 jQuery 같은 라이브러리가 등장했습니다. 이러한 라이브러리를 사용하면 Ajax를 간단하게 이용할 수 있으며 브라우저의 호환성을 쉽게 유지할 수 있습니다.

그리고 Node.js의 등장과 브라우저에 탑재된 자바스크립트 엔진의 발전으로 자바스크립트가 굉장히 많은 곳에 활용되기 시작했습니다. 현재는 AngularJS와 React 등의 프레임워크로 웹 애플리케이션의 화면 전체를 자바스크립트로 구현하는 SPA(Single Page Application)라는 아키텍처가 일반화됐습니다.

따라서 이제 자바스크립트는 웹 페이지에 빠질 수 없는 요소라고 할 수 있습니다.

##  자바스크립트를 사용한 웹 페이지의 예

자바스크립트를 사용한 웹 사이트를 어떻게 크롤링해야 하는지를 살펴보기 전에 실제 웹 페이지에서 자바스크립트가 어떠한 형태로 사용되는지 살펴봅시다.

### 자바스크립트의 기본적인 사용 예

입력 양식을 제출하기 전에 확인 대화 상자를 출력하는 것은 자바스크립트를 사용하는 가장 간단한 예라고 할 수 있습니다.

예를 들어 코드 7.1의 HTML을 살펴봅시다. 이 코드는 전송 버튼을 클릭했을 때 "전송하겠습니까?"라는 메시지를 출력합니다. 그리고 "확인"을 클릭하면 입력 양식이 전송되고 "취소"를 누르면 입력 양식 전송을 취소합니다.

**코드** 7.1 이동 전에 확인하기

```
<form method="/post" method="POST" onsubmit="return confirm('전송하겠습니까?');">
  ...
  <input type="submit" value="전송">
</form>
```

또한 어떤 항목의 선택 내용에 따라 다른 항목을 변화시키는 경우와 입력이 제대로 됐는지 확인하는 경우 등에도 자바스크립트를 사용합니다. 어쨌거나 이러한 기본적인 사용은 크롤링에 별다른 지장을 주지 않으므로 크게 신경 쓰지 않아도 괜찮습니다.

### 화면 이동을 자바스크립트로 하는 경우

일반적인 링크는 `href` 속성을 사용해 이동 대상 URL을 추출합니다. 또한 입력 양식도 `form` 요소의 `action` 속성을 기반으로 이동 대상 URL을 추출할 수 있습니다. 따라서 일반적인 크롤러는 이러한 URL을 사용해 크롤링합니다.

하지만 링크 또는 버튼을 클릭했을 때 자바스크립트를 사용해 화면을 이동하기도 합니다(코드 7.2).

**코드 7.2** 링크 또는 버튼을 클릭했을 때 자바스크립트를 사용해 화면 이동하기

```
<input type="text" id="keyword"/>
<input type="button" value="검색" onclick="search()"/>
<script>
function search(){
  var keyword = document.getElementById('keyword').value;
  location.href = 'http://example.com/search/' + encodeURIComponent(keyword);
}
</script>
```

또한 코드 7.3처럼 `form` 요소의 `action` 속성을 동적으로 변환하는 경우도 있습니다.

**코드 7.3** form 요소의 action 속성을 동적으로 변환하기

```
<form method="POST" id="form">
  ...
  <input type="hidden" id="page" value="2"/>
  <input type="submit" value="이전 페이지" onclick="prevPage()">
  <input type="submit" value="다음 페이지" onclick="nextPage()">
</form>
<script>
/**
 * [이전 페이지]를 클릭한 경우의 처리
 */
function prevPage(){
```

```
  var form = document.getElementById('form');
  var page = parseInt(document.getElementById('page').value);
  form.action = '/articles/' + (page - 1);
}
/**
 * [다음 페이지]를 클릭한 경우의 처리
 */
function nextPage(){
  var form = document.getElementById('form');
  var page = parseInt(document.getElementById('page').value);
  form.action = '/articles/' + (page + 1);
}
</script>
```

이러한 경우 HTML만 스크레이핑해서는 제대로 된 URL을 추출할 수 없습니다. 자바스크립트와 Ajax를 활용하지 않는다고 생각되는 사이트도 이처럼 부분적으로 자바스크립트를 활용하기도 합니다.

### 동적으로 HTML 생성하기

가장 까다로운 경우는 HTML을 동적으로 생성하는 경우입니다. 예를 들어 자바스크립트에서 코드 7.4처럼 동적으로 HTML을 출력할 수 있습니다.

**코드 7.4** HTML을 동적으로 출력하기

```
<body>
  <script>
    document.open();
    document.write('<h1>자바스크립트로 출력하기</h1>');
    document.close();
  </script>
</body>
```

코드 7.5처럼 특정 요소 내부의 텍스트 또는 HTML을 자바스크립트로 변경할 수도 있습니다.

**코드 7.5** HTML을 동적으로 변경하기

```
<body>
  <h1 id="title">HTML로 출력하기</h1>
  <div id="content">HTML로 출력하기</div>
```

```
<script>
  // 텍스트 변경하기
  var h1 = document.getElementById('title');
  h1.innerText = 'JavaScript로 출력하기';
  // HTML 변경하기
  var div = document.getElementById('content');
  h1.innerHTML = '<b>JavaScript로 출력하기</b>';
</script>
</body>
```

이와 같은 사이트는 HTML을 실행해 보지 않고는 HTML이 어떻게 출력될지 알 수 없습니다. 다만 이처럼 HTML을 생성하는 것은 웹 페이지의 일부에만 적용되는 경우가 많습니다. 그래서 크롤링할 때 딱히 문제가 되지 않습니다. 큰 문제가 되는 것은 다음 절에서 설명하는 Ajax를 사용하는 경우입니다.

## Ajax를 사용한 비동기 통신

크롤링할 때 가장 까다로운 것은 Ajax를 사용해 추출한 데이터로 HTML을 동적 생성하는 경우입니다. 이전에는 "웹 페이지 출력을 빠르게 하기 위해 메인 콘텐츠 이외의 부분을 비동기적으로 추출해 출력"하는 경우가 많았지만, 최근에는 SPA처럼 "메인 콘텐츠 데이터도 Ajax로 추출하고 동적으로 HTML을 생성해 출력"하는 경우가 늘고 있습니다.

Ajax를 사용한 웹 페이지가 실제로 어떻게 구성되는지 이해할 수 있게 간단한 샘플 코드를 살펴봅시다(코드 7.6).

**코드 7.6** 검색 결과 부분의 HTML을 자바스크립트로 생성하는 경우

```
<form>
  키워드: <input type="text" id="keyword"> <input type="button" id="button" value="검색"/>
</form>
<ul id="results">
  <!-- 여기에 검색 결과를 출력합니다. -->
</ul>
<script>
var button = document.getElementById('button');
var keyword = document.getElementById('keyword');
button.onclick = function(){
  // XMLHttpRequest 객체 생성하기
```

```javascript
var xhr = new XMLHttpRequest();
// GET 요청 준비하기
xhr.open('GET', '/search?keyword=' + encodeURIComponent(keyword.value), true);
// XMLHttpRequest에 이벤트 핸들러 등록하기
xhr.onload = function(){
  if (xhr.status == 200){
    // 응답 내용을 JSON으로 파싱하기
    var res = JSON.parse(xhr.responseText);
    // JSON 데이터에 반복문을 적용한 뒤 HTML DOM 트리에 추가하기
    var results = document.getElementById('results');
    for(var i = 0; i < res.books.length; i++){
      var li = document.createElement('li');
      li.innerText = res.books[i].title;
      results.appendChild(li);
    }
  }
};
xhr.send(null);
};
</script>
```

이 코드는 버튼을 클릭했을 때 **XMLHttpRequest** 객체를 사용해 서버에 GET 요청을 보내고 응답된 JSON 데이터를 기반으로 HTML을 조합해 화면에 출력하는 예입니다. 크롤러로 크롤링하고 싶은 검색 결과 부분의 HTML이 모두 자바스크립트로 생성된다는 것을 알 수 있습니다.

**XMLHttpRequest** 객체를 사용하면 GET 요청뿐만 아니라 POST, PUT, DELETE 메서드로 요청을 전송할 수도 있습니다. POST 메서드 또는 PUT 메서드로 요청을 보내는 경우 **send()** 메서드의 매개 변수로 전송할 데이터를 지정합니다(코드 7.7).

**코드 7.7** POST 메서드 또는 PUT 메서드의 경우

```javascript
xhr.open('POST', '/search', true);
...
xhr.setRequestHeader('Content-Type', 'application/x-www-form-urlencoded');
xhr.send('keyword=' + encodeURIComponent(keyword.value));
```

지금까지는 Ajax를 사용한 웹 애플리케이션이 어떤 느낌인지 설명하기 위해 자바스크립트 표준 기능만을 사용한 코드를 소개했습니다. 실제로는 **XMLHttpRequest** 객체를 직접 사용하지 않

고 jQuery 등의 라이브러리를 사용하는 경우가 많습니다. 또한 화면을 동적으로 변경할 때도 DOM 트리를 직접 조작하지 않고 Angular 또는 React 등의 프레임워크를 사용하는 경우가 늘고 있습니다.

##  크롤러의 관점에서 살펴본 자바스크립트

기존 웹 애플리케이션은 HTTP 요청을 기반으로 웹 서버가 콘텐츠를 HTML로 리턴하므로 이러한 HTML을 읽어 들이고 링크를 추출하면 웹 페이지를 순회하며 크롤링할 수 있습니다.

하지만 자바스크립트를 활용한 웹 애플리케이션은 HTML의 일부 또는 전체를 자바스크립트를 사용해 동적으로 출력합니다. 또한 Ajax 통신을 사용할 때는 데이터를 XML 또는 JSON의 형식으로 응답하며 이를 기반으로 출력할 HTML을 생성합니다.[2]

따라서 처음 응답받은 HTML만으로는 실제로 어떤 데이터를 어떠한 형태로 출력하는지 알 수 없습니다.

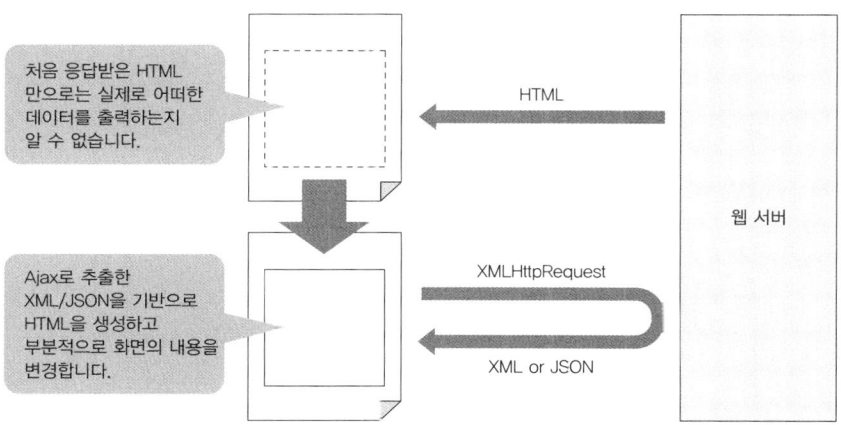

그림 7.2 HTML 통신만으로는 실제로 출력될 내용을 알 수 없음

자바스크립트는 웹 애플리케이션 사용자에게 풍부한 경험을 제공할 수 있지만, 크롤러의 입장에서는 링크를 가져올 수 없게 만드는 굉장히 성가신 존재입니다. 이러한 웹 애플리케이션은 어떻게 크롤링해야 할까요?

---

[2] 조금 오래된 Ajax 애플리케이션은 XML고 JSON이 아니라 HTML을 응답해 사용하기도 합니다. 하지만 화면 전체의 구성을 HTML로 얻을 수 있는 것은 아닙니다.

# 7-2 자바스크립트와의 싸움 피하기

Ajax 또는 SPA로 구현한 웹 사이트를 크롤링할 때는 일단 자바스크립트와의 싸움을 최대한 피하는 것이 좋습니다. 이번 장의 후반부에 소개하는 WebDriver를 사용하는 크롤러는 자바스크립트를 사용하는 모든 웹 페이지를 처리할 수 있지만 단점이 굉장히 많습니다. 따라서 그러한 최후의 무기를 사용하기 전에 다른 방법으로 처리할 수 없는지 찾아보는 것이 좋습니다.

 **자바스크립트의 동작 재현하기**

자바스크립트를 사용하는 웹 사이트에도 굉장히 다양한 유형이 있습니다. Ajax를 웹 페이지 일부에만 사용하는 경우도 있고, 웹 사이트 전체를 SPA로 구현한 경우도 있으며 화면 이동이나 입력 양식 전송만 자바스크립트로 처리하는 경우도 있습니다. 화면 이동 또는 입력 양식 전송을 자바스크립트로 처리하는 경우에는 이러한 동작을 크롤러에 유사하게 모방해 구현하는 것이 어렵지 않습니다.

예를 들어 코드 7.8과 같은 웹 페이지가 있다고 합시다.

**코드 7.8** 화면 이동을 자바스크립트로 구현한 페이지

```
<form>
  <input type="button" value="Next Page" onclick="goNextPage()"/>
  <input type="hidden" id="page" value="10"/>
</form>
<script>
function goNextPage(){
  // 현재 페이지 번호를 hidden 필드에서 추출하기
  var page = parseInt(document.getElementById('page').value);
  // "현재 페이지 번호 + 1"인 URL로 이동하기
  location.href = 'http://example.com/items/list/' + (page + 1);
}
</script>
```

이 경우 크롤러에서 코드 7.9처럼 자바스크립트로 이루어지는 처리(입력 양식의 value를 기반으로 URL 조합하기)를 모방하면 크롤링할 수 있습니다.

**코드 7.9** 자바스크립트 처리를 유사하게 모방하기

```
Document doc = ...

// 현재 페이지를 hidden 필드에서 추출하기
int page = Integer.parseInt(doc.select("#id").val());

// "현재 페이지 번호 + 1"인 URL 생성하기
String nextUrl = "http://example.com/items/list/" + (page + 1);
// 다음 페이지에 요청 전송하기
Document nextDoc = Jsoup.connect(nextUrl).get();
```

EC 사이트 또는 뉴스 사이트의 경우 URL에 규칙이 있는 경우가 많습니다. 그러한 규칙을 찾으면 비교적 쉽게 대응할 수 있을 것입니다.

 ## 크롤러를 위한 정보 찾기

웹 사이트의 일부에 Ajax를 사용하거나 웹 사이트 전체를 SPA로 구축해도 SEO를 열심히 구현했다면 크롤러를 위한 메타 데이터를 제공해주는 경우가 있습니다.

예를 들어 페이징이 Ajax로 구현됐거나 무한 스크롤[3]로 구현된 경우에도 코드 7.10처럼 head 요소 내부에 페이징 전용 URL을 나타내는 link 태그가 배치돼 있을 수 있습니다.

**코드 7.10** 페이징 전용 URL을 나타내는 link 태그

```
<head>
  <link rel="prev" href="http://www.example.com/search.html?page=1">
  <link rel="next" href="http://www.example.com/search.html?page=3">
</head>
```

2015년 이전의 구글 크롤러는 Ajax로 생성된 페이지의 URL에 있는 #! 이후의 해시 부분을 ?_escaped_fragment라는 쿼리 매개 변수로 변환한 URL로 크롤러에 콘텐츠를 제공하는 것을 추천

---

3  화면을 끝까지 스크롤했을 때 데이터를 새로 추가하는 처리를 말합니다.

했습니다. 현재 구글 크롤러는 Ajax로 생성된 페이지도 크롤링할 수 있어 이러한 사양이 없어지기는 했지만 당시 제작된 웹 페이지라면 이 방법을 사용해 콘텐츠를 추출할 가능성이 있습니다. **#!**을 사용한 Ajax 전용 URL을 **?_escaped_fragment_=**로 변경해 크롤링 전용 URL을 만드는 방법은 표 7.1과 같습니다.[4]

표 7.1 Ajax 전용 URL을 크롤러 전용 URL로 변환하기

| Ajax 전용 URL | 크롤러 전용 URL |
| --- | --- |
| #!param | ?_escaped_fragment_=param |
| #!key1=value1&key2=value2 | ?_escaped_fragment_=key1=value1%26key2=value2 |

 ## 모바일 사이트

규모가 큰 웹 사이트는 PC 전용 사이트뿐만 아니라 모바일 전용 사이트도 제공하는 경우가 있습니다. 그런데 의외로 PC 전용 사이트는 자바스크립트를 활용한 풍부한 웹 사이트라도 모바일 전용 사이트는 일반적인 정적 웹 사이트를 사용하는 경우가 많습니다. 이러한 경우 모바일 전용 사이트를 활용하면 데이터를 쉽게 크롤링할 수 있습니다.

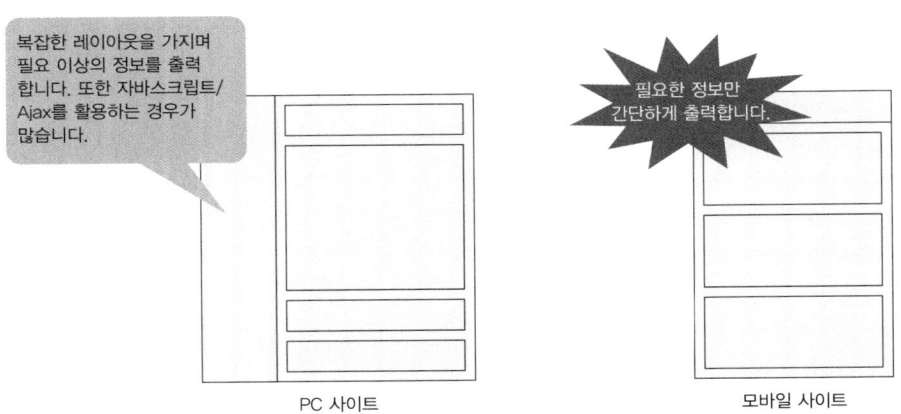

그림 7.3 PC 전용 사이트와 모바일 전용 사이트

---

4  참고 자료: AJAX Crawling(Deprecated)
   https://developers.google.com/webmasters/ajax-crawling/docs/specification

모바일 전용 사이트는 통신량을 줄이기 위해서나 장치의 화면 크기가 제한적이라서 출력할 항목이 굉장히 간단하게 구성된 경우가 많습니다. 따라서 PC 전용 사이트에 비해 스크레이핑하기 쉽습니다. 그러니 PC 전용 사이트를 대상으로 크롤링하기 어려운 경우 모바일 전용 사이트를 확인해 보기 바랍니다.

다만 PC 전용 사이트와 고바일 전용 사이트가 같은 정보를 제공한다고는 보장할 수 없습니다. 모바일 전용 사이트로 필요한 정보를 추출할 수 있는지는 실제 웹 사이트를 확인하고 판단하기 바랍니다.

### 크롬으로 스마트폰 전용 사이트 확인하기

크롬의 개발자 도구에는 화면 크기와 User-Agent 헤더를 변경하는 기능이 있습니다(그림 7.4). User-Agent를 변경하면 스마트폰 전용 사이트로 들어가서 웹 사이트를 확인할 수 있습니다.

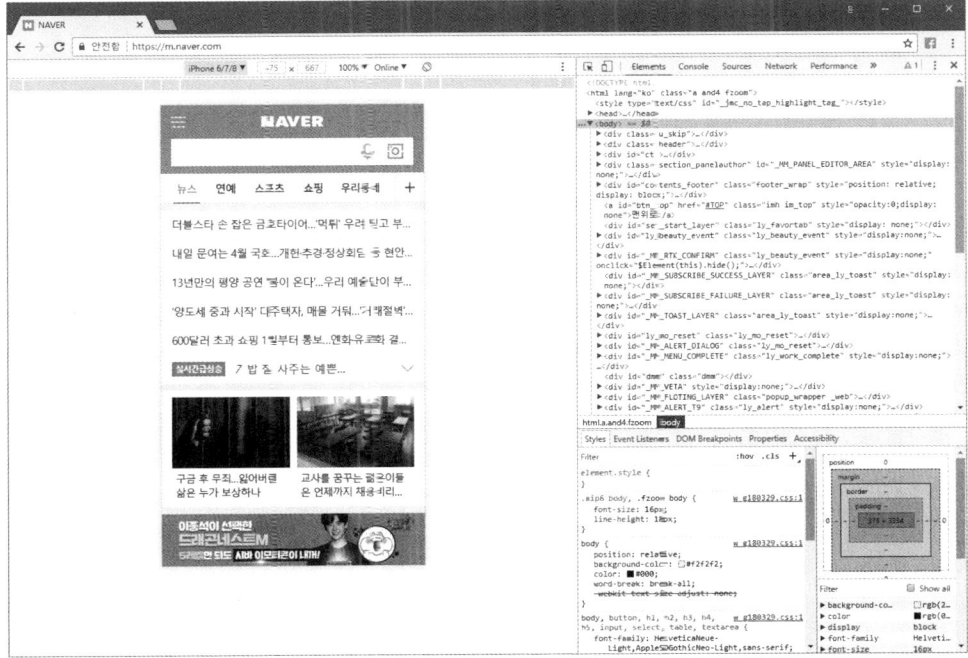

그림 7.4 크롬 개발자 도구로 모바일 전용 페이지 확인하기

> **memo** 스마트폰 전용 사이트의 URL 확인하기
>
> PC 전용 사이트와 스마트폰 전용 사이트의 웹 페이지가 다른 URL로 제공되는 경우, PC 전용 페이지에 대응되는 스마트폰 전용 페이지의 URL은 `link rel="alternate"` 태그에서 확인할 수 있습니다.
>
> ```
> <link rel="alternate" media="only screen and (max-width: 640px)" href="http://sp.example.com/page1" />
> ```
>
> 이 경우 반대로 스마트폰 전용 페이지에 PC 전용 페이지의 URL이 `link rel="canonical"` 태그에 정의돼 있습니다.
>
> ```
> <link rel="canonical" href="http://www.example.com/page1">
> ```

### 스마트폰의 User-Agent 헤더

스마트폰 전용 웹 사이트를 제공하는 경우 여러 가지 패턴이 있을 수 있습니다. 몇 가지 정리해 보면 다음과 같습니다.

① PC 전용 사이트와는 다른 URL을 사용해 스마트폰 사이트를 제공하는 경우

② 사용자 에이전트를 확인하고, 이를 통해 PC 전용 사이트와 스마트폰 전용 사이트를 나누어 제공하는 경우

③ PC 전용 사이트와 같은 콘텐츠를 CSS를 사용해 다른 형태로 출력하는 경우

이때 모바일 사이트를 따로 제공하므로 크롤러로 쉽게 읽어 들일 수 있는 경우는 ①과 ②의 패턴입니다. ③의 경우는 같은 HTML을 응답하며 CSS를 사용해 화면의 크기에 따라 레이아웃을 다르게 출력하는 것뿐이므로 딱히 차이가 없습니다(이와 같이 레이아웃을 나누는 방법을 "반응형 웹 디자인"이라고 부릅니다).

①의 경우는 단순하게 스마트폰 전용 사이트의 URL을 크롤링하면 되지만, 웹 사이트에 따라 내부적으로 사용자 에이전트를 확인해 PC 전용 브라우저의 경우 리다이렉트하는 경우도 있습니다. ②의 경우는 사용자 에이전트를 스마트폰 전용 브라우저처럼 맞춰야 스마트폰 전용 콘텐츠를 받을 수 있습니다. 이때는 크롤러에서 HTTP 요청을 보낼 때 `User-Agent` 헤더에 스마트폰 전용 사용자 에이전트를 설정해 놓아야 합니다.

대표적인 스마트폰 웹 브라우저의 사용자 에이전트를 표 7.2에 정리했습니다. 모바일 웹 사이트가 제공되고 있는데도 크롤러로 접근할 수 없다면 사용자 에이전트를 이렇게 변경해 접근해 보기 바랍니다.

표 7.2 스마트폰 전용 웹 브라우저의 사용자 에이전트

| 브라우저 | 사용자 에이전트 |
| --- | --- |
| iOS11(iPhone) | Mozilla/5.0 (iPhone; CPU iPhone OS 11_0 like Mac OS X) AppleWebKit/604.1.38 (KHTML, like Gecko) Version/11.0 Mobile/15A356 Safari/604.1 |
| iOS11(iPad) | Mozilla/5.0 (iPad; CPU iPhone OS 11_0 like Mac OS X) AppleWebKit/604.1.38 (KHTML, like Gecko) Version/11.0 Mobile/15A356 Safari/604.1 |
| 크롬(Android) | Mozilla/5.0 (Macintosh; Intel Mac OS X 10_10_3) AppleWebKit/537.36 (KHTML, like Gecko) Chrome/57.0.2987.98 Safari/537.36 |

> **memo** ▶ Ajax 전용 엔드 포인트에서 직접 정보 추출하기
>
> Ajax는 화면에 출력할 데이터를 서버에서 XML 또는 JSON으로 받습니다. 이러한 XML 또는 JSON 요청도 결국 HTTP 통신이므로 어떤 URL에서 데이터를 추출할 수 있는지만 알면 해당 URL에 직접 접근해 데이터를 추출할 수 있습니다(그림 7.5).
>
>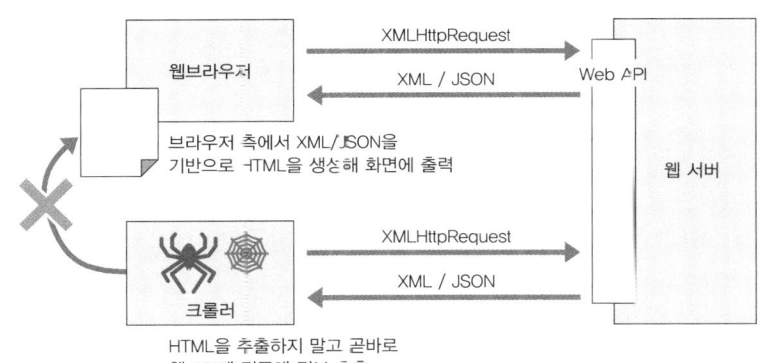
>
> 그림 7.5 웹 API에 직접 접근하기
>
> 이 경우에는 API를 사용해 직접 필요한 정보를 추출하므로 크롤러라고 부르기가 약간 애매합니다. 이는 엔트리 포인트와 추출할 수 있는 정보를 알 수 있다면 굉장히 합리적인 방법이라고 할 수 있습니다.
>
> 이때 사용할 URL을 확인하려면 HTTP 네트워크 통신의 내용을 확인해야 합니다. 크롬의 경우 개발자 도구에서 "Network" 탭을 누르면 HTTP 통신의 내용을 확인할 수 있습니다.

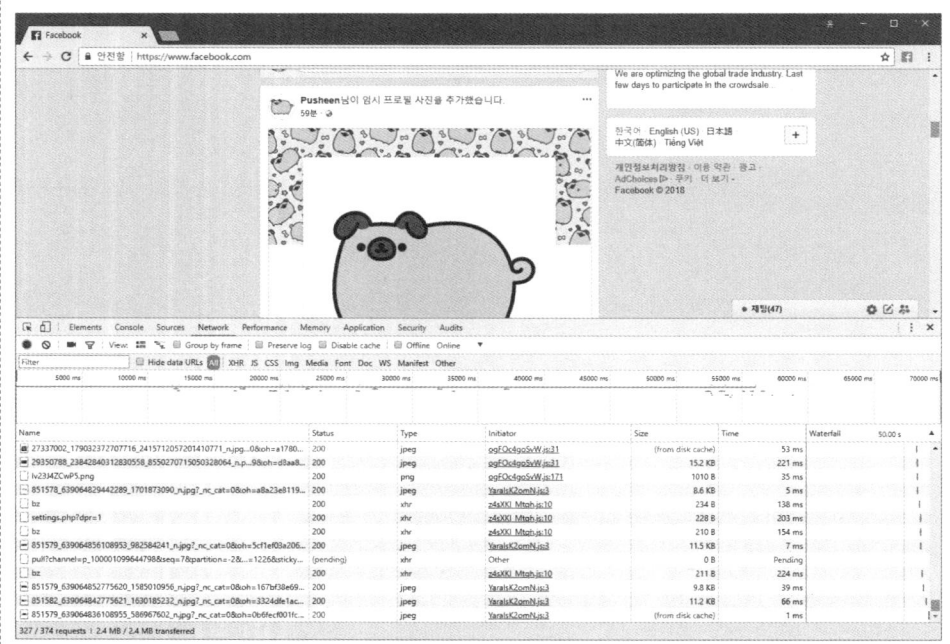

그림 7.6 개발자 도구를 사용해 Ajax 통신 내용 확인하기

다만 이러한 URL에는 여러 종류의 인증이 걸려 있어 범용 API처럼 활용할 수 없는 경우가 많습니다. 또한 최악의 경우 해당 서비스로부터 부정한 접근으로 인식될 수 있습니다. 이러한 방법은 서비스 제공자가 외부 애플리케이션을 위해 제공하는 것이 아니므로 서비스의 기능 추가와 인터페이스 변경으로 인해 사양이 변경될 가능성이 언제나 있습니다.

이처럼 Ajax 전용 엔트리 포인트에서 직접 정보를 추출하는 방법은 큰 위험이 있어 여러 가지 상황을 검토하고 사용해야 합니다.

서비스에 따라 외부 연동 전용 웹 API를 명시적으로 제공하는 경우도 있습니다. 이처럼 제공자가 스로틀링[5]하는 경우에는 적극적으로 활용해도 괜찮습니다.

---

5 앞에서 언급했듯이 서버의 부하가 너무 올라가지 않게 요청을 일정 수로 제한하는 것을 말합니다.

# 7-3 브라우저 조작과 도구 활용하기

지금까지 최대한 자바스크립트를 피해 크롤링하는 방법을 소개했습니다. 하지만 이러한 방법으로 크롤링할 수 없다면 최후의 수단으로 "실제 브라우저를 조작하는 도구"를 사용할 수 있습니다. 이러한 도구를 사용하면 브라우저 조작을 프로그래밍에서 할 수 있습니다. 버튼 또는 링크를 클릭하는 이벤트 처리도 모두 프로그래밍으로 조작할 수 있으므로 사람이 실제 브라우저를 사용하는 상태를 재현할 수 있습니다.

하지만 이 방법은 다음과 같은 단점이 있습니다.

- 실제로 브라우저를 실행하므로 머신 리소스를 많이 사용합니다.
- 조작 시점을 정확하게 맞출 수 있게 촘촘한 프로그래밍이 필요합니다.
- 동작이 불안정합니다.

이렇게 단점이 꽤 커서 "Ajax를 활용한 웹 애플리케이션" 또는 "SPA로 구축된 웹 사이트"를 크롤링하는 경우 최후의 수단으로 사용해야 합니다.

이번 절에서는 자바로 사용할 수 있는 브라우저 조작 도구로 Selenium WebDriver를 살펴보겠습니다.

## Selenium WebDriver 사용해 보기

Selenium은 원래 웹 애플리케이션 테스트 도구입니다.

- Selenium
  http://www.seleniumhq.org/

WebDriver란 실제 브라우저의 조작을 자동화하기 위한 라이브러리를 통합한 것입니다. 이를 활용하면 웹 브라우저를 실행하고 이를 코드로 조작해서 자바스크립트를 활용한 웹 애플리케이션을 테스트할 수 있습니다.

이 WebDriver를 사용해 크롤러를 만들면 진짜 웹 브라우저를 사용하는 것이므로 자바스크립트를 돌릴 수 있습니다. 따라서 자바스크립트로 동적 생성되는 HTML을 추출할 수 있습니다.

> **memo** WebDriver 라이브러리
>
> WebDriver는 자바 이외의 프로그래밍 언어 전용으로도 제공됩니다. 다른 프로그래밍 언어로 사용하고 싶을 때는 다음 문서를 참고하세요.
>
> http://docs.seleniumhq.org/docs/03_webdriver.jsp

## WebDriver 설치하기

WebDriver를 사용하려면 일단 pom.xml에 코드 7.11과 같은 의존 관계를 추가해야 합니다.

**코드 7.11** pom.xml에 WebDriver 의존 관계 추가하기

```xml
<dependency>
  <groupId>org.seleniumhq.selenium</groupId>
  <artifactId>selenium-java</artifactId>
  <version>3.5.1</version>
</dependency>
```

WebDriver는 파이어폭스, 크롬, 인터넷 익스플로러, 엣지 등의 다양한 브라우저를 지원하는 드라이버를 제공합니다. 이러한 드라이버를 사용하면 실제 웹 브라우저를 실행한 뒤 자바 프로그램으로 원격 조작할 수 있습니다.

이번 절에서는 헤드리스 브라우저인 PhantomJS 전용 드라이버를 사용해 보겠습니다.

- PhantomJS
  http://phantomjs.org/

> **memo** 헤드리스 브라우저
>
> 헤드리스 브라우저란 헤드리스 모드(브라우저 화면을 출력하지 않는 모드)로 웹 페이지를 읽어 들이는 브라우저를 의미합니다. 따라서 자바스크립트도 일반적인 브라우저에서처럼 동작합니다. 화면이 출력되지 않고 백그라운드에서 동작하므로 프로그램 조작으로 자동화를 구현할 수 있다는 장점이 있습니다. PhantomJS는 헤드리스 모드 전용 브라우저입니다. 이 외에도 크롬 등의 일반적인 브라우저가 헤드리스 모드를 지원하는 경우도 있습니다.

> 지금까지는 헤드리스 브라우저로 PhantomJS가 많이 사용됐지만, 크롬이 헤드리스 모드를 지원하면서 2017년 4월에 PhantomJS를 만든 슬로보딘(Sobodin)이 "PhantomJS의 유지 보수를 중단한다"고 발표했습니다. 그는 "크롬이 PhantomJS보다 빠르고 안정적이니 크롬으로 전환하기 바란다"라고 말했습니다. 따라서 이후에는 PhantomJS보다 크롬이 많이 사용될 것입니다.

PhantomJS는 다운로드 페이지(http://phantomjs.org/download.html)에서 자신이 사용하는 PC의 OS에 맞게 바이너리 파일을 다운로드하고 적절한 위치에 압축을 해제하면 됩니다. 압축을 해제했다면 윈도우의 경우 `bin/phantomjs.exe`, macOS라면 `bin/phantomjs`를 프로젝트의 루트 디렉터리에 복사합니다.[6]

파이어폭스 또는 크롬 등 다른 웹 브라우저 전용 드라이버를 사용하는 경우에도 드라이버에 대응하는 바이너리를 따로 다운로드하고 적절한 위치에 배치해야 합니다.[7] 이러한 드라이버를 사용하면 실제 웹 브라우저에 화면이 출력되는 상태로 조작할 수 있습니다. 인터넷 익스플로러만 지원하는 웹 사이트의 경우, 인터넷 익스플로러 전용 드라이버를 사용해 크롤링할 수 있습니다. 다만 인터넷 익스플로러 전용 드라이버는 윈도우에서만 동작합니다.

### WebDriver로 크롤링하기

코드 7.12는 WebDriver를 사용한 프로그램 예입니다.

**코드 7.12** WebDriver로 크롤링하기

```java
package kr.co.rint.crawler;

import org.openqa.selenium.By;
import org.openqa.selenium.WebDriver;
import org.openqa.selenium.WebElement;
import org.openqa.selenium.phantomjs.PhantomJSDriver;
import org.openqa.selenium.support.ui.WebDriverWait;
import java.util.List;

public class WebDriverSample {

    public static void main(String[] args) {
```

---

[6] 또는 환경 변수 PATH가 지정된 디렉터리에 복사해 넣거나 - 시스템 속성 -Dphantomjs.binary.path로 파일을 지정합니다.
[7] 역) 관련 내용은 https://youtu.be/9164BXkMofs를 참고하세요.

```
    WebDriver driver = new PhantomJSDriver();
    // Google 최상위 페이지에 접근하기
    driver.get("http://www.google.com");
    // q라는 텍스트 필드에 "WebDriver"라고 입력하고 요청 전송하기
    WebElement element = driver.findElement(By.name("q"));
    element.sendKeys("WebDriver");
    element.submit();
    // 타이틀이 "WebDriver"로 시작하는 문자열이 나올 때까지 대기하기
    (new WebDriverWait(driver, 10)).until(d -> d.getTitle().startsWith("WebDriver"));
    // 출력 결과에서 링크를 추출한 뒤 타이틀과 URL 출력하기
    List<WebElement> elements = driver.findElements(By.cssSelector("h3.r>a"));
    for(WebElement e: elements){
      System.out.println(e.getText());
      System.out.println(e.getAttribute("href"));
    }
    // 종료
    driver.quit();
  }
}
```

이 프로그램을 실행하면 구글 최상위 페이지에 접근한 뒤 "WebDriver"라는 키워드를 검색하고 검색 결과의 첫 번째 페이지에 있는 타이틀과 URL을 추출해 콘솔에 출력합니다. 이처럼 WebDriver를 사용하면 사람이 실제로 웹 브라우저를 조작하는 행위를 자동화할 수 있습니다.

### 요소 선택

WebDriver에는 `findElement()` 메서드가 있으며 이를 활용하면 웹 페이지의 DOM 트리에 있는 요소를 추출할 수 있습니다(코드 7.13). 이때 매개 변수로 추출하고 싶은 요소를 선택하기 위한 `By` 객체를 전달합니다.

**코드 7.13** WebDriver로 웹 페이지의 요소 추출하기

```
WebElement element = driver.findElement(By.name("q"));
```

현재 예는 `name` 속성의 값이 일치하는 요소를 추출하는데, `By`에는 이 외에도 표 7.3과 같은 메서드가 있습니다.

표 7.3 By의 메서드(WebDriver)

| 메서드 | 설명 |
| --- | --- |
| id() | id 속성이 지정한 값인 요소 |
| linkText() | 텍스트가 지정한 문자열과 완전히 일치하는 a 요소 |
| partialLinkText() | 텍스트가 지정한 문자열을 포함하는 a 요소 |
| name() | name 속성이 지정한 값인 요소 |
| tagName() | 지정한 태그 이름의 요소 |
| xpath() | 지정한 XPath에 해당하는 요소 |
| className() | class 속성의 클래스 이름 중 어느 하나라도 지정한 값과 일치하는 요소 |
| cssSelector() | 지정한 CSS 선택자에 해당하는 요소 |

이러한 메서드는 요소를 추출하는 기능뿐만 아니라 요소에서 데이터를 추출해 스크레이핑할 때도 사용할 수 있습니다. `By.cssSelector()`를 사용하면 CSS 선택자로 요소를 선택할 수 있으므로 Jsoup로 스크레이핑할 때와 거의 비슷하게 프로그램을 작성할 수 있습니다.

### 대화 상자 조작

WebDriver를 사용할 때 자바스크립트의 대화 상자가 출력되면 처리가 전체적으로 멈추는 경우가 있습니다. 이럴 때는 `Alert` 객체를 사용해 대화 상자를 조작해야 합니다.

자바스크립트에는 3가지 종류의 대화 상자가 있습니다. 어떤 함수를 사용하는지와 상관없이 WebDriver로 조작할 때는 모두 `Alert` 객체를 사용합니다.

- `alert()`
  사용자에 경고를 전달하기 위한 대화 상자를 출력합니다. 확인 버튼만 있습니다.

- `confirm()`
  사용자에게 확인을 요구하기 위한 대화 상자를 출력합니다. 확인 버튼과 취소 버튼이 있습니다.

- `prompt()`
  사용자에게 입력을 요구하기 위한 대화 상자를 출력합니다. 입력 필드, 확인 버튼, 취소 버튼이 있습니다.

코드 7.14는 WebDriver로 대화 상자를 조작하는 예입니다.

코드 7.14 WebDriver로 대화 상자 조작하기

```
// 경고 대화 상자의 경우
Alert alertDialog = driver.switchTo().alert();
// 경고 대화 상자의 확인 버튼 클릭하기
alertDialog();

// 확인 대화 상자의 경우
Alert confirmDialog = driver.switchTo().alert();
// 확인 대화 상자의 확인 버튼 클릭하기
confirmDialog.accept();
// 확인 대화 상자의 취소 버튼 클릭하기
confirmDialog.dismiss();

// 입력 대화 상자의 경우
Alert inputDialog = driver.switchTo().alert();
// 입력 대화 상자에 문자열을 입력하고 확인 버튼 클릭하기
inputDialog.sendKeys("안녕하세요");
inputDialog.accept();
```

크롤러를 만들 때 사용할 일은 없겠지만 `Alert` 객체를 사용하면 대화 상자에 출력된 글자를 추출할 수도 있습니다(코드 7.15).

코드 7.15 대화 상자에 출력된 글자 추출하기

```
String text = alert.getText();
```

## 화면 출력 대기하기

Ajax를 활용한 애플리케이션이나 SPA의 경우 화면의 변경이 비동기적으로 일어납니다. 이러한 경우 화면에 출력이 반영될 때까지 잠시 기다려야 합니다.

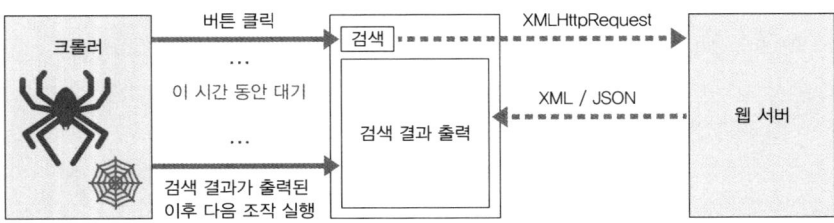

그림 7.7 Ajax로 변경이 일어나는 동안 대기하기

이러한 경우 "버튼을 클릭하고 일정 시간 동안 대기"하는 코드를 사용하면 됩니다. 예를 들어 코드 7.16처럼 지정한 시간만큼 대기하는 방법을 사용할 수 있습니다.

**코드 7.16** WebDriver로 버튼을 클릭하고 일정 시간 동안 대기하기

```
// 검색 버튼 클릭하기
WebElement element = driver.findElement(By.id("search"));
element.click();

// 5초 대기하기
Thread.sleep(5000);

// 결과 추출하기
WebElement results = driver.findElement(By.id("results"));
```

그런데 서버의 응답이 언제나 일정한 시간 안에 이루어지는 것은 아닙니다. 응답이 예상보다 길어지면 프로그램이 제대로 동작하지 않습니다. 대기 시간을 길게 잡으면 이러한 문제를 줄일 수 있지만, 쓸데없이 대기하는 코드가 많아지면 프로그램의 전체적인 속도가 느려집니다.

이러한 문제에 대처하기 위해 WebDriver는 두 가지 대기 기능을 제공합니다.

### 요소를 찾을 때까지 대기하기

`implicitlyWait()`를 사용하면 자동으로 대기 시간을 설정할 수 있습니다. 이를 설정하면 요소를 검색해서 찾지 못해도 예외를 발생시키지 않고 요소를 찾을 때까지 지정한 시간만큼 자동으로 대기합니다(코드 7.17).

**코드 7.17** WebDriver로 암묵적으로 대기하기

```
// 자동으로 대기할 시간을 10초로 설정하기
driver.manage().timeouts().implicitlyWait(10, TimeUnit.SECONDS);

// 검색 버튼 클릭하기
WebElement element = driver.findElement(By.id("search"));
element.click();

// 명시적으로 대기하지 않아도 결과를 추출할 수 있음
WebElement results = driver.findElement(By.id("results"));
```

단, 이 방법은 "요소 추출"에만 사용할 수 있습니다. 버튼을 누를 때 화면의 이동처럼 "요소가 출현할 때까지 대기"하는 경우라면 하나하나 대기를 지정하지 않아도 돼 편리하지만, 그 외에 조건을 걸어 대기하고 싶은 경우에는 이어서 설명하는 `WebDriverWait`를 사용해야 합니다.

### 지정한 조건을 만족할 때까지 대기하기

`WebDriverWait`라는 클래스를 사용하면 지정한 조건을 만족할 때까지 대기할 수 있습니다. 간단한 코드를 살펴봅시다(코드 7.18).

**코드 7.18** WebDriver로 지정한 조건을 만족할 때까지 대기하기

```java
// 최대 10초까지 대기하기
WebDriverWait wait = new WebDriverWait(driver, 10);

// 검색 버튼 클릭하기
WebElement element = driver.findElement(By.id("search"));
element.click();

// id 속성이 "results"인 요소가 출력될 때까지 대기하기
ExpectedCondition<WebElement> condition = ExpectedConditions.presenceOfElementLocated(By.id("results"));
wait.until(condition);
```

이 코드는 검색 버튼을 클릭한 후 `id` 속성이 **"results"**인 요소[8]가 출력될 때까지 대기합니다. 이를 활용하면 쓸데없는 대기 없이 Ajax를 사용한 비동기 처리로 화면 출력이 변경되는 것을 감지할 수 있습니다.

`ExpectedConditions`에는 그 밖에도 표 7.4와 같은 메서드가 있으며, 다양한 조건을 기반으로 대기할 수 있습니다.

`ExpectedConditions.not()`을 사용하면 조건을 반전할 수 있습니다(코드 7.19).

**코드 7.19** ExpectedConditions.not()으로 조건 반전하기

```java
// class 속성이 waiting이 아닐 때까지 대기하기
ExpectedCondition<Boolean> condition = ExpectedConditions.not(
```

---

[8] 서버에서 받은 응답에서 검색 결과를 나타내는 요소라고 생각하면 됩니다.

```
    ExpectedConditions.attributeToBe(By.id("result"), "class", "waiting")
);
wait.until(condition);
```

아울러 여러 조건을 조합할 수도 있습니다. **ExpectedConditions.and()**는 "매개 변수로 전달한 조건이 모두 성립할 경우"라는 조건을 생성합니다(코드 7.20).

**코드 7.20** ExpecteConditions.and()로 AND 조건 생성하기

```
// 속성값이 success이며 텍스트가 Success일 때까지 대기하기
ExpectedCondition<Boolean> condition = ExpectedConditions.and(
    ExpectedConditions.attributeToBe(By.id("result"), "class", "success"),
    ExpectedConditions.textToBe(By.id("result"), "Success")
);
wait.until(condition);
```

**ExpectedConditions.or()**는 "매개 변수로 전달된 조건 중에 하나라도 성립할 경우"라는 조건을 생성합니다(코드 7.21).

**코드 7.21** ExpectedConditions.or()로 OR 조건 생성하기

```
// 속성값이 success 또는 info 중 하나가 될 때까지 대기하기
ExpectedCondition<Boolean> condition = ExpectedConditions.or(
    ExpectedConditions.attributeToBe(By.id("result"), "class", "success"),
    ExpectedConditions.attributeToBe(By.id("result"), "class", "info")
);
wait.until(condition);
```

이러한 조건을 잘 활용하면 적절한 조건을 맞춰 크롤링/스크레이핑할 수 있습니다.

**표 7.4** ExpectedConditions 메서드(WebDriver)

| 메서드 | 설명 |
| --- | --- |
| titleIs() | 타이틀이 지정한 문자열인지 |
| titleContains() | 타이틀에 지정한 문자열이 포함돼 있는지 |
| urlToBe() | URL이 지정한 문자열인지 |
| urlContains() | URL에 지정한 문자열이 포함돼 있는지 |
| urlMatches() | URL이 지정한 정규 표현식에 매치되는지 |

| 메서드 | 설명 |
| --- | --- |
| presenceOfElementLocated() | 지정한 조건에 일치하는 요소가 DOM 트리에 추가됐는지 |
| presenceOfAllElementsLocatedBy() | 지정한 조건에 일치하는 요소가 하나라도 DOM 트리에 추가됐는지 |
| visibilityOfElementLocated() | 지정한 조건에 일치하는 요소가 출력됐는지 |
| visibilityOfAllElementsLocatedBy() | 지정한 조건에 일치하는 모든 요소가 출력됐는지 |
| visibilityOfAllElements() | 지정한 모든 요소가 출력됐는지 |
| visibilityOf() | 지정한 요소가 출력됐는지 |
| textToBePresentInElementLocated() | 지정한 조건에 맞는 요소의 글자에 지정한 문자열이 포함돼 있는지 |
| textToBePresentInElementValue() | 지정한 조건에 맞는 요소의 value 속성에 지정한 문자열이 포함돼 있는지 |
| invisibilityOfElementLocated() | 지정한 조건에 맞는 요소가 DOM 트리에서 제거 또는 비표시됐는지 |
| invisibilityOfElementWithText() | 지정한 조건, 텍스트의 요소가 DOM 트리에서 제거 또는 비표시됐는지 |
| invisibilityOfAllElements() | 지정한 모든 요소가 비표시됐는지 |
| invisibilityOf() | 지정한 요소가 비표시됐는지 |
| elementToBeClickable() | 지정한 요소 또는 조건에 맞는 요소가 출력되는지 또는 enable인지 |
| elementToBeSelected() | 지정한 요소 또는 조건에 맞는 요소를 선택할 수 있는지 |
| elementSelectionStateToBe() | 지정한 요소 또는 조건에 맞는 요소를 선택할 수 있는지 또는 선택할 수 없는지(매개 변수로 선택) |
| stalenessOf() | 지정한 요소가 DOM 트리에서 제거됐는지 |
| alertIsPresent() | 대화 상자가 출력됐는지 |
| numberOfWindowsToBe() | 화면이 지정한 수만큼 있는지 |
| frameToBeAvailableAndSwitchToIt() | 지정한 프레임이 활성화 상태인지 |
| attributeToBe() | 지정한 요소 또는 조건에 맞는 요소의 속성값이 지정한 값인지 |
| attributeContains() | 지정한 요소 또는 조건에 맞는 요소의 속성값이 지정한 문자열을 포함하는지 |
| attributeToBeNotEmpty() | 속성값이 비어 있는지 |
| textToBe() | 지정한 조건에 맞는 요소의 글자가 지정한 문자열인지 |
| textMatches() | 지정한 조건에 맞는 요소의 글자가 지정한 정규 표현식에 맞는지 |
| numberOfElementsToBeMoreThan() | 지정한 조건에 맞는 요소의 수가 지정한 수보다 많은지 |
| numberOfElementsToBeLessThan() | 지정한 조건에 맞는 요소의 수가 지정한 수보다 적은지 |
| numberOfElementsToBe() | 지정한 조건에 맞는 요소의 수가 지정한 수만큼인지 |
| visibilityOfNestedElementsLocatedBy() | 지정한 요소 또는 조건에 맞는 요소가 지정한 요소에 포함돼 있고, 출력되고 있는지 |

| 메서드 | 설명 |
| --- | --- |
| presenceOfNestedElementLocatedBy() | 지정한 요소 또는 조건에 맞는 요소가 지정한 요소에 포함돼 있는지 |
| presenceOfNestedElementsLocatedBy() | 지정한 조건에 맞는 모든 요소가 지정한 요소에 포함돼 있는지 |
| javaScriptThrowsNoExceptions() | 지정한 자바스크립트가 예외를 발생시키는지 |
| jsReturnsValue() | 지정한 자바스크립트가 값(null 제외)을 리턴하는지 |

> **memo** 웹 사이트를 조사할 때 사용할 수 있는 REST 클라이언트 사용 방법
>
> 크롤링할 때 가장 중요한 것은 "어떻게 HTTP 요청을 하면 어떻게 응답이 돌아올지" 크롤링 대상 웹 사이트의 동작을 정확하게 파악하는 것입니다.
>
> 그리고 동작을 파악하려면 다양한 URL 매개 변수와 요청 바디를 테스트해 봐야 합니다. curl 명령어로 HTTP 요청을 전송해도 괜찮지만, 다양한 요청 패턴을 테스트하기에 curl 명령어는 조금 귀찮습니다.
>
> 구체적인 예를 들어 살펴봅시다. 코드 7.22는 가상의 쇼핑몰 사이트에 특정 요청 헤더와 바디를 포함한 POST 요청을 curl 명령어로 전송하고 응답의 헤더와 바디를 확인하는 예입니다.
>
> **코드 7.22** 특정 요청 헤더와 바디를 포함한 POST 요청을 curl 명령어로 전송하고 HTTP 응답 헤더와 바디를 확인하는 방법
>
> ```
> curl https://pc-shop.com/search -i -XPOST -H "If-Modified-Since: Sat, 19 Aug
>  2017 00:00:00 GMT" -b "session=12345" -d "type=laptop&min_price=100000&max_
>  price=150000&display_size=14&condition=new&..."
> ```
>
> 이처럼 검색 요청을 하는 경우, 매개 변수의 종류를 굉장히 많이 입력해야 합니다. 또한 쿠키의 존재 여부에 따라 결과가 달라지는 웹 사이트도 있습니다. 터미널에서 이러한 매개 변수를 조금씩 변경하면서 요청을 거는 것은 굉장히 비효율적인 일입니다. 이때는 GUI로 제공되는 REST 클라이언트 도구를 추천합니다. REST 클라이언트를 사용하면 GET과 POST 요청은 물론이고 PUT과 DELETE 등 다양한 메서드 요청, 헤더 조작, 바디를 포함한 요청을 손쉽게 보내고 결과를 확인할 수 있습니다.
>
> 개인적으로는 "Restret Client"라는 REST 클라이언트를 사용합니다.
>
> - Restlet Client – REST API Testing
>   https://chrome.google.com/webstore/detail/restlet-client-rest-api-t/aejoelaoggembcahagimdiliamlcdmfm
>
> Restlet Client는 구글 크롬의 확장 기능으로 제공되는 REST 클라이언트 도구로, 크롬에서 GUI를 사용해 간단하게 HTTP 요청을 보낼 수 있게 해줍니다. 빠르고 풍부한 기능을 가졌으며 굉장히 현대적인 UI를 가지고 있습니다(그림 7.8).

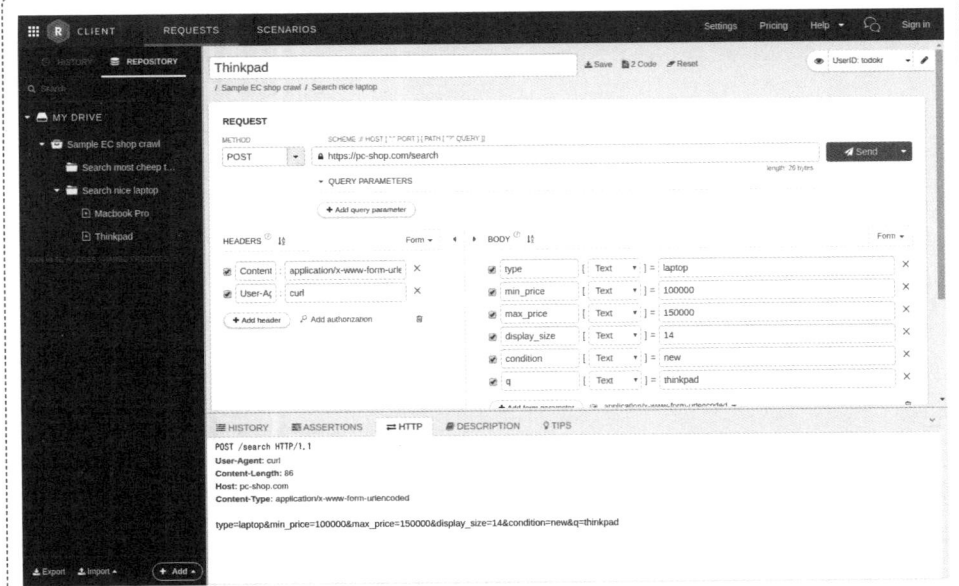

그림 7.8 Restlet Client 화면

사용 방법은 굉장히 간단합니다. 요청 메서드, URL, 매개 변수를 입력하고 [Send] 버튼을 클릭하기만 하면 됩니다. 요청 바디에는 **x-www-form-urlencoded** 형식 외에도 JSON, XML, 플레인 텍스트 등의 텍스트 데이터와 **multpart/form-data** 형식의 바이너리 데이터도 지정할 수 있습니다.

입력한 매개 변수는 체크 박스 체크를 제거하면 일시적으로 비활성화할 수 있습니다. 실행한 요청은 왼쪽 메뉴의 HISTORY 내부에 이력이 남습니다. 또한 화면 위의 "Save"를 눌러 설정을 저장할 수도 있습니다.

응답을 받으면 상태 코드, 응답 헤더, 바디가 화면 아래쪽에 출력됩니다. 응답은 요청과 마찬가지로 HISTORY에 이력으로 남습니다.

응답받은 HTML은 프리뷰 화면에서 내용을 확인할 수 있습니다(그림 7.9). 추가로 하이라이트된 소스 코드, 16진수로 덤프된 글자, 전혀 가공되지 않은 로우데이터(Raw Data)로도 출력할 수 있습니다.

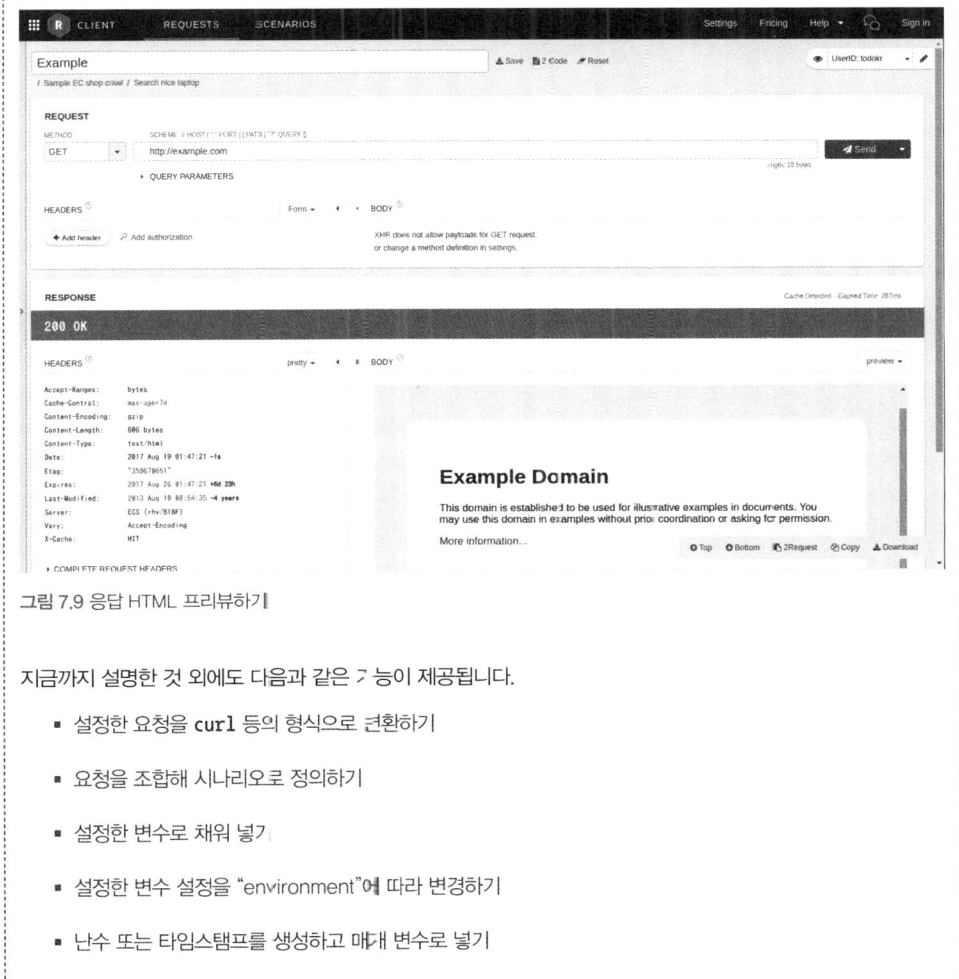

그림 7.9 응답 HTML 프리뷰하기

지금까지 설명한 것 외에도 다음과 같은 기능이 제공됩니다.

- 설정한 요청을 curl 등의 형식으로 변환하기

- 요청을 조합해 시나리오 정의하기

- 설정한 변수로 채워 넣기

- 설정한 변수 설정을 "environment"에 따라 변경하기

- 난수 또는 타임스탬프를 생성하고 매개 변수로 넣기

- 요청 읽어 들이기, 내보내기

## 7-4 정리

이번 장에서는 자바스크립트와 Ajax를 활용한 웹 사이트를 크롤링하는 방법을 소개했습니다.

WebDriver 같은 라이브러리를 사용하면 자바스크립트와 Ajax를 활용한 웹 사이트를 크롤링할 수 있습니다. 하지만 본문에서도 언급했듯이 머신 리소스가 필요하며 웹 사이트에 따라 복잡한 프로그래밍이 필요하고 동작이 불안정해지는 단점이 있습니다. 이러한 단점 때문에 대규모로 크롤링할 때는 사용하기가 어렵습니다.

따라서 일단 모바일 사이트를 크롤링하거나 API를 활용해 최대한 일반적인 크롤러로 처리하는 방법을 찾고 다른 방법이 없을 때 최후의 방법으로 WebDriver를 사용하기 바랍니다.

## 숫자

| | |
|---|---|
| 2.0, OAuth | 193 |
| 2단계 인증 | 188 |
| 301 Move Permanently | 47 |
| 302 Found | 47 |
| 303 See Other | 47 |
| 307 Temporary Redirect | 47 |
| 308 Permanent Redirect | 47 |
| 400 Bad Request | 42 |
| 401 Unauthorized | 43 |
| 403 Forbidden | 43 |
| 404 Not Found | 43 |
| 405 Method Not Allowed | 44 |
| 406 Not Acceptable | 44 |
| 408 Request Timeout | 44 |
| 500 Internal Server Error | 45 |
| 501 Not Implemented | 45 |
| 502 Bad Gateway | 45 |
| 503 Service Unavailable | 45 |
| 504 Gateway Timeout | 46 |

## A – H

| | |
|---|---|
| Accept-Charset 헤더 | 44 |
| Accept-Language 헤더 | 44, 61 |
| Accept 헤더 | 44 |
| Ajax | 249 |
| alternate | 260 |
| anemone | 10 |
| Apache Nutch | 10 |
| Apache Tika | 10, 126 |
| Atom | 230 |
| Authentication | 200 |
| Authorization | 200 |
| BOM | 85 |
| Cache-Control 헤더 | 234 |
| canonical | 50, 260 |
| CAPTCHA | 190 |
| Carriage Return | 26 |
| Cascading Style Sheets | 122 |
| CDN | 73 |
| CDN(Content Delivery Network) | 73 |
| collation | 102 |
| CONNECT | 29 |
| Content-Type 헤더 | 83 |
| Cookie | 58 |
| CR | 26 |
| Crawl | 3 |
| crawler4j | 10 |
| Crawling | 3 |
| Cross-Site Request Forgery | 178 |
| CSRF | 178 |
| CSS | 122 |
| CSS 선택자 | 122 |
| curl 명령어 | 19 |
| DELETE | 29 |
| EUC-KR | 96 |
| EV-SSL 인증서 | 169 |
| Expires 헤더 | 234 |
| Fast Identity Online | 189 |
| FIDO | 189 |
| GET | 29 |
| gocrawl | 10 |
| gzip 압축 | 236 |
| HEAD | 29 |
| hexdump 명령어 | 106 |
| HTML | 3 |
| HTTP | 25 |
| HTTP/2 | 72 |
| http-equiv 속성 | 84 |
| HTTP 인증 | 171 |
| HTTP 파이프라인 | 73 |
| Hypertext Transfer Protocol | 25 |

## I – P

| | |
|---|---|
| ICU4J | 113 |
| import.io | 16 |
| indexing | 88 |
| JSON | 17 |
| JSON for Linked Data | 157 |
| JSON-LD | 157 |
| Jsoup | 10 |
| juniversalchardet | 110 |
| keytools 명령어 | 69 |
| knowledge panel | 161 |
| LF | 26 |
| Line Feed | 26 |
| Location 헤더 | 41 |
| meta 태그 | 49, 141 |
| Microformats | 150 |
| node-crawler | 10 |
| nofollow | 34 |
| nokogiri | 10 |
| normalize | 91 |
| OAuth | 193 |
| OAuth 1.0 | 193 |
| OAuth 2.0 | 193 |
| OGP | 144 |
| OkHttp | 74 |
| Open Graph Protocol | 144 |
| OpenID Connect | 205 |
| OPTIONS | 29 |
| pac4j | 201 |
| PageMap | 142 |
| PATCH | 29 |
| Personal Financial Management | 166 |
| PFM | 166 |
| PhantomJS | 264 |
| POST | 29 |
| pragma directive | 84 |
| Proxy-Authorization 헤더 | 64 |
| PubSubHubbub | 231 |
| PUT | 29 |

## R – Z

| | |
|---|---|
| RDF | 155 |
| RDFa | 155 |
| RDFa Lite | 155 |

| | |
|---|---|
| RDF in Attributes | 155 |
| Resource Description Framework | 155 |
| REST 아키텍처 | 29 |
| REST 클라이언트 | 273 |
| robots meta 태그 | 214 |
| robots.txt | 7, 208 |
| RPC | 31 |
| RSS | 228 |
| sanitize | 92 |
| schema.org | 152 |
| scraper | 17 |
| Scrapy | 10 |
| Selenium | 263 |
| session | 184 |
| Single Page Application | 250 |
| SPA | 250 |
| SSL(Secure Sockets Layer) | 66 |
| SSL Server Test | 71 |
| SSL 서버 인증서 | 169 |
| SSL 인증서 | 67 |
| SSL 클라이언트 인증 | 174 |
| Stateful Protocol | 59 |
| Stateless Protocol | 58 |
| The W3C Markup Validation Service | 136 |
| TLS(Transport Layer Security) | 66 |
| TRACE | 29 |
| Twitter Card | 147 |
| URL | 34, 35 |
| URL 인코드 | 36 |
| URN | 35 |
| User-Agent 헤더 | 8, 54 |
| UTF-8 | 96 |
| utf8mb4 | 100 |
| WebDriver | 263 |
| Woothee | 58 |
| XPath | 119 |
| X-Robots-Tag 헤더 | 216 |
| XSS | 93 |

## ㄱ - ㅇ

| | |
|---|---|
| 개발자 도구 | 22 |
| 게이트웨이 | 45 |
| 국제화 | 60 |
| 그림 문자 | 103 |
| 대조 확인 | 102 |
| 대화 상자 | 267 |
| 도메인 인증서 | 169 |
| 디코드 | 36 |
| 리다이렉트 | 41 |
| 리프레시 토큰 | 199 |
| 멀티 바이트 문자 | 80 |
| 메타 데이터 | 141 |
| 문자 깨짐 | 76 |
| 문자 부호화 방식 | 80 |
| 문자 집합 | 80 |
| 문자 코드 | 78 |
| 바이너리 에디터 | 107 |
| 복호화 | 79 |
| 부호화 | 79 |
| 부호화 문자 집합 | 80 |
| 빵 부스러기 리스트 | 160 |
| 사용자 에이전트 | 55 |
| 사이트맵 XML | 222 |
| 사이트맵 인덱스 파일 | 225 |
| 상태 라인 | 26 |
| 상태 없는 프로토콜 | 58 |
| 상태 있는 프로토콜 | 59 |
| 새니타이즈 | 92 |
| 세션 | 184 |
| 세션 하이재킹 | 187 |
| 스로틀링 | 191 |
| 스크레이핑 | 4 |
| 앵커 | 34 |
| 요청 라인 | 26 |
| 요청 메서드 | 29 |
| 요청 메시지 | 26 |
| 요청 바디 | 26 |
| 요청 헤더 | 26 |
| 웹 크롤러 | 2 |
| 응답 메시지 | 26 |
| 응답 바디 | 26 |
| 응답 헤더 | 26 |
| 이스케이프 | 36 |
| 인덱싱 | 88 |
| 인증 | 200 |
| 인코드 | 36 |
| 입력 양식 기반 인증 | 175 |

## ㅈ - ㅎ

| | |
|---|---|
| 저작권 | 7 |
| 접근키 | 192 |
| 접근 토큰 | 199 |
| 정규화 | 91 |
| 줄 바꿈 코드 | 26 |
| 지식 패널 | 161 |
| 최상위 도메인 | 35 |
| 캐스케이딩 스타일 시트 | 122 |
| 쿠키 | 58 |
| 쿼리 문자열 | 34 |
| 크로스 사이트 리퀘스트 포저리 | 178 |
| 크로스 사이트 스크립팅 | 93 |
| 크롤 | 3 |
| 크롤러 | 2 |
| 크롤링 | 3 |
| 팩트 체크 | 163 |
| 페이저 | 217 |
| 페이징 | 217 |
| 프래그마 디렉티브 | 84 |
| 프록시 | 45 |
| 허가 | 200 |
| 헤드리스 브라우저 | 264 |
| 확장 HTTP 헤더 | 54 |
| 휴리스틱 | 84 |